历史与边疆研究丛书

WENBEN
YU
TIANYE
LISHI ZHONG DE BIANJIANG YU BIANZHENG

文本与田野

历史中的边疆与边政

汪洪亮 主编

四川大学出版社
SICHUAN UNIVERSITY PRESS

图书在版编目（CIP）数据

文本与田野：历史中的边疆与边政 / 汪洪亮主编. — 成都：四川大学出版社，2023.10
（历史与边疆研究丛书）
ISBN 978-7-5690-6383-7

Ⅰ.①文… Ⅱ.①汪… Ⅲ.①边疆地区－地方史－研究－中国②边疆地区－政治学－研究－中国 Ⅳ.① K928.1 ② D67

中国国家版本馆CIP数据核字（2023）第185564号

本书系教育部哲学社会科学重大课题攻关项目"中国近代边疆学术史资料整理与研究"、四川师范大学"学科六定"建设专项"中国边疆史地与中华民族共同体研究"学科团队及"中国边疆民族共同体历史课程群"虚拟教研室建设的阶段性成果。

书　　　名：	文本与田野：历史中的边疆与边政
	Wenben yu Tianye: Lishi zhong de Bianjiang yu Bianzheng
主　　编：	汪洪亮
丛　书　名：	历史与边疆研究丛书

出 版 人：	侯宏虹
总 策 划：	张宏辉
丛书策划：	张宏辉　高庆梅
选题策划：	张宏辉　高庆梅
责任编辑：	高庆梅
责任校对：	陈小雨
装帧设计：	墨创文化
责任印制：	王　炜

出版发行：	四川大学出版社有限责任公司
	地址：成都市一环路南一段24号（610065）
	电话：（028）85408311（发行部）、85400276（总编室）
	电子邮箱：scupress@vip.163.com
	网址：https://press.scu.edu.cn
印前制作：	四川胜翔数码印务设计有限公司
印刷装订：	成都金阳印务有限责任公司

成品尺寸：170 mm×240 mm
印　　张：18.75
插　　页：2
字　　数：294千字

版　　次：2023年11月 第1版
印　　次：2023年11月 第1次印刷
定　　价：78.00元

扫码获取数字资源

四川大学出版社
微信公众号

本社图书如有印装质量问题，请联系发行部调换

版权所有　◆　侵权必究

序

◎ 汪洪亮

古人认为,学有二途,眼学与耳学,其中又有讲究,如《通志·总序》:"字书眼学,韵书耳学。"眼学更为重要,如《颜氏家训·勉学》云:"谈说制文,援引古昔,必须眼学,勿信耳受。"历史学无疑离不开史料,而史料来源则需尽量拓展,由此史家的一项重要工作就是"上穷碧落下黄泉","动手动脚"找史料。王国维1925年提出"二重证据法",认为"吾辈生于今日,幸于纸上之材料外,更得地下之新材料。由此种材料,我辈固得据以补正纸上之材料,亦得证明古书之某部分全为实录,即百家不雅训之言亦不无表示一面之事实。此二重证据法惟在今日始得为之。"[1]陈寅恪解读王国维的治学内容及方法时,"举三目以概括之":"一曰取地下之实物与纸上之遗文互相释证","二曰取异族之故书与吾国之旧籍互相补正","三曰取外来之观念,以固有之材料互相参证"。[2]

---

[1] 王国维:《古史新证——王国维最后的讲义》,清华大学出版社,1994年版,第2页。
[2] 陈寅恪:《王静安先生遗书序》,收入氏著《金明馆丛稿二编》,上海古籍出版社,1980年版,第219页。

不过总体而言，以上主要还是围绕文本发论，无非是获取之方式及运用之方法有所不同。古人讲"纸上得来终觉浅，绝知此事要躬行"，既是讨论求知问学，也是强调修身养性。近代学术的一个重要特征就是分科治学，但又重视组织和合作，另一个特征就是强调中西知识汇通，但又注重本土化和实地调查。李安宅特别强调，学问要从"实地研究"中来，"读书的真正用处，乃在利用人家的经验记录（写在纸头的心得）以作参考，帮助自己的直接经验"[1]，甚至断言："产生正确知识的唯一方法，即在实地研究……由实地研究而得的知，整理成系统就是科学，发动为设施就是计划方案或事功。"[2] 话虽武断，却是有感而发，矫枉之言，与仅仅依托文本的"旅行"而撰文著书却以为是在传播真理，自不可同日而语。1934年，陈祥麟就批评当时边疆研究丛书和相关刊物大多"人云亦云，辗转抄袭"，所谓考察多是"仅调抄了地方政府的旧卷，并没有作实际的考察工夫"，这样的边疆读物只能作唤起民众边疆意识的宣传品，绝不能做边疆研究的可靠材料。[3]

李安宅所讲的"实地研究"，在人类学者的表述中，即所谓"田野调查"或"田野工作"。这是界定人类学这一学科的标志，是这门学科区别于其他学科的重要特征。这成为人类学的重要自觉，但其他学科同样重视实地研究。社会学就很快确立了社会调查方法。被陶孟和誉为从事社会调查运动"鼓吹最力工作最久的一员勇将"的李景汉，称社会调查为一场"真正的革命"，"是以有系统的方法从根本上来革命"，"是要实现以科学的程序改造未来的社会，是为建设新中国的一个重要工具，是为中国民族找出路的前部先锋"。他指出："若要找出一条民族自救的出路，建设国家的办法，必先根本了解中国国家本身的内容。可是若要根本了解我国社会的内容，非先从社会调查入

---

[1] 李安宅编著：《社会学论集——一种人生观》下编《答问——读书是否有用?》，燕京大学出版部，1938年版，第366、367页。

[2] 李安宅编著：《社会学论集——一种人生观》，燕京大学出版部，1938年版，《自序》第10—11页。

[3] 陈祥麟：《研究边事的基本问题》，《边事研究》创刊号，1934年，第4页。

手不可。"[1]徐益棠也有类似的感悟,并将社会调查之重要性提高到关系"民族复兴"的程度。他发现1930年代起科学考察团"纷起","一反昔日专从外国人著教科书中求取知识之态度,且从吾国固有材料中实地寻找问题,推究结论,科学研究之正轨,乃于国是纷纭中获得之,不可谓非我国民族复兴史上之一大转折也"[2]。

其实,所谓"田野"并非人类学的专利,历史学同样也注重田野工作。司马迁撰述《史记》,同样没少做田野工作,"二十而南游江淮,上会稽,探禹穴,窥九疑,浮沅湘;北涉汶、泗,讲业齐、鲁之都,观孔子之遗风,乡射邹、峄;厄困鄱、薛、彭城,过梁、楚以归",此间自然并非游山玩水,而是游心与游目,四处寻访史迹史事。苏辙赞叹司马迁"周览四海名山大川","其文疏荡,颇有奇气"[3];顾炎武称许司马迁"胸中固有一天下之势,非后代书生之所能几也"[4]。近代以来中国史学同样注重社会调查,考古发掘、问卷调查、口述访谈,皆可属之。

近代以来中国边疆研究一直是政学两界关注、多种学科驰骋的学术沃土。"抗战之顷,各科人士皆谈边疆,无论社会学家、历史学家、语言学家,其所学学科与边疆有密切之关系,其谈也固无不宜。然一般不相干的人士,或劳驾远征,或闭门坐谈,亦往往以边事边情为集注之点。"马长寿对此现象的评价一语中的,"此殆把握现实,揣摩时髦,以自列于通达之流"[5]。关注边情自然离不开田野工作。1942年,顾颉刚在成都《党军日报》主办边疆周刊,激励大家"尽量做边疆的工作,能调查的去调查,能服务的去服务,能宣传的去宣传,能

---

[1] 李景汉:《社会调查在今日中国之需要》,《清华周刊》第38卷第7、8期合刊,1932年11月21日,第1、7页。

[2] 徐益棠:《十年来中国边疆民族研究之回顾与前瞻》,《边政公论》第1卷第5-6期,第52页。

[3] 苏辙:《上枢密韩太尉书》,冯中一主编:《唐宋八大家散文选》,山东人民出版社,1983年版,第434页。

[4] 顾炎武:《日知录校注》第26卷《史记通鉴兵事》,陈垣校注,安徽大学出版社,2007年版,第1431页。

[5] 马长寿:《十年来边疆研究的回顾与展望》,《边疆通讯》第4卷第4期,1947年,第1页。

开发的去开发"[1]，就把边疆调查作为边疆工作的第一项。徐益棠发现，"吾国过去学术界，以为读书无裨经世，救国必从政治，于是奔竞于庙堂之上，讨论国是"，但在九一八事变前夕，"国内聪明睿知之士，亦一变其态度，鄙弃名利，断绝仕进，奔走于荒徼僻壤，努力于田野工作"，为此他不由感叹："我中华民国之命运，不于此时奠定最坚固之基础耶?"[2] 联系上文李景汉和徐益棠等人关于社会调查与国家民族前途命运密切关联的论述，不难发现那时国人对实地研究之呼唤与期盼是何等迫切!

　　毫无疑问，读书治学，理应文本与田野并举。不读书，无法温故求新；非田野，无异道听途说。当然，不同学科，"田野"工作的重要程度容或有异。就边疆研究而言，其重要性自然凸显。本书主题"历史中的边疆与边政"的若干议题，涉及中外学人、古今边事、族群互动、央边关系、学科构筑，其中无不蕴含文本与田野的交互。略举书中数例以证之。近代中国边疆学之构筑，是多种学科合力、文本田野并行，推动边疆研究发展到一定阶段的必要吁求。民国时期先后出现的数种"边疆学"的学科设想，也都强调历史学的基础性作用及田野调查的至关重要。近代中国出现的众多"边疆研究学术共同体"，大多将整理边疆文献、开展边疆田野调查作为其主要工作任务。边疆考古发现与文物研究，本身就是一种鉴证文本或"改写历史"的"田野工作"，体现了考古学的学科属性。至于书中所涉众多中外边疆学人，亦皆注重边疆田野调查工作，同时稽览大量边疆文献，从而广泛传播边疆民族知识，极大推动了中国边疆研究的近代转型，促成了近代中国边疆研究的复兴。故本书以"文本与田野"为题，恰是彰显了边疆研究的鲜明特点，突出了边疆学人的治学特征。

　　本书实为以历史中的边疆与边政为主题的文集。作者虽来自人类学、考古学、宗教学等多种学科，但主体仍是历史学者。历史学者常

---

[1] 顾颉刚:《成都边疆周刊发刊词》，原载《党军日报·边疆周刊》1942年3月20日第1期，参见《宝树园文存》卷四，中华书局，2011年版，第328—329页。
[2] 徐益棠:《十年来中国边疆民族研究之回顾与前瞻》，《边政公论》第1卷第5—6期，第52页。

与"文本"打交道,时常提醒要重视"文本"与"语境"的关联。历史学者重视"田野",前已述及,其实也不妨在史料获取或方法取舍上取"田野"之广义而理解之。历史学人研究古史,往往借重考古文物研究之成果,研究近史则多凭借官私档案或征集口述史料。这样的一种工作,其实也是一种"田野工作"。纯粹在书斋苦读,单一凭借传世文献,已很难达到史料实证之效果。从这个角度来讲,历史研究之效力与前途,一部分赖于历史学人奔走在"希望的田野上"。

四川师范大学具有边疆研究的丰厚传统。曾在燕京大学、华西大学、西南民院等多校工作的人类学家李安宅1962年调入四川师范学院,即为该校厚植了边疆研究的学术基因。他留下的丰硕的边疆学术遗产,目前已成为学界较为关注的重要话题。他关于边疆现代化的系列论述及边疆学构筑的系统设想,也已引起学界的注意。21世纪以来,四川师范大学一批学人聚焦中国西南边疆区域,围绕边疆政治、经济、社会、文化、教育等系列话题,组织召开系列学术会议,获批系列社科项目,推出了系列研究成果,已蔚然成国内一边疆研究重镇。2022年获得的国家社科基金重大招标项目"清代驻藏大臣汉文文献整理与研究"、教育部哲学社会科学重大课题攻关项目"中国近代边疆学术史资料整理与研究"、国家社科基金重点项目"近代中国的边疆学学科建构与边疆研究",就是该校孜孜不倦投入边疆研究所取得的代表性科研课题。

四川师范大学历史文化与旅游学院、中华传统文化学院、四川文化教育高等研究院,四川省社科重点研究基地中国近现代西南区域政治与社会研究中心,以及近年来先后成立的华西边疆研究所、中国边疆史与边疆学研究中心、李安宅研究中心,都是该校边疆研究有生力量的汇聚之地。2021年该校获批中国史一级学科博士学位授权点,更为该校边疆研究提供了重要学术支持。2022年该校开展"学科六定"工作,对校内发展态势良好的学科予以重点扶持,在中国史的二级学科方向"专门史"下,特别组建"中国边疆史地与中华民族共同体研究"学科团队,其初心就是要传承和弘扬李安宅等前辈学人的边疆研究传统,在中国边疆史地研究、中华民族发展史、中国边疆学术

史及中国边疆学构筑等领域继续努力,去拓殖中国边疆研究更为广袤的"田野"。本书即是边疆研究漫漫征途中所取得的阶段性成果的一个初步汇集。我们试图以此为一个新的起点,锲而不舍地走向远方。

是为序。

2023 年 10 月 4 日于狮子山桂苑

目录

上篇 学术与思想

"问题与主义"之变奏：近代以来中国边疆学构筑的回顾与前瞻 / **3**

词汇 "旅行" 与族际互动
——回鹘文《玄奘传》第六卷中 Ögä 一词的政治文化语境 / **27**

民国时期中外学者眼里的中国边疆
——以约瑟夫·洛克与李安宅/于式玉的卓尼之行为例 / **37**

"人本·创化·适应"：李安宅教育思想及其在边疆教育中的应用 / **55**

从"区隔"到"交通"：李安宅边疆建设思想的文化地理学新解 / **106**

顾颉刚的"羌戎"研究及其对中华民族整体性的探讨 / **124**

徐益棠对边疆民族研究的贡献 / **138**

1949 年以前中国边疆地区的重要考古发现与文物研究 / **153**

中国边疆研究学术共同体巡检述略 / **164**

下篇 政治与社会

郡县初立:"邛都夷"社会发展与"南方丝绸之路"的关系 /189

国家在场与文昌信仰:明清时期岷江上游地区文昌信仰的考察 /203

清代治藏视域下的藏北达木蒙古 /219

何以为界:雍正时期川、滇、藏行政界域划分与康藏治理 /232

1645—1928年间山陕商人与甘青涉藏地区民族交融 /251

从"康藏有别"到"川康有别"

——丁宝桢至赵尔丰督川时期对外国人进入康藏游历的

应对与管理 /270

上篇

学术与思想

"问题与主义"之变奏：近代以来中国边疆学构筑的回顾与前瞻

◎ 汪洪亮

中国边疆学术源远流长，可以上溯到历代史书中有关边疆民族之史料记载和考证研究。大量少数民族历史文献的积累，广袤边疆地区及民族文化的存在，都为中国边疆研究提供了丰厚的土壤。但近代以前的中国边疆研究，基本上属于舆地之学，且不成建制和体系，也没有形成学术共同体，更难言学科之构建。中国边疆研究之初具规模是在晚清，但提出学科构想则晚至民国。百多年来，中国边疆学之构筑，从思想到实践，均已蔚然可观。但诸说并存，歧见纷出。既有论述大多乃学理讨论，缺乏对近代以来边疆学科构筑的长时段回溯，对相关问题的见解也往往秉持学科本位立场。[1] 本文拟对近代以来中国边疆学构筑的历程做一回顾，对当前诸说进行评议，并对该学科构

---

[1] 近年来较为集中的讨论，参见：马大正《当代中国边疆研究（1949—2014）》（中国社会科学出版社 2016 年版），及《中国边疆史地研究》2018 年第 3 期所刊李大龙《"中国边疆"的内涵及其特征》、王欣《关于中国边疆学学科话语理论体系建构的几点思考》、苗威《建构中国特色的中国边疆学话语体系》、李鸿宾《对"中国边疆研究"概念的认识与界定——兼谈"中国边疆学"学术体系之建构》、崔明德《关于中国边疆学学科建设的几点看法》，还有该刊 2019 年第 2 期所刊吕文利《新世纪中国边疆学的构建路径与展望——兼论中国边疆理论的三个来源》等文。

筑前景做一展望。不当之处，请方家指正。

一、近代以来中国边疆研究学科构筑的历史回顾

马大正认为，中国边疆研究经历了"千年积累、百年探索的继承，以及40年创新的实践"[1]。近代以来中国有三次边疆研究高潮，已成学界共识。从中国边疆研究的学科构筑而言，则是晚清开其端，民国继其后，改革开放后总其成。如果套用20世纪五四运动前后的"问题与主义"的思路，中国边疆研究的学科化历程可以分成三个时期：(1)晚清时期：专注于"问题"，顾不上"主义"。(2)民国时期：可以分成两个阶段，一是1910—1920年代，"问题"持续严重、"主义"开始萌芽；二是1930—1940年代，"问题"达到顶点，"主义"多而落地少。(3)1980年代后：边疆"问题"研究形成热潮，"主义"多元而有对话。

（一）晚清时期

晚清西北史地学被认为是近代中国第一轮边疆研究高潮的重要标志。这是对西方觊觎中国边疆的一种学术回应，如顾颉刚指出：清代道光以后"中国学术界曾激发边疆学之运动，群以研究边事相号召；甚至国家开科取士亦每以此等问题命为策论。察此种运动之起因，实由于外患之压迫"，那时国人认定俄国因国土毗邻，"为中国之大患"，故"当时学者之精神群集中于西北"，"及俄患稍纾"，"此轰轰烈烈之边疆学运动乃渐就消沉矣"。[2]

清代中后期投身于边疆研究的学者尚无西方知识分类的学科背景，如祁韵士、徐松、洪亮吉、龚自珍、魏源、姚莹、张穆、何秋涛、李文田、丁谦等，均为文史学者型官员。他们发表大批经典之

---

[1] 马大正：《中国边疆学构筑是当代中国学人的历史担当》，《云南师范大学学报》，2019年第1期，第3页。

[2] 顾颉刚：《禹贡学会研究边疆计划书》，参见《宝树园文存》卷四，中华书局，2011年版，第216—217页。按：收入该书时改题为《禹贡学会研究边疆学之旨趣》。

作,如徐松《西域水道记》、沈垚《新疆私议》、龚自珍《西域置行省议》、姚莹《康��纪行》、张穆《蒙古游牧记》、何秋涛《朔方备乘》、魏源《海国图志》、李文田《元史西北地名考》、李光廷《汉西域图考》等。严格来讲,那时的"边疆学运动"范围不大,参与人不多,"边疆"也并未成"学",所以在边疆学科建构的"主义"层面尚无建树。梁启超认为,清季西北边疆史地学"风会所趋,士大夫人人乐谈"[1],显系相对于此前国人对边疆研究缺乏关注而言。研究范围多为开发边陲及维护边防所涉局部区域;研究领域大致局限在史地范畴,很少涉及民族、宗教与社会;研究方法沿袭传统士人撰述方法和体裁,以游记、杂录、地志居多。徐益棠说:"我国边疆民族之研究,创始于外国之传教师、商人、领事、军事家、自然科学家,而尤以法国之天主教徒及英国之基督教徒为最有贡献。"[2] 此言以现代西方学科学理为依据,同时限定在"边疆民族之研究",符合历史事实。

(二)民国时期

民国时期的边疆研究与晚清时期的西北史地研究有明显不同,无论边疆学术研究的内容与形式,还是组织与运行,都发生了极大变化。这一时期边疆学术研究主体和载体皆有前所未有之气象,诸如职业化学者群体、高校相关学科、专业和课程、研究机构、学术社团和学术期刊、报纸等,都是清季所没有或不普遍的。边疆研究开始从个体行为向群体行为,从书斋研究为主到实地调查为主转变。边疆研究学者的学科背景及研究方向经历了由单一向复杂,以史地学者为主向以社会文化学者为主的转变过程。学科构成变化是边疆研究理论与方法转型的外在表现,表明边疆研究在民国时期已发展成为一个多学科

---

[1] 梁启超:《中国近三百年学术史》,中国书店,1985年版,第322—323页。
[2] 徐益棠:《十年来中国边疆民族研究之回顾与前瞻》,《边政公论》,1942年第5—6期,第51页。

参与的研究领域。[1]

这一时期中国边疆研究学科构筑历程可以分为两个阶段。

第一个阶段，1910—1920年代。这个时期国内处在多事之秋，边疆问题依然严重。一是外蒙古在俄国支持下宣布独立，后改为自治。二是英印势力渗透西藏。三是日本支持逊清王公从事满蒙独立。这个时期研究边疆问题的学者渐多，且出现多学科参与的局面，边疆研究活动开始具有组织、协同的集体行为特征，但是在"主义"上仍无建树。考虑到政学两界参与，多种学科介入，"主义"虽未浮出水面，但已在萌芽，这个时期可以称为筹备期。

所谓主义，一般是指对于自然界、社会以及学术问题等所持有的系统理论和主张。当年胡适与李大钊等人关于"问题与主义"的讨论，就已经显示：问题是相对具体的，而主义是相对抽象的；主义可以基于问题而产生，也可以用于分析和解决问题。所以"主义"应该是"问题"研究发展到一定程度的产物。1920年代中国大学的科学研究刚起步，胡适在1922年参加北京大学成立25周年纪念大会，就批评"学校组织上虽有进步，而学术上很少成绩"，"开风气则有余，创造学术则不足"，"自然科学方面姑且不论，甚至于社会科学方面也还在稗贩的时期"。[2] 北大如此，其他可想而知。那时中国大学往往缺乏图书、仪器，研究风气与研究条件都不尽如人意。[3] 政治学、经济学、社会学、民族学等学科也多在1920年代末才进入中国高等学府学系和课程设置中。就边疆研究而言，这一时期基本还是延续晚

---

[1] 本段有关论述参见汪洪亮：《中国边疆研究的近代转型：20世纪30—40年代边政学的兴起》，《四川师范大学学报》，2010年第5期，第137—144页；《民国时期边疆研究机构的兴起及对边疆学术之形塑》，《北方民族大学学报》，2017年第4期，第15—22页。

[2] 胡适：《回顾与反省》，《胡适教育论著选》，人民教育出版社，1994年版，第173页。

[3] 苏云峰：《从清华学堂到清华大学（1928—1937）》，生活·读书·新知三联书店，2001年版，第120页。

清的套路，以考察游记类的居多。[1] 徐益棠就注意到，1920年代的边区考察团多关注自然科学方面，"边疆上之实际问题，常被视为属于外交或内政之问题，科学家不甚加以注意；偶或有所记述，大都由于好奇，零星简略，不足以供参考"，即使有一些"谈实际的边疆问题者"，"每每注意于'土地'与'主权'，而边地民众之如何认识，如何开化，如何组织与训练，均不甚加以重视"，原因在于"其时边疆学术之综合的研究，尚无人注意，而民族学在我国之幼稚，在当时亦毋庸讳言"。[2]

第二个阶段，1930—1940年代。这个阶段，边疆"问题"达到顶点，多种"主义"出现。徐益棠指出，1930年代不少研究者认识到"中国之边疆问题，民族的因子实居其重心，文化之低落，又为其根本之原因"；各省当局对此也有省察，于是"竞设学校，广训师资"，"民族研究之工作，亦同时为各边省当局所注重"。[3] 此言反映了国人对边疆问题成因从外到内的观察视角，揭示了"民族因子"和文化低落的相通性，暗含了民族学家希望从文化角度调适民族问题的边政思路。这也能证明，"主义"应该产生于问题意识，而且具有系统性；那么关于边疆研究的系统性"主义"，就应产生于对中国边疆与边政问题的深入考察，产生于"边疆学术之综合的研究"。据笔者目力所及，至少有五种比较有代表性的关于中国边疆研究学科化的努力：一是顾颉刚的"边疆学"；二是杨堃的"边疆教育学"；三是杨成志的"边疆学"；四是吴文藻的"边政学"和杨成志的"边政研究"；五是李安宅的"边疆社会工作学"。

---

[1] 比较例外的是，一些外国传教士开始运用人类学、民族学、博物馆学等学科方法来对中国边疆进行研究，典型的就是华西协合大学博物馆及华西边疆研究学会。关于此点，可以参考周蜀蓉：《发现边疆：华西边疆研究学会研究》，中华书局，2018年版；汪洪亮：《抗战建国与边疆学术：华西坝教会五大学的边疆研究》，中华书局，2020年版。

[2] 徐益棠：《十年来中国边疆民族研究之回顾与前瞻》，《边政公论》，1942年第5—6期，第52—53页。

[3] 徐益棠：《十年来中国边疆民族研究之回顾与前瞻》，《边政公论》，1942年第5—6期，第53页。

1. 顾颉刚的"边疆学"

顾颉刚曾提出过"边疆学"的学科概念。1936年,他在《禹贡学会研究边疆计划书》中指出,尽管晚清西北边疆研究后来"渐就消沉",但外国人对中国边疆的调查研究却未曾停止,"吾人苟欲认识自己之边疆问题,已不得不借材于外国",此为"大可耻之事""大可怵目而伤心之事"。顾颉刚呼吁"我国研究边疆学之第二回发动",且深信"此第二回运动之收效必远胜于第一回"。[1] 边疆研究在1936年还需要发动,可见在顾颉刚看来,边疆研究在那时还远未形成"运动"。此文回顾"百年来中国之边疆学",颇能表明两次边疆研究高潮的内在联系,顾颉刚所言"第二回发动",相对于曾经"激发"而后"消沉"的第一次边疆研究,可谓"复兴"。[2]

这个计划书,是在冯家昇所撰初稿上修订而成。观《顾颉刚日记》,1935年12月30日"根据伯平所起稿,重写《研究边疆计划书》";31日"修改《计划书》",此后半月他又多次"草""抄""修改""校"《计划书》。他在1936年1月11日的日记中交代:"此次到南京,为募禹贡学会款。张石公先生谓予:'要募款,须论今,勿论古。'予因其言,作《禹贡学会研究边疆计划书》。"[3] 我们无法判断冯家昇的初稿与顾颉刚最后修订本的差异到底有多大,也难以确知初稿中是否明确提出边疆学的学科概念并给予论证。但以顾颉刚的笔力,尚且花费如许时间和精力,必然在该文中灌注了其个人对边疆研究的若干思考。该计划书梳理了"百年来中国之边疆学"及"百年来外人对于我国之调查研究工作",还专门介绍了"近年日本学者之中国研究",详细阐述了对开展中国边疆学研究的若干看法。他提出,要收集边疆史料,训练调查人才,奖励边疆研究。他格外关注史地研

---

[1] 顾颉刚:《禹贡学会研究边疆计划书》,参见《宝树园文存》卷四,中华书局,2011年版,第217—222页。

[2] 汪洪亮:《20世纪三四十年代中国学术地图变化与边疆研究的复兴》,《四川师范大学学报》,2015年第2期,第8页。

[3] 《顾颉刚日记》第3卷,中华书局,2011年版,第424、430页。

究，认为边疆种种"政治问题无不有其史地之背景存在；史地之背景明则政治问题无不得其解决之端矣"，不过他也注意到实地调查之重要，且须具备民族、文化、语言、习俗及地质、生物等专业知识。[1]

虽然该文内容曾在小范围内传播，且在燕京大学边疆问题研究会上作为宣言，但大体上是属于内部传播，未曾公开发表。[2] 所以我们不能对顾颉刚所提出的"边疆学"概念流传及其影响评价过高。顾颉刚1940年组织中国边疆学会时，其身份是齐鲁大学国学研究所主任、教授，他指出那个时代是"边疆学的启蒙时代"[3]，可见其一方面对边疆研究的前景看好，寄予厚望，另一方面对其时边疆研究的成绩还不够满意，从"启蒙"到繁荣显然还有距离。吴文藻在倡导"边政学"时特别强调，九一八事变后复兴的"中国边疆学"，是以史地研究为主要内容的边疆之学，实为固有学问，如果对其加以"科学洗礼"并"予以发展机会"，"在边疆政治上自有特殊的价值"。[4] 此处所言，大概是指顾颉刚所倡导的"边疆学"。二人均于1929年到燕京大学工作，曾共同组织考古旅行团、举办照片展览会、参加抗日十人团等，且均于1938年到云南大学工作，都在1941年参加了中国边政学会工作，对边疆研究工作应有交流，思想见解和而不同。

2. 杨堃的"边疆教育学"

杨堃1937年在《旬论》第1卷第2期发表《边疆教育与边疆教育学》，开篇就说"边疆教育"这个名称流行，"边疆教育学"这个名词还没人用过，"边疆教育的一切难题与一切病源全系于此"。他认为教育是一种社会制度，社会生活完全不同的民族不能具有完全相同的

---

[1] 顾颉刚：《禹贡学会研究边疆计划书》，参见《宝树园文存》卷四，中华书局，2011年版，第221—224页。

[2] 参见娄贵品：《近代中国"边疆学"概念提出与传播的历史考察》，《学术探索》，2012年第8期，第85—90页。

[3] 顾颉刚：《中国边疆学会丛书总序》，《中国边疆》，1943年第1、2、3合期，第3页。

[4] 吴文藻：《边政学发凡》，《边政公论》，1942年第5—6期，第10页。

教育制度，应警惕机械的"汉化教育"或者"国化教育"政策。他认为，边疆民族非常复杂，对汉化教育感应可分两类：一是文化较低，其中有已受汉化的有可能继续接受"汉化教育"；也有较为原始，虽有教育制度但没有特设教育组织，在人类学看来就是原始教育，在教育学来看则无教育。二是自身文化也很高，可以分亲汉和排汉两种。他注意到，帝国主义采用了以人类学研究为基础的新政策，人类学做了帝国主义工具固然遗憾，但也因此而获得发展，应用人类学、殖民社会学、殖民民族学，就属于此类，其下就有土人教育学，或原始教育学。杨堃提倡的边疆教育学即属此类，是采用人类学的原理与方法，而以边疆诸民族之旧有教育制度作为研究对象，研究其本质和功用、演化及变迁。他认为："以边疆教育学为根据的边疆教育才是一种合乎理想的教育政策或文化政策，然而边疆教育学的本身却仅是科学的而不是政策的。""不仅是一门科学而且是一门比较的与综合的大科学。"他认识到边疆教育学建设非短期可以成功，"需要先有一种大规模的边疆民族的调查作为研究的张本，其次还需要集合全国人类学者与其他诸专家编制一种方案，每组以一、二边疆民族作为研究的对象"，这种研究是"精深的与局内法的研究"，研究者要有人类学训练，对于所研究的民族要有深切认识，熟知各种有关文献，要能听得懂、说得了民族语言，要深入其境参与经历其社会生活，在这样的专门研究与专门报告积少成多后才能有完成边疆人类学或边疆民族学的可能，在此基础上才可能建立"边疆教育学"。[1]这篇文章虽然论述了边疆教育学的重要性与必要性，奠定了理论基础，但对其学科体系并没有展开论述，其后杨堃也没有对此做进一步研究。

吴文藻在稍后也指出，边疆教育是"发展国内民族文化的基本工作"，"边疆教育的对象，系中国边地各种浅化民族，经济文化比较落后的弱小民族"；他特别强调中国边疆的特殊性，认为中国政府所倡行的边疆教育是"中国文化与土著文化双方并重同时并行的边地义务

---

[1] 杨堃：《边疆教育与边疆教育学》，《杨堃民族研究文集》，民族出版社，1991年版，第96—101页。

教育"。他还指出边疆教育是一种特殊教育："必须先建设一套边疆教育学的理论作为科学研究的张本。然后在应用一方面，始能根据确定一种或多种比较适当的边疆教育政策。"[1] 尽管那时学界已有不少学人，包括李安宅、张廷休、徐益棠、曹树勋、梁瓯第等均对边疆教育有专门论述，但都没有站在学科构筑的立场来谈，可见那时对边疆教育学的建构仍未形成自觉。[2]

3. 杨成志的"边疆学"

杨成志在1941年发表《边政研究导论》前，也曾提出"边疆学"学科建设的规划。1939年3月至6月，杨成志拟定《国立中山大学文学院边疆学系组织计划纲要》，建议在中国高校设置边疆学系，希望把边疆学建成一个学科，宗旨是"养成边疆各项建设专门人材之干部，并本科学研究精神，从事开发西南边疆自然与人文之学术宝藏"。他认为边疆工作"根本之图"，"莫如本教育为经，立研究为纬，使教育学术与国家建设，打成一片"。他列出了"急待研究之三大问题暨九节目"，包括开发边民问题（分文化、教育、社会三节）、改进边政问题（分政府、经济、资源三节）、巩固边圉（分史地、外交、国界三节）等问题。这段表述在两年后发表的《边政研究导论》中再次得以强调。这应该是在中国高校设置边疆学学科最早的倡议，但未获准。杨成志还曾提出要在西部地区建立一所"国立西南边疆学院"或"国立西南民族学院"或"国立西南国族学院"，对其在教育、学术、政治、军事、国防上的"希望结果"甚为乐观，但未获准。[3] 尽管他对设置边疆大学、边疆学系的名称与宗旨、筹备步骤、人员与经费等实务层面有周全系统的思考，但恰对"边疆学"的理论和方法等学科层面存而不论。或因此弊，两年后杨成志在《边政研究导论》中对

---

[1] 吴文藻：《论边疆教育》，《益世周报》，1938年第10期，第151页。
[2] 汪洪亮等编：《民国时期边疆教育文选》，黄山书社，2010年版。
[3] 杨成志：《西南边疆文化建设之三个建议》，《青年中国季刊》，1939年第1期，第284—292页。

此问题做了非常系统的论述。

4. 吴文藻的"边政学"和杨成志的"边政研究"

民国时期"边疆学"学科概念并未得到充分论证。此一时期，学科论证最成体系的当属"边政学"，有两位学者专文论述其学科意义、性质、内容及其建构。学者们一般认为吴文藻1942年1月发表在《边政公论》第1卷第5—6期的《边政学发凡》为该学科的奠基之作。其实1941年9月杨成志即在《广东政治》创刊号上发表了《边政研究导论：十个应先认识的基本名词与意义》，比吴文的发表早4个月。杨文以"名词解释"的形式，对边政研究的对象、内容、理论与方法等各个层面进行了条分缕析，开篇即言该文"是一种发凡性质的论述，把边疆研究的各项部门，一一略加解释，俾望国内一般人士得明瞭边政研究为如何的事业"。吴文开篇也提出，边政研究能否成为一门独立学问，"国内学者尚未加以讨论。本篇之作，亦属初步尝试性质，只能先给边政学划出一个轮廓"。吴文藻此言不算谦虚，他在北平燕大时期专注于社会学中国化，即使是在云南大学工作期间，他对边疆研究也没有积极参与，"更遗憾的是，虽身处多民族的地区，却没有把握良机亲身参加实地调查"。1941年，吴文藻到重庆担任国防最高委员会参事，其"职责是对边疆的民族、宗教和教育问题进行研究和提出处理意见。同时，还兼任了蒙藏委员会顾问和边政学会的常务理事"[1]，此时他才具体从事边疆研究，《边政学发凡》就是在这个时段写出的。

两文均自称属"发凡性质"或"初步尝试形式"，均对边政研究中所涉若干"关键词"进行了阐释，并对边政研究的内容与方法及所涉学科进行了分析。两文均判断人类学（民族学）研究具有理论和应用两种趋势，在"抗战建国"关键时期应用研究更为急需。两文均指出"边疆"不是简单的地理概念，具有政治和文化意义；指出边疆民

---

[1] 吴文藻：《吴文藻自传》，《晋阳学刊》，1982年第6期，第50页。

族及文化是解决边疆问题的关键和边政研究中的核心议题。两文均强调边政研究既要以民族学为基础和核心,又要有相关学科的广泛参与。不过,吴文藻在肯定人类学的基础上,还提出政治学为副。杨成志未明确列举边政研究相关学科,但在论述边疆调查和边疆干部培养时,表达了类似观点。两文发表时间相近,尽管具体论述有些差异,但其基本关怀和学科构想较为一致,呈现了南北人类学者的许多共识,具有很强的系统性,堪为"边政学"建立的理论宣言。[1] 考虑到《边政公论》是蒙藏委员会下辖中国边政学会机关刊物,持续时间达8年,发表当时政学两界人士各类论著200多篇,在边疆学界具有重要影响,再因吴文藻在蒙藏委员会及中国边政学会均有较高地位,《边政学发凡》一文之传播应较广泛。发表在《广东政治》这一地方性刊物的《边政研究导论》或许在当时读者会少些。需要说明的是,杨成志的文章中并未明确提出"边政学"这个专有名词。不仅如此,据笔者所见,除吴文藻外,民国时期其他学者在论著中均未明确提出"边政学",而多以"边疆研究"或"边疆社会研究"论之。这表明那时学人虽热心边疆问题研究,但对边疆学科建构问题的紧迫性和必要性尚缺乏共识,故没有积极回应。

5. 李安宅的"边疆社会工作学"

与前面几种仅通过一篇论文来阐述学科构想不同,李安宅以一部专著的规模来对"边疆社会工作学"做了较为系统的阐述。《边疆社会工作》(中华书局1944年出版)集中呈现了李安宅的边疆观念及其边政主张,实际上构建了一个较为完整的学科体系。时人指出,这是李安宅"十余年人类学修养和三年藏民区实地研究的结晶,它是量少而质高的一种作品",对"边疆社会工作或应用人类学"有着许多

---

〔1〕 汪洪亮:《民国时期的边政研究与民族学——从杨成志的一篇旧文说起》,《民族研究》,2011年第4期,第34—44页。

"特殊贡献之点"。[1] 李安宅对边疆社会工作的论述具有相当的完整性和可操作性，涉及边疆工作的实施原则与步骤、机构设置与人员安排等方面。该书共有七章，标题分别为"何谓边疆""何谓社会工作""何谓边疆社会工作""边疆社会工作所有之困难""边疆工作所需要之条件""边疆工作如何做法？""边疆工作之展望"。这样的章节安排，是朝着一个学科导论的方向走的，只是没有明确标注为该学科之研究对象、研究内容、研究方法，等等。李安宅的主张是一种人类学的主张，是基于文化的理解和互惠，是一种社会建设先导的体系。他指出，边疆社会工作也可以说是应用人类学，"边疆的特点乃是实地研究的乐园，尤其是应用人类学（边疆社会工作）的正式对象"。他在阐明"边疆工作所需要的条件及其实际方法"时所贡献的意见，就是"不但根据实地经验，亦且依照'应用人类学'的通则"。接下来，他斩钉截铁地表态："应用人类学就是边疆社会工作学，只因舆论不够开明，所以热心边疆的人与机关尚多彷徨歧途，而不知有所取法。"如果书名为《边疆社会工作学》，或许更能表明其学科关怀。该书论述的落脚点在于消除边疆的"边疆性"，让"边疆"仅仅是个地理的名词而失去文化的意义。李安宅的这番表述，与胡耐安的观念有相似之处。胡认为从事边疆建设者应认识到，"国土是一块整土""国族是一个整体"，"除了地理上的'边疆'名词以外，不再有移用边疆名词于其他任何部门的权宜办法"。[2] 边疆工作成为无差别的社会工作，也就是边疆居民与内地居民都成为现代的国民，边疆社会工作的归宿即在于此。[3] 作为国民政府社会部研究室编的"社会行政丛书"中的一本，其"最大特色，在于不是为边疆而讲边疆，乃是从整个国家

---

[1] 窦季良：《读过〈边疆社会工作〉以后》，《边政公论》，1945年2—3期，第28页。

[2] 胡耐安：《边疆问题与边疆社会问题》，《边政公论》，1944第1期，第23页。

[3] 有学者认为，李安宅对边疆与内地关系的理解，走出了一元化、绝对主义和自我中心主义的误区，阐明两者互惠平等的关系。参见陈波：《"坝上"的人类学：李安宅的区域与边疆文化思想》，《西南民族大学学报》，2008年第2期，第40页。

去看边疆,将边疆工作与整个国家的要求联系起来"。[1] 后来有学者在边疆工作思想链条上为李安宅定位:边政学突破了最初一些学者主张的失之粗略的同化战略,到"吴文藻高屋建瓴地提出边政学的理论目标和参照体系;最终在李安宅这里形成以西方为榜样的比较成熟的边疆工作模式"[2]。

李安宅有着建构立足应用的边疆学科的雄心,但从学科角度来说,"边疆社会工作"即使成为一个学科,也是"二级学科",没有"边疆学"或"边政学"内涵丰富,而且应用人类学和边疆社会工作学也难以画等号。尽管如此,这个学科设想仍然具有丰富的思想史意义,反映了那个时局中一个学者对于多种潜在的学术话语困境的突围选择。

1930年代已有不少基于实地考察的边疆研究论著,但很难见到专门讨论边疆研究理论和方法的论述,也未见严格按照后来众多学者指出的边疆研究若干"原则""途径"所撰著的作品。1940年代,许多学者撰写文章讨论边疆研究的理论和方法,边疆研究在方法论上趋于规范化和科学化,有了专门的学术规范。[3] 如柯象峰的《中国边疆研究计划与方法之商榷》(《边政公论》1941年第1期)、林耀华的《边疆研究的途径》(《边政公论》1942年第1—2期)、卫惠林的《中国边疆研究的几个问题》(《边疆研究通讯》1942年第1期)等文,基本都对边疆研究所涉及的相关概念与论域、理论和方法、组织与步骤及参与学科等问题做了较为深入的研讨。正如柯象峰所述,"在研究方法方面,初期间固可任其摸索,但一旦成熟,仍宜有一统一之研究方法,庶几所获之资料,无有遗漏,以及轻重倒置之弊,且可将各

---

[1] 王先强:《边疆工作与国家政策——读李安宅著〈边疆社会工作〉纪要并代介绍》,《文化先锋》,1946年第5期,第17页。
[2] 谢燕清:《中国人类学的自我反思》,王建民等主编:《学科重建以来的中国人类学》,中央民族大学出版社,2008年版,第116页。
[3] 汪洪亮:《抗战建国与边疆学术:华西坝教会五大学的边疆研究》,中华书局,2020年版,第298—312页。

方所得之资料，加以比较，对于学术上及致用方面，定有裨益"[1]。这似乎也旁证了边疆研究在1930年代处于"任其摸索"的"初期"，而1940年代则已处于成熟期了。

综合上述，相对而言，民国时期后半段，"主义"纷呈，但大多昙花一现。有些学人立足于解决问题，但没亮出"主义"的旗帜。对上述五种"主义"的学科理念的传播及影响，需要谨慎评估。顾颉刚的边疆学主张，在当时没有及时发表，后来虽然组织了中国边疆学会，又很快因三个学会同名而合并。杨成志的边疆学系设置及边疆学院设置构想，虽然公开发表，但并未真正落地。他转而提倡"边政研究"，与稍后吴文藻提出的"边政学"，可以说是边政学作为学科建构的理论宣言。因为有了中国边政学会和《边政公论》，边政学研究具有较好的载体，中央大学和西北大学1944年都成立边政学系，也使边政学的人才培养具有根基。但是仅从理论建树而言，那时高举边政学旗帜的并不多，至少并没有看到公开呼应杨成志和吴文藻的论著。1940年代出现了很多讨论边疆研究理论与方法、组织与程序的论文，但是并没有明确提出边政研究，多以"边疆研究"为题目，比如柯象峰、林耀华等从事社会学、民族学研究的学者也都是讨论"边疆研究"而不提"边政学"，其中有何玄机，值得思考。杨堃的边疆教育学，虽有学科建构的理想，但没有延续和深入下去。至于李安宅的边疆社会工作学，旗帜不够鲜明，理想隐约其中。总体而言，这些"主义"在当时留下的痕迹不多。提出了学科构建构想的人，对其系统阐述也比较有限。即使有人提出了较为系统的构想，并进行了阐述，即使在当时就受到支持和拥护，但得到传播和推广的仍然很少。

（三）1980年代以后

这一时期，即所谓第三次边疆研究高潮。学界对中国边疆学科构筑的热情很高，提出了很多学科构想。1992年，邢玉林发表《中国

---

[1] 柯象峰：《中国边疆研究计划与方法之商榷》，《边政公论》，1941年第1期，第49页。

边疆学及其研究的若干问题》，初步提出了"中国边疆学"的概念，对其定义、功能及研究内容做了初步讨论。[1] 此后马大正对中国边疆学的构建做出了持续的思考与努力，将"创立一门以探求中国边疆历史和现实发展规律为目的的新兴边缘学科——中国边疆学"视为边疆研究者的"历史使命"[2]。他关于中国边疆学的系列论述，大多结集于《中国边疆学构筑札记》及其编著的《当代中国边疆研究（1949—2014）》中。

21世纪以来，多元化新思潮频出。中国社科院中国边疆史地研究中心更名为中国边疆研究所，《中国边疆学》辑刊出版，地方性边疆研究机构及刊物兴起，边疆民族研究成为"学术热点"，这些都在呼唤着中国边疆学的构筑。学界对中国边疆学的学科性问题做了较多探讨，代表性学者有马大正、方铁、李国强、李大龙等。近年来参与讨论的学者不少，如邢广程、李鸿宾、吴楚克、罗中枢、王欣、崔明德、孙勇、杨明洪、苗威等，对中国边疆学的学科建设和话语体系等问题提出了新的思考，也产出了一批成果。

以"边疆+某学"，或"某+边疆学"为题名，且从学科构筑角度展开论述，具有一定系统性的著作，大致有马大正、刘逖《二十世纪的中国边疆研究——一门发展中的边缘学科的演进历程》（黑龙江教育出版社1997年版）、马大正《中国边疆学构筑札记》（中央广播电视大学出版社2016年版）、郑汕《中国边疆学概论》（云南人民出版社2012年版）、毕天云《中国边疆社会学》（云南人民出版社2017年版）、梁双陆编著《边疆经济学：国际区域经济一体化与中国边疆发展》（人民出版社2009年版）、余潇枫、徐黎丽、李正元《边疆安全学引论》（中国社会科学出版社2013年版）、吴楚克《中国边疆政治学》（中央民族大学出版社2005年版）、周平《中国边疆政治学》

---

[1] 邢玉林：《中国边疆学及其研究的若干问题》，《中国边疆史地研究》，1992年第1期，第1—13页。

[2] 马大正、刘逖：《二十世纪的中国边疆研究——一门发展中的边缘学科的演进历程》，黑龙江教育出版社，1997年版，第285页。

(中央编译出版社2015年版)、李星主编《边防学》(军事科学出版社2004年版)、罗崇敏《中国边政学新论》(人民出版社2006年版)。

关于边疆学构筑的论文甚多,其中邢玉林、马大正对中国边疆学学科体系的论述最为完善。邢玉林将中国边疆学分为5个分支学科(包括中国理论边疆学、中国应用边疆学、中国边疆地理学、中国边疆历史学、中国边疆学史)及23个组成部分。[1] 马大正将中国边疆学分为基础研究和应用研究两大领域,基础研究领域包括中国边疆理论、中国历代疆域、历代治边政策、边疆经济、边疆人口、边疆社会、边疆立法、边疆民族、边疆文化、边疆考古、边疆地理、边疆国际关系、边疆军事、边界变迁、边疆人物等方面,应用研究领域则包括边疆经济、边疆人口、边疆政治、边疆社会、边疆立法、边疆民族、边疆文化、边疆地理、边疆国际关系、边疆军事以及自然和生态环境等方面。[2] 其他具有学科导论性质的论文还有方铁的《论中国边疆学学科建设的若干问题》(《中国边疆史地研究》2007年第2期)和《试论中国边疆学的研究方法》(《云南师范大学学报》2008年第5期);邢广程的《关于中国边疆学研究的几个问题》(《中国边疆史地研究》2013年第4期);李国强的《中国边疆学学科构筑的透视》(《云南师范大学学报》2008年第5期);周伟洲的《关于构建中国边疆学的几点思考》(《中国边疆史地研究》2014年第1期);等等。这些论文基本上属于专题研究性质,缺乏学科构建所涉及的相关概念、学科性质、研究内容、理论方法及相关学科和话语体系的完整性和系统性。

考虑到"详人所略",故前文对民国时期边疆学构筑的"问题与主义"所述较繁。而上述论著的基本观点,马大正在《当代中国边疆研究(1949—2014)》(中国社会科学出版社2016年版)、《新世纪以

---

[1] 邢玉林:《中国边疆学及其研究的若干问题》,《中国边疆史地研究》,1992年第1期,第1—13页;邢玉林:《关于中国边疆的若干问题》,《中国边疆研究通报》,新疆人民出版社,1995年版,第8—17页。

[2] 马大正:《关于构筑中国边疆学的断想》,《中国边疆史地研究》,2003年第3期,第10—13页。

来中国学者对中国边疆学构筑的探索》(《中国边疆学》第 3 辑)已有详细评述,限于篇幅,此不赘言。概言之,1980 年代以后的中国边疆学构筑的特征,可以表述为:边疆"问题"研究形成热潮,"主义"多元而有对话。特别是 21 世纪以来,有关中国边疆学构筑的学术表述,各科学者均有参与,可谓众声喧哗,观点不尽一致,甚至立场相左,无论是边疆概念与特征的界定,还是边疆学研究的理论与方法,都有论争。

吕文利干脆将中国边疆学构建的学者们划为两大"阵营":"一个是以历史学出身的学者组成的,如马大正、李国强、邢广程、周伟洲、方铁、李大龙等,主要以历史学的方法来进行研究,立足于中国传统,同时关照西方理论与现实实践;另一个是以政治学学者出身或者研究政治学的学者,以周平、吴楚克、罗中枢、孙勇、杨明洪等人为代表,主要关注西方理论与中国现实实践的适应性问题。"[1] 所谓阵营的划分,或许有点简单化,因为所谓历史学阵营或政治学阵营内部未必就观点一致,同一个学科甚至同一个工作单位的同事,坐而论道边疆学科构筑问题,同样可能各持己见。比如关于"边疆建构论"和"边疆实在论"的论争,实际上就主要发生在吕文利所言政治学"阵营"之中,同时也有民族学者介入其中。[2] 另外,除了这两个阵营外,也有其他不同的声音,特别是民族学者们的有关思考不能忽视。

二、新时代中国边疆学构筑的分歧统合与路径前瞻

罗志田认为,"问题与主义"之争反映了"五四"前后中国思想界丰富而活跃的动态,包括那个时代关注的中国社会改造是局部解决还是整体解决、输入外来"主义"如何适合中国国情等焦点问题;作

---

[1] 吕文利:《新世纪中国边疆学的构建路径与展望——兼论中国边疆理论的三个来源》,《中国边疆史地研究》,2019 年第 2 期,第 3 页。
[2] 朱碧波:《中国边疆学:学术争鸣的回顾与学科发展的前瞻——基于"边疆建构论"与"边疆实在论"争鸣引发的思考》,《新疆师范大学学报》,2020 年第 2 期,第 113—121 页。

为北大同事的胡适和李大钊的相关言论,并不意味着新文化人的"分裂",或即使"分裂"也达不到既存研究所论述的程度。[1] 这样的分析框架,似乎也基本适用于看待近代以来学术界关于中国边疆学的学科建构问题的见解。尽管对如何构建边疆学的认识有不少分歧,但也分享着许多共同的思想资源;或者在观点表达阵营分明的双方,在现实中可能是私交不错的同事。

回溯近代以来中国边疆学科构筑的历史进程,我们可以看到晚清的西北史地研究尚无边疆研究的学科自觉,民国时期在大量边疆研究实践基础上已经出现多种学科构筑的"主义",但是传播及践行的范围和效果非常有限,尽管边政研究成果丰硕,但从学科构筑角度来看,"边政学"概念并未得到较大范围承认。21世纪以来关于中国边疆学构筑的必要性与重要性,已成为很多学人的共识,学人之间互动频繁,也有不少"理解之同情"。但在如何构筑边疆学这个问题上,存在诸多分歧,主要体现在四个方面:一是边疆学的研究对象,即边疆的内涵与特征;二是中国边疆学是否是独立的学科;三是中国边疆学与一般边疆学的关系;四是中国边疆学的依托学科的关系。笔者认为,上述四个问题的分歧,可能还会长期持续下去,也已成为目前中国边疆学构筑的一大桎梏。笔者认为应有更加理性和兼容的态度,在和而不同中寻求更多共识。一方面要"多谈些问题,少谈些主义",另一方面,也要在渐进的局部解决基础上逐步寻求整体解决,同时也要处理好外来主义与本土学情的关系。关于这四个方面的分歧,笔者在此略陈管见。

一是边疆的内涵与特征。不少学者认为,目前中国边疆学建构最大的困境在于没有统一对边疆概念的认识。2015年12月,笔者参加四川大学召集的边疆学圆桌论坛。袁剑认为对边疆概念的理解需要达

---

[1] 罗志田的"'问题与主义'之争再认识"系列论文,包括《因相近而区分》(《近代史研究》,2005年第3期,第44—82页),《整体改造和点滴改革》(《历史研究》,2005年第5期,第100—116页),《外来主义与中国国情》(《南京大学学报》,2005年第2期,第98—110页)。

成共识，这是建构边疆学的基础，现在大家谈不到一块，主要是因为在边疆概念理解上尚存分歧。其实"边疆"的概念在历史时期就不曾统一，民国时期周昆田指出，"忆自抗战以还，国内学人及从事边政工作之人士，对此问题即不断加以研讨，惟以个人观点的不同，见仁见智互有歧异，迄未获一致的结论"[1]。那时国人对边疆的认识依然是驳杂的，但是有条主线，就是在肯定边疆地理含义的情况下，非常重视文化意义上的边疆。[2] 现在也无法统一。不是每个国家都有严格意义上的"边疆"，不同国家的边疆概念也不尽一致，边疆形成的原因、表现形式也有不同，很难一概而论。对于边疆的多维形态，马大正曾指出："中国边疆是一个历史的、相对的概念，只有综合考虑政治、军事、经济、文化和地理位置等方面的因素后，才能得出一个相对明确的答案。"[3] 李大龙在《"中国边疆"的内涵及其特征》一文中也做了细致的梳理。笔者的看法是，关于边疆概念的认识，一时无法形成共识，实属正常，特别是在不少学人还将诸如"利益边疆""战略边疆""高边疆""网络边疆"等名词纳入讨论的情况下，更是引起一些学者关于概念泛化的忧虑。但我们可以寻求不同而和，在相异中看相通。就如在"边疆建构论"和"边疆实在论"的论争中，我们也不妨看到二者均言之有物，并非完全对立，更多是一体两面。正如杨成志点评顾颉刚与费孝通关于"民族"问题的看法，认为二人见解之不同是因"立场不同"。这里所谓立场，大概是其学术上的立场，而非政治上的立场。他认为："费先生所言之'民族'，似近乎Ethnic，即多偏于客观之民族志（Ethnography）范围；顾先生所言之民族接近Nation，即倾向于主观民族论（Nationalism）主张，两

---

[1] 蒙藏委员会主编，周昆田编著：《边疆政策概述》，"中央文物供应社"，1984年版，第5页。

[2] 汪洪亮：《民国时期国人对"边疆"、"边政"含义的认识》，《中国边疆史地研究》，2014年第1期，第23页。

[3] 马大正：《当代中国边疆研究（1949—2014）》，中国社会科学出版社，2016年版，第6页。

者虽各有所偏，要之均可称为有心学术或国家之作。"[1] 再如岑家梧点评顾颉刚的中华民族殊途同归论和张廷休的中华民族同源异流论，主张虽稍有不同，但同样都指出中华民族的统一性，实际上就是要建构中华民族这个国族。这是问题的关键。在他看来，"中华民族是个博大的综合体，在它里面的人民，有不同始而同终的，也有同始而不同终的，都是极其显明的事实"[2]。顾颉刚和张廷休都只从一个角度来讲民族发展历史，显然不无偏颇。只是这种偏颇，就作者而言，大概都是故意而为，但其目的却是同一，就是要证明中华民族具有整体性。不管是去论述其久远的历史基因，还是来讲述其现实基础，都是为了呼吁国内各族应该团结。我们今天讨论边疆的概念，也应该秉持这样的立场，来审视学界的相关论争，或可借鉴杨成志、岑家梧的视角。所以，笔者认为当务之急不是在边疆概念上形成共识，不必存在"尿壶焦虑"。关键还是要各自努力深化研究，当成果积累到一定程度，或能实现殊途同归。

二是中国边疆学是否为独立学科。关于这门学科的表述，目前已有多种，如独立学科、综合学科，或者是交叉、边缘学科，以及新兴学科等。"一级学科是具有共同理论基础或研究领域相对一致的学科集合。"[3] 李国强认为，一个学科必须具有相对独立、自成体系的理论、知识基础和研究方法。构建中国边疆学，必须立足于其自身具有的整体性和独立性，立足于科学归纳提炼总结其独特的理论和方法。[4] 笔者同意这样的基本判断，但一定要注意"相对独立"。"中国边疆"毕竟是一个综合性的研究领域，存在基础研究、应用研究和对策研究等多种类型，很难用一种特定的独立的理论或方法来概括完

---

[1] 杨成志：《西南边疆文化建设之三个建议》，《青年中国季刊》，1939年第1期，第281页。

[2] 岑家梧：《论民族与宗族》，《边政公论》，1944年第4期，第2页。

[3] 国务院学位委员会、教育部颁布：《学位授予和人才培养学科目录设置与管理办法》（学位〔2009〕10号）第三章"一级学科的设置与调整"第七条。

[4] 李国强：《开启中国边疆学学科建设的新征程》，《中国边疆史地研究》，2018年第1期，第1—8页。

全，即使有，目前也还没看到学界提炼出边疆学所需要的特定的独立的理论和方法。边疆学的天性就是处于政学之间、立足应用的学科。对于其学科性质的表述，笔者倾向于"综合学科"，一是历史与现实的综合，二是理论研究、事实研究和战略研究的综合，三是多种学科的综合，没有哪个学科可以包打天下。中国边疆学的多种旨趣决定其必然依靠诸多学科的理论方法的注入。至于交叉学科和边缘学科，是对其学科特征的表述，只能确定其研究方法的综合，没有表达出边疆学研究的目标任务的综合性。

三是中国边疆学与一般边疆学的关系。这个问题是最近冒出来的。当前边疆学建构中，大体有两类：一类可以称为"国别边疆学"，如中国边疆学；另一类则是"专门边疆学"，如边疆经济学、边疆政治学、边疆社会学等。于是就有学者提出，应该先有边疆学，然后才可以有中国边疆学及各类专门的边疆学。比较具有代表性的就是孙勇和杨明洪。孙勇提出："一般边疆学的构建是中国边疆学的先导与基础，边疆学学科构建应该是一个概念集的开发，只有如此才能避免边疆学建构中的跨学科悖论的困境。"[1] 杨明洪认为在一般边疆学还没出现的情况下，构建中国边疆学，甚至已出现"中国边疆政治学"是"两种奇怪的现象"。"如果不从一般意义上构建'边疆学'，而直接构建'中国边疆学'及其下属学科，可能走上一条歧途。"[2] 固然所谓一般边疆学，或边疆学总论，与国别边疆学、专门边疆学，是一般与特殊的关系，但是否存在先后关系？现状是边疆学领域各类二级学科性质的学科构建层出不穷，而一级学科性质的建构不如人意。我们当然应该鼓励讨论一般边疆学，但不能将一般边疆学作为中国边疆学建构的前置性要求，不必有先后之争。与其纠缠于二者先后，不如踏实去做具体的边疆研究，待相当数量和质量的成果推出后，总会有人做

---

[1] 孙勇等：《边疆学学科构建的困境及其指向》，《云南师范大学学报》，2016年第2期，第13页。
[2] 杨明洪：《关于"边疆学"学科构建的几个基本问题》，《北方民族大学学报》，2018年第6期，第68—73页。

集成工作，届时一般边疆学自然水到渠成。固然一般边疆学的建构非常重要，但要说这是中国边疆学建构的源头，而且没有一般边疆学就没有其他的国别边疆学和专门边疆学，笔者认为并不成立。比如说，长江、黄河固然有源头，但并不能因一时找不到源头，就说没有长江、黄河。因为长江、黄河都有若干河流汇入，也会有若干支流分出。在人们没有找到源头前，都不影响对长江、黄河的称呼及其利用。边疆学构建就是如此。我们不必等边疆概念达成一致才去研究边疆学，也不必等一般边疆学建成后再来讨论中国边疆学，更不必没有一般边疆学，就去质疑学界已探索的中国边疆政治学、边疆经济学等学科化的努力。也许学术规律恰恰相反，没有局部，哪来整体？没有特殊，哪来一般，又如何提炼出一般？在众多边疆学二级学科的努力下，一级学科构建的机会或许才会成熟。

四是中国边疆学的依托学科问题。对这个问题的讨论，要有理性思维，不能画地为牢，固守学科本位。其学科属性，要从其研究对象及研究目标而定。边疆学不是边疆史地研究，因为史地研究不是边疆研究的终极目标，只是边疆研究的基础性工作。现在一些学者，提出要走出"边政学"，实际上"边政学"的基本思路符合边疆学的属性，边疆学研究的最终目标就是要对边疆及其人群与文化有正确完整的认识，就是要对边疆建设、管理、安全等进行研究。边疆地区地域广袤、民族众多、文化多元、经济落后，自然期待多种学科共襄盛举。中国边疆学的构筑，当然需要跨学科实践。民国时期，吴文藻就曾指出，只有相关学科通力合作，"始克有成"。人类学、社会学、政治学、经济学、法学、教育学、历史学、地理学及其他有关国防的科学，都是边政学研究所需仰赖的学科，"非如此不足以建立边政学的学术基础"。其他应用社会科学，吴文藻特别指出："边教学与边政学在开发边疆事业上，具有同样重要的地位，二者必须相辅而行"，而且"以现阶段的边疆工作言，边教恐尤重于边政；必须边民智识开通，边政始能有效推行。而兴办边教，推行边教，必为新边政的中心工作，毫无疑义"。其他学科，如军事、外交、农林、垦牧、交通、工程、医学卫生等，"凡与边防国防直接间接有关系的科目，都可供作参考"[1]。《边政公论》发刊词中明确指出边疆研究需要"从事边疆工作和注意边疆问题的贤达，以及研究政治、经济、社会、人类、民族、语言、史地等等学问的鸿博之士，予以多多的鼓励指示和帮助"[2]。马长寿注意到，"抗战之顷，各科人士皆谈边疆，无论社会学家、历史学家、语言学家，其所学学科与边疆有密切之关系，其谈也固无不宜。然一般不相干的人士，或劳驾远征，或闭门坐（座）谈，亦往往以边事边情为集注之点"[3]。那时普遍认为，民族学应在边政研究中居于"主角地位"。柯象峰认为，虽然在边疆研究中各种学科"均应各占重要之一席"，但"研究员中任主角者"，"应推民族学及社会学家"，"对于边疆之初步研究，人文当重于自然，而人文学科中民族社会之研究当先于其他各方面，而处于一种先锋的地位，即同时进行，亦应有主客之分"[4]。

今时不同往日。我们有必要继承并弘扬过去学界关于边疆学、边政学的学术传统，也要与时俱进提出我们的思考。毫无疑问，中国边疆学并非闭门自统之学，应有开放包容的胸怀，凡有利于我们认识边疆、治理边疆、建设边疆的诸多学科，都应虚怀广纳。从边疆学的基础研究而言，边疆史地研究尤其重要。在史地研究中，历史研究又比地理研究重要。在民国边政学表述中，地理研究是比历史研究重要的。如吴文藻认为，在史地研究中地理研究比历史研究更为重要，"通达边疆现状重于了解边疆经历，所以边疆地理研究重于边疆历史研究"，而边疆历史研究，"若其治学方法能稍加改良，亦有益于边政学"。但是在今日，国家对边疆现状的了解是较为清楚的，在当下中华民族共同体意识构筑的语境下，我们更要强调边疆历史问题研究，

---

[1] 吴文藻：《边政学发凡》，《边政公论》，1942年第5—6期，第9—11页。
[2] 《发刊词》，《边政公论》，1941年第1期，第4页。
[3] 马长寿：《十年来边疆研究的回顾与展望》，《边疆通讯》，1947年第4期，第1页。
[4] 柯象峰：《中国边疆研究计划与方法之商榷》，《边政公论》，1941年第1期，第48—49页。

特别强调边疆各族交往交流交融的历史。在边疆具体工作中，我们要用上各类相关学科，可以把民族学、社会学放在相对优先位置。因为任何工作，都是以人为本的工作。边疆工作，主要就是边疆民族工作和边疆社会建设。从边疆学的整体属性来讲，或许可以定位为政治学。边疆学研究应该有很强的国家立场，而最能体现国家立场的是政治学。所以当年的边政学提出从人类学和政治学同时着眼，基本上是可以成立的，但一定要把史地研究放在重要位置。所以笔者的主张是，以史地研究为基础，以民族学、社会学研究为主体，以政治学为导向，建构中国边疆学。至于一般边疆学及各类二级学科的边疆某某学，则应予以鼓励。只要持续努力，中国边疆学建构之完成，应能水到渠成。

词汇"旅行"与族际互动
——回鹘文《玄奘传》第六卷中 Ögä 一词的政治文化语境

◎ 王　立

《大唐大慈恩寺三藏法师传》是玄奘的弟子慧立、彦悰根据玄奘口述撰写的传记类作品,记叙了玄奘西行取经的经过,是研究中古时期丝绸之路东段历史、地理、文化的宝贵材料。该书同《大唐西域记》相辅相成,受到我国学界高度重视的同时,也被翻译成多种语言通行。

早在唐末宋初,该书就已被高昌回鹘学者——别失八里人胜光法师翻译成了回鹘文(即回鹘文《玄奘传》,回鹘文作 bodistw taïto samtso ačarïnïngyorïɣïn oqïtmaq atlïɣ tsï ïn čuïn tigmä kwi nom bitig,以下简称《玄奘传》)。胜光法师是一位回鹘文—汉文翻译大师,学界历来对其翻译水平评价甚高,认为其不仅精通汉语文和回鹘语文,而且对中原历史文化和佛教典籍有着深入了解。

最能彰显胜光法师翻译功力的是其对汉语专有名词的翻译,而《玄奘传》中对 ögä 一词的运用即是将其翻译功底体现得淋漓尽致的经典案例。

一、Ögä 在《玄奘传》第六卷中的使用情况

Ögä 一词在《玄奘传》第六卷中一共出现了 5 次,分别为"ol

ödün čao quɣ iltäki čaŋ baɣlïɣ sunvuki atlɣ ögä ötünti"（Ⅶ11.23—Ⅶ11.25），汉文原文为"时赵国公长孙无忌对曰"；"xan yrlïq/adï/ ögä siz-iŋ saviŋïz čïn ol tip"（Ⅶ12.19—Ⅶ12.21），汉文原文为"帝曰：公言是也"；"yana xan samtso ačari /nïŋ/ il purohitisi /ö/gä bolɣu-qa yaraɣlïɣ /ïn/ körüp"（Ⅶ13.6—Ⅶ13.9），汉文原文为"帝又察法师堪公辅之寄"；"čaoquɣ il-lig /čaŋ/ baɣ-lïɣ sunvuki ögä xan-/qa/ ïnča tip ötünti"（Ⅶ14.16—Ⅶ14.18），汉文原文为"赵国公长孙无忌奏称"；"nä krgäkin barča bir qalïsïz······ li ögä birz-ün tip tutuz/dï/"（Ⅶ18.10—Ⅶ18.11），汉文原文为"诸有所须，一共玄龄平章"。此外，该卷还有"tütrüm nom töz-in ögä küläyü yrlïqaz-un"（Ⅶ25.5—Ⅶ25.7）一句，汉文原文为"赞扬宗极"，该句虽然也出现了ögä，但此处的Ögä是一个动词，义为"赞扬"，词根是ög，并非本文所研究的名词ögä，故不将其列为研究对象。[1]

由上可知，ögä在《玄奘传》第六卷中对应的汉义共有2个——"公"（Ⅶ11、Ⅶ12、Ⅶ13、Ⅶ14）和"平章"（Ⅶ18）。但其实Ⅶ11和Ⅶ14中完整的汉语词汇应是"国公"，胜光法师在翻译时误将该词拆分成了"国"和"公"，导致直译变成了"赵国的公"。之所以出现这种情况，很可能是因为在胜光法师熟悉的政治语境中，并没有一个专有词汇能与"国公"直接对应，所以他才将"国"和"公"分开翻译，以方便受众理解。同时，由于胜光法师没有将表示等级的"公"和表示敬称的"公"（"您、大人"之义）之间的不同含义清楚地进行区分，导致在Ⅶ12和Ⅶ13两句中，其用表示官职的ögä来对译了表示敬称的"公"。

通过上述分析，我们可以明确，ögä在《玄奘传》第六卷中对应的汉义其实有3种——"国公""公"和"平章"。在这3种汉义中，"国公"和"平章"是表示中原王朝爵位和官职的专有名词，而"公"

---

[1] 回鹘文转写见 Л. Ю. ТУГУШЕВА, *УЙГУРСКАЯ ВЕРСИЯ БИОГРАФИИ СЮАНЬ-ЦЗАНА*, Москва "НАУКА" Главнаяредакциявосточнойлитературы, 1991, p. 106、107、108、111、117。汉译见［唐］慧立、彦悰著，孙毓棠、谢方点校：《大慈恩寺三藏法师传》，中华书局，1983年版，第129、130、133页。

则是敬辞。为什么同一个词能用来翻译3个看似毫无关联，甚至连词性都有所不同的词汇呢？

二、Ögä 的词源与词义

在德国学者冯·加班（Von Gabain）所著《古代突厥语语法》的词汇表中，ögä 被释作"名誉"[1]，但该释义似乎与上文我们分析出的3个对应汉义相去甚远。而在麻赫默德·喀什噶里所著《突厥语大词典》（以下简称《大词典》）中，该词释义为"贤明的，贤哲，贤能，贤良"，后文又进一步补充解释该称呼是"赐予平民出身的年长者的称号，比特勤低一级"[2]。英国学者克劳森（G. Clauson）所著《十三世纪以前突厥语词源词典》（以下简称《词源词典》）对该词的解释是"一种高级的突厥称号，大致相当于'顾问'。在穆斯林时代被阿拉伯语借词 wazir 所取代"[3]。根据后两部著作的解释，《古代突厥语语法》所谓"名誉"，可能更多指的是"荣誉称号"之意。

在梳理了 ögä 的词源和原始词义之后，我们接下来看看其对应汉义的相关情况。关于"国公"，《旧唐书》注载："三曰国公，从一品，食邑三千户。"《新唐书》则载："凡爵九等……三曰国公，食邑三千户，从一品。"[4] 关于"平章"，《旧唐书》注载："其时以他官预议国政者，云与宰相参议朝政，或云平章国计，或云专典机密，或参议政事。"《新唐书》则记："以太宗尝为尚书令，臣下避不敢居其职，由是仆射为尚书省长官，与侍中、中书令号为宰相，其品位既崇，不欲轻以授人，故常以他官居宰相职，而假以他名。……贞观八年，仆射李靖以疾辞位，诏疾小瘳，三两日一至中书门下平章事，而'平章

---

[1] [德] 冯·加班：《古代突厥语语法》，耿世民译，呼格吉勒图审校，内蒙古教育出版社，2004年版，第328页。

[2] 麻赫默德·喀什噶里：《突厥语大词典》第一卷，何锐等译，米尔苏里唐·奥斯满等审阅，米尔苏里唐·奥斯满等校对，民族出版社，2002年版，第97页。

[3] Gerard Clauson, *An Etymological Dictionary of Pre－Thirteenth－Century Turkish*, Oxford: Oxford University Press, 1972, p. 101.

[4] 分见《旧唐书》卷43《职官二》，中华书局，2012年版，第6册1822页；《新唐书》卷46《百官一》，中华书局，2013年版，第4册第1188页。

事'之名盖起于此。"[1] 由此可见，"国公"是中原王朝爵位中的佼佼者，而"平章"则是宰相的象征，是官制中的至高者。ögä 既然能同时对应这两个词，其本身必然也应具备高官显爵的属性，但这却非上述两词典中所谓"平民出身的年长者的称号"和"顾问"所能匹配。

那么，ögä 是否还有其他释义可以符合高官显爵的特点呢？这个答案就需要到胜光法师所处时代的另一个游牧民族政权中去寻找。

三、族际互动与 Ögä 的"旅行"

在胜光法师生活的时代，以契丹人居统治地位的辽是北方最强大的少数民族政权。其统治中心位于我国东北地区，看似与地处西北地区的高昌回鹘无甚关联，但实际情况却并非如此。

首先，虽然一个雄踞东北，一个偏居西北，但高昌回鹘与辽在地理上实际是接壤的，这就为双方各个方面的交流提供了天然的便利；其次，辽朝历任皇后中有不少人是回鹘后裔，这就从政治上为双方的进一步深入交往创造了条件；再次，这两个政权均崇奉佛教，同样信奉佛教的西夏也曾多次向辽进贡回鹘僧[2]，可以想象这两个政权之间在佛教层面的互动应该更为频繁，这也就为双方在文化上的交流架设了桥梁；最后，现有研究基本认定契丹语属于蒙古语族，而高昌回鹘通用的突厥—回鹘语则属于突厥语族，这两个语族同属阿尔泰语系，在一些基本词汇和语法方面有着高度相似性，甚至就连契丹小字的创制也是受了回鹘文的启发。[3] 这种语言文字上的相通性也为双方的往来提供了便利。正是由于有如此多重便利，辽朝灭亡后，契丹宗室耶律大石才能顺利收服高昌回鹘，进而在西域建立西辽政权，并

---

[1] 分见《旧唐书》卷 43《职官二》，中华书局，2012 年版，第 6 册第 1849 页；《新唐书》卷 46《百官一》，中华书局，2013 年版，第 4 册第 1182 页。

[2] 详见《辽史》卷 115《西夏记》，中华书局，2016 年版，修订本第 5 册第 1675—1681 页。

[3] 详见《辽史》卷 64《皇子表》，中华书局，2016 年版，修订本第 4 册第 1070—1071 页。关于契丹语中的突厥—回鹘语借词还可参见杨富学：《回鹘语文对契丹的影响》，《民族语文》2005 年第 1 期。

延续了近一个世纪之久。这也是我国历史上各民族交流交往交融的经典案例。

在辽朝的官制系统中，有一个职衔叫"于越"，《辽史》对该职衔的描述是："无职掌，班百僚之上，非有大功德者不授，辽国尊官，犹南面之有三公。太祖以遥辇氏于越受禅。"[1] 从这段描述可以知道，辽朝的于越虽是官职，但并无实际执掌，其实也就是个荣誉头衔，基本可等同于中原王朝的爵位，而这恰好可以对应《玄奘传》所记的"国公"。与此同时，于越又被描述为相当于中原王朝的三公，虽然在辽朝建国后没了实际执掌，但在建国前的部落联盟时期，还是握有实权的。《辽史》在记述辽太祖的发家史时还有"遂拜太祖于越、总知军国事"[2] 的记载。据此，于越大致又可与《玄奘传》提到的"平章"相对应。

梳理至此，我们总算找到了一个既能和作为荣誉爵位的"国公"相匹配，又能和掌握朝政大权的"平章"相对应的职衔。不过这里又生发出另一个疑问，那就是，作为辽朝职衔的"于越"是怎么跟突厥语民族的称号 ögä 联系上的呢？

原来，"于越"虽然是个契丹语词汇，但却并不是契丹人的"原创"，而是从突厥语借用而来的，是不折不扣的突厥语借词。《契丹语研究》写道："于越 üyö：汉意为'尊敬的、贤明的'，借自突厥语。"[3]《辽金史辞典》也有类似的阐释。[4] 再加上上文所述契丹语和突厥语的系属关系，这种专有名词互借的情况是普遍存在的。另外，唐太宗曾为尚书令，以致唐朝后世无人敢任此职，进而导致了以旁职加"平章"之衔兼任宰相之事的史实，也与辽太祖以于越之职登基的情况颇为相似。可以说，"平章""于越"这两个职衔均与朝代历史上的著名君主有过交集，这不仅在无形中增加了这两个词汇本身的

---

[1]《辽史》卷45《百官志一》，中华书局，2016年版，修订本第3册第782页。
[2]《辽史》卷1《太祖纪》，中华书局，2016年版，修订本第1册第2页。
[3] 孙伯君、聂鸿音：《契丹语研究》，中国社会科学出版社，2008年版，第122—123页。
[4] 邱树森主编：《辽金史辞典》，山东教育出版社，2011年版，第15页。

"至尊性"，也更加深了两者在文化背景上的互通性，从而使相互译介更为合理。

另外，从《玄奘传》的翻译时间来看，胜光法师极有可能在翻译政治术语时参考过辽朝的政治体制。根据目前的研究情况，大致将该书的翻译时间定在10—11世纪应该是没有太大问题的。在此期间，无论五代政权还是北宋政权，在地理位置上与高昌回鹘王国都不接壤，从地理交通的角度来讲，交流均不甚便利。

而与中原王朝形成鲜明对比的是，辽朝从辽太祖时就致力于经营西北地区，并成功将西域纳入辽朝的有效控制范围[1]，辽太宗还成功吞并燕云十六州，使辽朝的势力凌驾于中原政权之上。因此，西北地区虽仍保持着与中原王朝之间的交往，但在政治和文化上均受到辽朝的深刻影响。胜光法师从自己相对熟悉的辽朝入手寻找政治上的参考也是合情合理的。

据此我们可以猜测胜光法师在翻译《玄奘传》时极可能参考了契丹语和辽朝官制，他之所以在翻译"国公""平章"和"公"时选择使用ögä一词，应该是受到了辽朝官职"于越"这一契丹语中的突厥语借词的影响和启发。

不过，既然在突厥语中有ögä这个词，而这个词正好也是突厥—回鹘一系的职衔称号，为什么胜光法师放着本民族语言里的原生词不用，偏要兜一个圈，到异民族语言中去寻找翻译用词呢？要解释这个问题，我们又不得不回到《玄奘传》这部著作来。

四、Ögä 的政治文化语境

翻阅《玄奘传》第六卷的汉文原文可知，该卷记载的国公除了赵国公长孙无忌外，还有梁国公房玄龄。但令人不解的是，胜光法师精准地用ögä对译了长孙无忌的赵国公职衔，却并没有用同样的方式处

---

[1]《辽史》卷103《文学传上·萧韩家奴传》载："及太祖西征，至于流沙，阻卜望风悉降，西域诸国皆愿入贡。因迁种落，内置三部，以益吾国，不营城邑，不置戍兵，阻卜累世不敢为寇。统和间，皇太妃出师西域，拓土既远，降附亦众。"见《辽史》，中华书局，2016年版，修订本第5册第1595页。

理房玄龄梁国公的职衔。

《玄奘传》第六卷一开头就提到了房玄龄"京城留守左仆射梁国公房玄龄"[1]，而胜光法师的翻译是"laɣki balïq bägi tŋri /tavɣ/ač xan–nïŋ sol qoltïnqï boyïnil–limi yüü baɣliɣ huinli atlɣ /bä/g–kä"（Ⅵ1.15—Ⅵ1.18），其中 nil–lim 对应的应该就是汉文中的梁国公（i 为第三人称词缀）。[2] lim 应是"梁"的对音[3]，而 nil 则意义不明。不过 il 有"国"之义，这或许对我们理解 nil 的意思有一些启发。但无论 nil 是胜光法师用来翻译"国公"的名词，还是和 lim 一起共同构成"国公"的释义，其表达方式都明显与用 ögä 来翻译"国公"不同。

为什么同样的职衔却要用两种不同的翻译方式呢？极为可能的一个原因就是胜光法师在翻译时，不仅借鉴了"于越"这个词，甚至还在行文中或多或少受到了辽朝二元政治体制，即南北面官制的影响。

关于辽朝的二元政治体制，《辽史》记："至于太宗……官分南、北，以国制治契丹，以汉制待汉人。……辽国官制，分北、南院。"而在介绍北面官时载："惕隐治宗族，林牙修文告，于越坐而论议以象公师。"[4] 由此可知，于越是属于北面官系统的显贵。

虽然史书中没有明确记载，但研究者们基本认可"北面的行政系

---

[1] [唐]慧立、彦悰：《大慈恩寺三藏法师传》，孙毓棠、谢方点校，中华书局，1983年版，第126页。

[2] 回鹘文转写见 УЙГУРСКАЯ ВЕРСИЯ БИОГРАФИИ СЮАНЬ–ЦЗАНА，p. 97. 此处吐古舍娃著作中将"boyïnil–limi"解释为"房玄龄"的音译，这是不正确的，因为后文出现了"yüü baɣliɣ huinli atlɣ"，即"姓 yüü 名 huinli"的表述。在同一句中接连将同一个姓名用不同的方式翻译两次，明显是不正常的。而 huinli 作为"玄龄"的音译应该是没有疑问的，详见聂鸿音：《回鹘文〈玄奘传〉中的汉字古音》，《民族语文》1998年第6期。此处的 boyï 应是"仆射"的对音。至于胜光法师为什么将"房"对音为"yüü"还有待进一步考证。吐古舍娃的翻译见 УЙГУРСКАЯ ВЕРСИЯ БИОГРАФИИ СЮАНЬ–ЦЗАНА，p. 323。

[3] 关于"lim"是"梁"的转译，具体可参见耿世民：《古代维吾尔族汉文翻译家胜光法师》，耿世民：《内亚文史论集》，中央民族大学出版社，2015年版，第317页。至于为什么胜光法师在翻译"赵国"的时候用了音译"čao quɣ"，而在翻译"梁国"时则仅用"lim"表示，还有待进一步考证。

[4] 分见《辽史》卷45《百官志一》，中华书局，2016年版，修订本第3册第773、774页。

统虽然不排外，但主要由契丹人出任并冠以传统的契丹称号。……它在本质上是部落领袖一个庞大的私人扈从，它的职位许多是为皇族或后族的一支或另一支成员所设置并通过世袭选举（世选）担任"[1]。而辽朝官员的选任途径也能从侧面反映北面官基本由契丹贵族担任的事实，"这种世选制度还推广至南、北府宰相选任，于是世选在世袭皇权确立之后，就成了确保贵族地位得以累世不坠的有效制度了。'世选'仅适用于北面官。……北宰相多出于后族，而南宰相则多出于皇族。""辽朝选任南面官的主要途径是科举。……兴宗时期还有关于不准契丹贵族子弟应试的规定。"[2]

众所周知，唐朝的统治集团是直接承袭北朝而来，其中有不少是从北魏时期就传续下来的鲜卑贵族，长孙无忌就是其中之一："其先出自后魏献文帝第三兄。初为拓拔氏……世袭大人之号，后更跋氏，为宗室之长，改姓长孙氏。"更进一步的是，"文德皇后即其妹也"[3]。鲜卑贵族加上后族外戚的身份，自然使得长孙无忌的"赵国公"头衔能够在多方面与辽朝的于越一职形成对应关系。

而汉族出身的房玄龄则不然。他18岁举进士，是不折不扣的科举入仕。[4] 汉族出身加之科举入仕的人，如果按照辽朝的制度，虽然可以担任宰相一类的高官，甚至能受封"国公"，但绝不可能获得"于越"这种只有契丹贵族才能享有的显爵头衔。辽朝历史上著名的汉臣韩延徽也曾担任南府宰相，并受封鲁国公；其子韩德枢曾加门下平章事之衔，并受封赵国公，但均未能获得"于越"头衔。[5] 这应该也就是胜光法师虽然用ögä来翻译了房玄龄的官职"平章"，却没

---

[1] [德]傅海波、[英]崔瑞德编：《剑桥中国辽西夏金元史》，史卫民、马晓光等译，陈高华、史卫民等校订，中国社会科学出版社，2007年版，第77页。

[2] 分见李锡厚、白滨：《辽金西夏史》，上海人民出版社，2003年版，第78、79—80页。

[3] 《旧唐书》卷65《长孙无忌传》，中华书局，2012年版，第7册第2446页。

[4] 具体见《旧唐书》卷66《房玄龄传》，中华书局，2012年版，第7册第2459页；《新唐书》卷96《房玄龄传》，中华书局，2013年版，第12册第3853页。

[5] 见《辽史》卷74《韩延徽传》《韩德枢传》，中华书局，2016年版，修订本第5册第1358—1359页。

有用 ögä 来翻译其爵位"梁国公",而是采用了另一种表达方式的原因所在。

其实,胜光法师理解和借鉴辽朝的南北面官制度是有"先天优势"的。虽然与兴起于东北的鲜卑慕容氏创造的"胡汉分治"的二元政治体制不尽相同[1],蒙古高原的北方草原民族其实长期以来奉行的也是一种多元政治体制。从匈奴汗国的左右王将分居东西,单于居中的政治体系[2],到鲜卑部族联盟檀石槐"自分其地为三部:从右北平以东至辽东,接夫余、濊貊二十余邑为东部,从右北平以西至上谷十余邑为中部,从上谷以西至敦煌、乌孙二十余邑为西部。各置大人主领之"[3],再到突厥汗国将统治区域分为三部:可汗居中,东西分置。[4] 甚至之后蒙古时代"四大汗国"并立,以及明代蒙古达延汗将统治区域分为左右两翼,均是这种多元政治体制的体现。

而这种世代沿袭的"分而治之"的草原政治传统,一方面是由于草原政权幅员辽阔,一元统治很难覆盖全境;另一方面可能也和草原民族对可汗或汗这一称号及其权力的理解有关。[5] 而这种多元政治体制也是导致草原民族政权在政权末期常常发生分裂的重要原因,匈奴分为南北匈奴如是,突厥分为东西突厥亦如是。

继突厥汗国而起的回鹘汗国继承了突厥汗国的政治体制,同样将统治区域划分为左右两部。[6] 而在回鹘汗国覆灭后,回鹘人西迁所建立的两个重要政权——喀喇汗王国和高昌回鹘王国,虽然已经从游

---

[1] 关于东北少数民族创造的"二元政治体制",可参见[美]巴菲尔德著,袁剑译:《危险的边疆——游牧帝国与中国》,江苏人民出版社,2012年版,第131-132页。

[2] 《史记》卷110《匈奴列传》记:"诸左方王将居东方,直上谷以往者,东接秽貉、朝鲜;右方王将居西方,直上郡以西,接月氏、氐、羌;而单于之庭直代、云中:各有分地,逐水草移徙。"见《史记》,中华书局,2016年版,第9册第3495-3496页。

[3] 《后汉书》卷90《鲜卑传》,中华书局,1973年版,第10册第2989-2990页。

[4] 《隋书》卷84《突厥传》载:"佗钵以摄图为尔伏可汗,统其东面,又以其弟褥但可汗子为步离可汗,居西方。"见《隋书》,中华书局,2020年版,修订本第6册第2099页。

[5] 钟焓:《"四海之内皆可汗"——论内亚汗权体制中的"有限性君权"》,《文化纵横》,2017年第4期,第118-127页。

[6] 林幹:《突厥与回纥史》,内蒙古人民出版社,2013年版,第161页。

牧转为定居，但应该还是继承了草原民族的这种多元政治体制。[1]正是草原民族政权间这种政治体制上的相似性和传承性，为胜光法师理解和借鉴辽朝的政治制度，并将其运用到具体的翻译实践中提供了现实基础。

五、余论

胜光法师在翻译《玄奘传》中"国公""平章"这两个政治专称时，通过对ögä一词的运用，以及将房玄龄的梁国公和长孙无忌的赵国公这两个相同职衔用不同的方式译出，体现了其对中原和辽朝官制的深入了解，以及对北方草原民族政权多元政治体制和政治传统的深刻理解。他通过对多方政治知识的熟练运用，实现了"信达雅"的翻译宗旨，展现了无愧为伟大回鹘文—汉文翻译大师的高超水平。

同时，ögä作为突厥语原生词汇，在民族交流交往交融的过程中被借入契丹语，并逐渐成为契丹政治体制中极其显要的一个职衔；然后又在"有意无意"间，被回鹘翻译家从契丹语再引回并运用到回鹘文的翻译作品中。这种语言词汇的跨民族、跨地域"旅行"，及其背后所体现的族际互动，是值得我们进一步深入研究的课题。

---

[1] 关于喀喇汗王国的政治情况，可参见魏良弢：《喀喇汗王朝史稿》，新疆人民出版社，1986年版，第75页。而关于高昌回鹘王国的情况，可参见程溯洛：《〈宋史·龟兹传〉补正——兼论高昌回鹘王国中的双王制》，《历史研究》，1987年第3期，第124－132页。

民国时期中外学者眼里的中国边疆

——以约瑟夫·洛克与李安宅/于式玉的卓尼之行为例

◎ 韩 腾

自 1840 年的鸦片战争以来,传统中国的疆域观遭遇来自西方的巨大挑战,以古代中国为核心的天下观和朝贡体系逐步瓦解,关于边疆的本土知识话语遭遇沉重打击。一方面,在列强的入侵之下中国边疆失地、国家主权丧失;另一方面,有关中国边疆的知识对话层面开始被动接受和回应西方。[1] 在这样的大环境中,西方学者先于中国学者进入中国广阔的边疆地区进行所谓的"科考"活动,而这也反向催动中国学界开始关注边疆问题,在当时除了建立专门的机构、社团、刊物,以及在大学开设边政学专业外,一批又一批具有历史学、社会学、民族学等背景的学者肩负历史使命,亲自前赴边疆地区进行社会考察,这些学者为宣传、开发和经营边疆提供了大批重要的一手资料。

对比来看,当时中外学者的中国边疆研究,由于各自的社会身份、知识结构、调查目的、行进路线等的不同,其最终的研究成果也存在较大差别。而笔者此文所讨论的中外学者分别是约瑟夫·洛克与

---

[1] 袁剑:《边疆概念的抽象化与具体化——民族志书写与近代的相关尝试》,《云南师范大学学报》,2014 年第 4 期,第 41 页。

李安宅/于式玉夫妇,他们的边疆之行都曾到过甘肃甘南地区(本文选择今甘肃省甘南藏族自治州的卓尼县及附近地区,这里是一个藏—汉、农—牧的交界地带,也是由甘入青的重要通道,一方面自明代开始卓尼杨土司统辖当地长达五百余年,另一方面拥有七百余年历史的禅定寺在思想文化方面对当地人产生了深远影响,因此历史上的卓尼一带也是典型的中国边疆),而且都对当地的自然和人文有所关注,因此具有一定的可比性。其中,洛克(1884—1962)是美籍奥地利维也纳人,他是一位杰出的植物学家、探险家和语言学家,他于1922年至1949年多次往返于中美两国,在华期间长期到甘、青、川、滇等地进行科考活动。洛克去世后,直到20世纪80年代,随着云南丽江旅游业兴起,他才逐渐为中国人所认识,其对于边疆少数民族的研究也引起中国民族学、纳西学和藏学等领域学者的关注。[1] 李安宅(1900—1985)、于式玉(1904—1969)夫妇则是中国的一对学术伉俪,他们二位不仅是我国著名的社会学家、人类学家、民族学家和藏学家,还对中国的民族教育事业做出过重要贡献。1938年至1941年,李安宅携夫人于式玉赴甘肃甘南进行实地调查,1944年又赴当时的西康省进行藏族社会调查。20世纪80年代以后,李安宅和于式玉运用文化人类学的理论和方法研究中国边疆和藏族社会的学术成果,越来越引起中国学术界的关注,并出现了一批相关的研究成果。[2] 综合以上因素,本文重点考察外国学者洛克和中国学者李安宅/于式玉的甘南卓尼之行,对比他们是如何记载眼中所见和心中所想,特别是对旅途中遭遇同样的人和事形成的两种表述,并尝试分析产生如此差异的原因,进而对双方研究成果的意义和价值形成更为客观、理性的认知,也希望能对中国的边疆研究提供新的视角。

---

[1] [美]斯蒂芬妮·萨顿:《苦行孤旅:约瑟夫·F·洛克传》,李若虹译,上海辞书出版社,2013年版,中文版序第2—3页。

[2] 格勒:《李安宅先生学术年表》,《藏族宗教史之实地研究》(附录),商务印书馆,2015年版,第270—271页。

一、约瑟夫·洛克的卓尼之行

1925年,洛克从四川中坝进入甘肃境内,途经碧口(今甘肃陇南市文县碧口镇)、阶州(今甘肃陇南市武都区)、岷州(今甘肃定西市岷县),于4月21日抵达卓尼[1],然后在卓尼土司的支持下,在甘、青一带进行为期两年多的动、植物标本的搜集,最终于1927年3月10日启程离开卓尼,途经迭部,进入四川松潘境内,离开卓尼土司的辖境。[2] 洛克的所有开支主要来自美国农业部等机构所拨经费,在卓尼期间他还得到过杨土司的特别照顾,此外还有12个纳西族的仆人随侍其左右,因此洛克的卓尼之行在物质生活上相比于其他一般的中外科考人员还是相当优渥的。

(一)洛克对社会高层人士的态度

洛克的卓尼之行,接触到最重要的社会上层人士就是卓尼第十九代土司杨积庆(1889—1937),杨土司身兼土司和僧纲二职,是当时卓尼及临近辖地实际的政教领袖。洛克初到卓尼,就受到杨土司的热烈欢迎,杨土司尽其所能让这位"外国友人"在本地过上舒适的生活。除了恭恭敬敬地款待、对其优礼有加外,杨土司还为洛克的调查活动提供很多便利,帮他召集人马和骡子,替他准备行程、写引荐信、把枪支卖给他,还在洛克身无分文的时候解囊相助。可以说洛克在卓尼的两年多时间里一直被杨土司奉为贵客。然而,洛克在享受杨土司非常礼遇的同时,在日记中却写下了种种不满,比如:在当时物流条件并不发达的年代,杨土司在欢迎洛克的盛宴上,努力摆设一桌中西合璧的酒筵,但是化了的冰激凌、黏乎乎的鱿鱼角、脏兮兮的猪肉以及餐桌上飞舞的苍蝇等,让洛克表示实在没胃口吃这些难以下咽

---

[1] [美]斯蒂芬妮·萨顿:《苦行孤旅:约瑟夫·F·洛克传》,李若虹译,上海辞书出版社,2013年版,第121页。

[2] [美]斯蒂芬妮·萨顿:《苦行孤旅:约瑟夫·F·洛克传》,李若虹译,上海辞书出版社,2013年版,第191页。

的东西，最后还是硬着头皮咽下一些。[1]另外，洛克因为目睹杨土司的残忍言行之后，知道了杨土司阴险的一面，对其不快和厌烦也与日俱增，并表示从心底不能原谅他，所以对与杨土司有关的事总会保持抽身事外、冷眼旁观的态度。比如：杨土司和洛克一同观看禅定寺的法舞表演时，洛克注意到杨土司用闻卫生球的方式来去除空气中的臭味，对此心中暗觉"好笑"；[2]杨土司的一位太太曾请洛克帮忙向杨土司求情，希望能准许其回娘家探望年迈的老母亲，但洛克却以自己是外人、不能介入杨土司家事为由，拒绝帮忙，最终这位太太因私逃回家被人追回而遭受痛打、自缢而死；[3]后来洛克离开卓尼，冯玉祥（1882—1948）派军至甘肃境内，宣布撤销杨土司的头衔和领地，杨土司遂给自认为已是"结下永世之友情"的洛克写信寻求帮助，然而洛克没有回音，他认为杨土司心狠手辣，此次大难临头，虽然多少怀着一丝同情，但也只是有感而发一通议论，表示早就预料到厄运迟早会降临到杨土司头上，而杨土司与其部分家人确实也在后来的"博峪事变"（1937）中饮弹身亡。[4]

（二）对社会底层人群的态度

如果说洛克对杨土司至少是保持表面上的"友好"，那么对于社会底层的人群则表现得非常情绪化和个人化。在云南丽江期间，洛克就招徕纳西族人充任他的助手、随从和侍卫，并将他们一路带到卓尼。洛克一方面羡慕甚至嫉妒他们淳朴的心态，会"用自己仅有的医学知识给人诊病……（而）别无他求"[5]，他自己虽然不过春节，但

---

[1]［美］斯蒂芬妮·萨顿：《苦行孤旅：约瑟夫·F·洛克传》，李若虹译，上海辞书出版社，2013年，第212页。

[2]［美］约瑟夫·洛克：《发现梦中的香格里拉》，冯媛、刘娟译，北京理工大学出版社，2016年版，第161页。

[3]［美］斯蒂芬妮·萨顿：《苦行孤旅：约瑟夫·F·洛克传》，李若虹译，上海辞书出版社，2013年版，第212—213页。

[4]［美］斯蒂芬妮·萨顿：《苦行孤旅：约瑟夫·F·洛克传》，李若虹译，上海辞书出版社，2013年版，第216—217页。

[5]［美］斯蒂芬妮·萨顿：《苦行孤旅：约瑟夫·F·洛克传》，李若虹译，上海辞书出版社，2013年版，第154页。

会在大年初一给纳西侍从们一个红包[1];但洛克认为纳西人是"原始的、野蛮的、缺乏教养"[2],对那些苦力、士兵或骡夫等人颐指气使,如果不听使唤就随意威胁、惩罚[3],让他们领教"偷奸耍滑"的下场。他的这种矛盾心态在卓尼期间也有所表现,比如:杨土司之子有很重的烟瘾,杨土司无奈,只得宣布凡是卖大烟给他儿子者都将处以鞭笞,但还是有一个小男孩替杨土司之子买大烟,为惩罚他,杨土司命人将其剥光后绑在田间的十字架上,洛克向杨土司求情,让小男孩免于受苦;但同时,洛克又认为杨土司衙门里的佣人和跑腿的人都是些"投机分子,借着效忠杨土司的名头,狐假虎威,到处敛财……毫无公正可言"[4]。洛克还注意到这些人有不少是缺耳朵的,这是他们曾受重罚的痕迹,洛克对此竟表现出一丝满足感。这种对边疆少数民族的鄙夷,在洛克前往迭部和青海地区考察时也暴露无遗,他称迭部的藏民"能力低下,难以教化……对他们没有一点信任"[5],甚至认为他们本来就不聪明;对当时青海地区实际的最高军政统治者马麒(1869—1931)派给他的卫兵也是满怀厌恶,称"这些狡猾的大兵简直全是坏蛋,他们散发着大蒜臭",甚至将他们比作"人类的秃鹫"[6],对他们片刻都不能放松警惕。到了夜晚休息时,卫兵和纳西仆人分别点燃篝火,围坐在一起谈笑聊天,只有洛克独自一人默默坐在一边,虽然看似孤单得极不自在,但这是他心甘情愿做出的选择。洛克总在社会底层人群特别是佣人面前以"主人"自居的

---

[1] [美]斯蒂芬妮·萨顿:《苦行孤旅:约瑟夫·F·洛克传》,李若虹译,上海辞书出版社,2013年版,第166页。

[2] [美]斯蒂芬妮·萨顿:《苦行孤旅:约瑟夫·F·洛克传》,李若虹译,上海辞书出版社,2013年版,第139页。

[3] [美]斯蒂芬妮·萨顿:《苦行孤旅:约瑟夫·F·洛克传》,李若虹译,上海辞书出版社,2013年版,第148页。

[4] [美]斯蒂芬妮·萨顿:《苦行孤旅:约瑟夫·F·洛克传》,李若虹译,上海辞书出版社,2013年版,第214页。

[5] [美]斯蒂芬妮·萨顿:《苦行孤旅:约瑟夫·F·洛克传》,李若虹译,上海辞书出版社,2013年版,第132页。

[6] [美]斯蒂芬妮·萨顿:《苦行孤旅:约瑟夫·F·洛克传》,李若虹译,上海辞书出版社,2013年版,第139页。

种种做法，曾遭到与他一同前往阿尼玛卿山区的传教士威廉·辛普森的批评，然而洛克并不以为然，他甚至命令威廉·辛普森离开，尽管在旅途中后者帮了洛克不少忙，但二人最终还是以不欢而散收场。[1]

二、李安宅、于式玉的卓尼之行

李安宅、于式玉二人是于1939年7月27日，在时任拉卜楞寺保安司令、第五世嘉木样活佛的兄长黄正清（1903—1997）的安排与协助下，先赴太子山（位于夏河县东，藏语称之为"阿尼念卿"，传说该山神为拉卜楞寺的护法神）参观当地藏民的祭山典礼，于8月2日下山，3日到黑错[2]（今甘肃甘南州合作市），后经洮州（今甘肃甘南州临潭县）游历卓尼等地，至8月12日返抵黑错。[3] 相比于洛克的卓尼之行，李、于二人虽然因为年代晚、时间紧、路程短、随行人员少，其相关的考察活动不多，但是亦能通过对比发现二者之间存在明显的不同。

（一）李安宅和于式玉对社会高层人士的态度

李安宅和于式玉在前往卓尼的过程中，首先结识的是黄正清的部下、担任司令部驻黑错的藏民骑兵队队长李虎臣，由他安排二人留宿他家。于式玉对李队长的工作和家庭都有很高的评价，称李队长能排除困难、成立骑兵队，让队员们穿正式军装、接受正式训练、并筹划建筑营房等事务，是藏民"走上新生活之路"的体现，还说"做事只要有决心和毅力，敢于不怕艰苦，挺起胸膛来干，便无不可成的事"；[4] 当看到李队长家中有一位藏族太太和一个八岁的女儿，便说

---

[1] [美]斯蒂芬妮·萨顿：《苦行孤旅：约瑟夫·F·洛克传》，李若虹译，上海辞书出版社，2013年版，第147—148页。

[2] 李安宅：《藏民祭太子山典礼观光记》，《李安宅藏学文论选》，中国藏学出版社，1992年版，第59页。

[3] 于式玉：《黑错、临潭、卓尼一带旅行日记》，《于式玉藏区考察文集》，中国藏学出版社，1990年版，第154页。

[4] 于式玉：《黑错、临潭、卓尼一带旅行日记》，《于式玉藏区考察文集》，中国藏学出版社，1990年版，第136—137页。

这"极是圆满幸福的家庭"。[1] 其次是拜访洮州的区长、连长,特别是宗教界人士马明仁[2](1896—1946)。于式玉对马明仁也是高度褒扬,惊叹于马明仁一手创办洮州私立第二完全小学,并让学生表演宣传抗战的新戏、演唱表达爱国之情的校歌,而校长和教员办事也是认真努力、与学生打成一片,让外来者都能感到处处都有新的鼓舞。另外,马明仁"大公无私"[3],能不分民族、一律收容招待避难之人。而当于式玉应邀在洮州二小发表有关发展女子教育、倡导男女平等的演讲之后,马明仁随即称要在学校里开设女子班,并增加藏文课程,于式玉也对马明仁这种"实事求是"和"大无畏"的精神大加赞赏。最后,李、于二人在卓尼拜访了当地的军政官员。此时土司杨积庆已经去世近两年,继承土司之位的是其次子杨复兴(1929—2000),而幼年土司在上学、杨老太太又身体不爽,所以未能得见。虽然在卓尼只做短暂停留,但李、于二人也注意到卓尼军政工作的新景象,比如:给传统的寺院教育增加了学习国语的内容、派人到"生番"区域铲除烟苗以及重视禁赌等问题,也让二人看到了"当事人的负责治事的精神。既成的事实如此,谈到将来的计划,亦头头是道,旅客闻了,不禁心境为之开朗"[4]。整体而言,李安宅和于式玉的卓尼之行受到多位社会上层人士的特别关照,李、于二人并没有将其视作理所当然之事,而是称"萍水相逢,加惠如此,感歉交并"[5],对他们的帮助均表达了诚挚的感谢,对他们的工作也是给予积极的、正面的肯定。

---

[1] 于式玉:《黑错、临潭、卓尼一带旅行日记》,《于式玉藏区考察文集》,中国藏学出版社,1990年版,第137页。

[2] 马明仁,字普慈,生于清光绪二十年(1894),祖居甘肃临潭县,于1916年接任西道堂第三任教主,他主张在重振教门的同时,将主要精力放在恢复与发展经济上。参考高占福:《马明仁与西道堂的经济发展》,《西北民族研究》,1993年第1期,第89页。

[3] 于式玉:《黑错、临潭、卓尼一带旅行日记》,《于式玉藏区考察文集》,中国藏学出版社,1990年版,第146页。

[4] 于式玉:《黑错、临潭、卓尼一带旅行日记》,《于式玉藏区考察文集》,中国藏学出版社,1990年版,第150页。

[5] 于式玉:《黑错、临潭、卓尼一带旅行日记》,《于式玉藏区考察文集》,中国藏学出版社,1990年版,第147页。

（二）对社会底层人民的态度

不同于洛克出行总是十几人甚至几十人的前呼后拥，李安宅和于式玉的卓尼之行可以说是轻装简行，全程并没有侍从等私属的随行人员，只有偶尔同行的普通旅伴，一路的大部分用度也基本靠自己解决。从黑错出发时，与李、于二人同行的是一位赶着马群、只有十二岁的小弟兄，于式玉赞叹说："藏民一个十几岁的孩子，便可单人独马地办事；到了'下边'，恐怕十一二岁的孩子还正在父母跟前撒娇呢！"[1] 到了休息的地方，李、于二人和主人家一样喝酥油茶、吃糌粑，并无特殊招待。接下来同行的是位前往洮州新城（今甘肃临潭县新城镇）的商人，一路上几人或谈笑追旱獭，或信马由缰，虽然要提防牧民的狗，但能观赏到夏日草原的无限风光，遂也觉心宽不少。当天夜里在"完科洛"（今属甘肃卓尼县完冒镇）投宿，几人都是自己动手做饭，且照料马匹。次日，商人因计划有变而离开，同行者换成去洮州赴牛会的藏人，行至半路因步调不一致而与之走散，当晚李、于二人到了"鸭子滩"（今甘肃卓尼县阿子滩乡），此时人困马乏却没有旅店收留，最后没办法，李安宅叫喊着强势将马牵进马厩，这才有店家出门接待，声声叫"老总"，客客气气地给他们倒茶、喂马、做饭，于式玉并没有借机嘲讽，而是感叹当地民众生活的不易，她说："出门发横，原来觉得十分害羞，但好话说不通，不通的背后又是危险，将怎样办呢？及见他们因我们发横反倒和气了，我更觉得老百姓可怜。因为官家常如士兵那样，都是住店不给钱，反或拿着东西走，老百姓原是惊弓之鸟。"[2] 之后在洮州休整几日，二人绕道"卢巴寺"（今卓尼县喀尔钦镇的录巴寺村）前往卓尼，半道突然暴雨倾盆，遂在路旁农家避雨。李安宅和同来避雨的一位和尚闲聊，还谈及去年

---

[1] 于式玉：《黑错、临潭、卓尼一带旅行日记》，《于式玉藏区考察文集》，中国藏学出版社，1990年版，第139页。

[2] 于式玉：《黑错、临潭、卓尼一带旅行日记》，《于式玉藏区考察文集》，中国藏学出版社，1990年版，第141页。

来此地调研的顾颉刚[1]（1893—1980）。当天，李、于二人便抵达卓尼，住在一个叫"李家店"的旅舍，条件很差，因为牲畜的臭气难闻，臭虫肆虐，人喝水、马吃料都靠自己处理，李、于二人并没有觉得有何不妥，反说这"更是当然的现象了"[2]。离开卓尼后，李安宅所乘之马因蹄子受伤，已经不能照常行走，李安宅遂牵跛马在洮州新城内找可以医治的兽医，当地人见其举止怪异都在路边观笑，于式玉也没有因此生气或者指责那些看客，而是意味深长地感慨："不管怎样，有问题的人总是怕人笑的，站在干岸上笑人落水，本为我们的'国粹'之一，但养成这种脾性，以致违反了血气之伦所共具的同情之心，这是多么耐人寻味哟！"[3] 之后，李、于二人的旅行虽然也发生了一些不快之事，但都设法解决。最终二人返程，经卓尼、洮州、黑错，回到拉卜楞。

三、洛克与李安宅/于式玉的行为差异对比

洛克和李安宅/于式玉的卓尼之行，都对沿途的自然和人文景观不乏溢美之词，然而对于生活在这片土地上的人民却表现出完全不同的两种态度，笔者试从他们各自的成长经历、学术背景，以及所处的身份立场三个角度进行对比分析。

（一）成长经历不同

洛克出生在维也纳一个社会底层的家庭，他6岁时，能给他带来温暖的母亲和外婆先后离世，他的父亲弗朗茨·洛克性情暴躁，却又对天主教极为狂热，他和姐姐莉娜的关系也非常紧张，在学校里与同学们不合群，老师们也因为他成绩平平而不予重视。洛克从小跟随当

---

[1] 民国三十六年（1937）顾颉刚赴西北工作，次年（1938）春前往临洮、渭源、康乐、岷县等地进行考察。
[2] 于式玉：《黑错、临潭、卓尼一带旅行日记》，《于式玉藏区考察文集》，中国藏学出版社，1990年版，第150页。
[3] 于式玉：《黑错、临潭、卓尼一带旅行日记》，《于式玉藏区考察文集》，中国藏学出版社，1990年版，第151页。

管家的父亲见识过欧洲上层社会的奢豪生活，这让他对金钱和舒适、愉快、高雅的贵族生活产生莫大的兴趣，但身为佣人之子的现实又让他痛恨不已，这就让他逐渐形成了封闭、孤傲和敏感的性格。年幼的洛克经常陷入极度的痛苦和迷惘之中，他想摆脱父亲和姐姐希望他去当牧师的安排，并开始从虚构的想象世界中获得情感上的安慰，他开始阅读有关异域的书籍，让自己沉浸在虚幻的神话世界里，而这也促使他选择在高中一毕业就离家远行、四处漫游。[1]

李安宅和于式玉则出生于河北和山东的书香之家。李安宅的父亲早年执教私塾，后任县师范学校校长、县教育科长等职。虽然李安宅也曾在药铺当学徒，但还是能从5岁起就入私塾读四书五经，之后转入初小、高小，再到省立五中、天津青年会夜校、齐鲁大学，最终到北京燕京大学就读[2]，较为顺利地完成了从小学到大学的全部学业。在读夜校期间，美籍传教士侯感恩（R. M. Hogan）曾动员李安宅要"义务帮助人学习……（这让李安宅开始明白）除了自己向上爬之外，还有对于素不相识的人义务帮助的道理"[3]。这些都深刻影响了李安宅未来的边疆之行和学术之路。于式玉的父亲是担任过省立青州初级师范学校校长、省立第一师范校长的于明信（1882—1948），其兄是中国现代藏学研究奠基人之一的于道泉（1901—1992），于式玉还有1个弟弟和3个妹妹。受其父兄的影响，于式玉也是自小重视读书学习，并且很早（1924）就赴日本留学，回国（1930）后便在高校任职；[4] 同时因为她是长女，要为弟妹做好榜样，所以"养成了她要强，严以律己、吃苦耐劳，善于关心、体贴别人的性格"[5]。

---

[1] [美] 斯蒂芬妮·萨顿：《苦行孤旅：约瑟夫·F·洛克传》，李若虹译，上海辞书出版社，2013年版，第31—36页。

[2] 王川：《〈李安宅自传〉的整理与研究》，中国藏学出版社，2018年版，第2—9页。格勒：《李安宅先生学术年表》，《藏族宗教史之实地研究》（附录），商务印书馆，2015年版，第269—270页。

[3] 王川：《〈李安宅自传〉的整理与研究》，中国藏学出版社，2018年版，第8页。

[4] 《于式玉教授小传》，《于式玉藏区考察文集》，中国藏学出版社，1990年版，第1页。

[5] 汪洪亮：《藏学界的"天涯同命鸟"——于式玉与李安宅的人生与学术》，《民族学刊》，2011年第3期，第33页。

通过对比就可以看得出，不同的家庭环境与成长经历，深刻影响了洛克和李安宅/于式玉的性格塑造。哈佛燕京学社的李若虹博士总结洛克的性格，称他"个性独特，性情复杂，内心世界时时充满着矛盾。他既有超人的天赋，富有教养，诙谐幽默，又有一副坏脾气，总自以为是，讲求虚荣，难以让人接近"[1]。这种性格适合他进行植物标本的搜集，或者在实验室进行自学和研究，但如果是结伴远足旅行的话，必然会影响他与别人的正常交往，因为他很难与别人共情。他虽然常年在中国游历，比一般外国人更了解中国，但缺乏对中国的理解和同情之心，其在中国越久，对中国的负面态度就越明显。他这种将任何人的缺点无限放大，却不会反思自身是否存在问题的做法，也最终影响到他对中国人和事的评判，所以他既会在自己的日记里哀怨地写道"没有人爱我"，但又会彻底地表达"我谁也不爱"，其内心深处一直拒斥人与人之间真正的情感。[2] 所以不管是热情的杨土司、还是一路同行的纳西族侍从，洛克打心底都不会去完全认可和接纳他们。

反观李安宅和于式玉，他们的成长经历就相对没有那么多的波折，虽然李安宅从小就过继给大伯，于式玉家里孩子众多、她又是女孩，但都没有影响到他们接受完整的正规教育。就目前可查阅的文献来看，并没有太多关于李、于二人性格特点的描写，但是通过一些作品还是能感受得到他们在与人交往的过程中保持了一贯的温柔与和善。比如：李安宅在听到拉卜楞寺的喇嘛老师"旦爵窝撒尔"圆寂的消息之后非常伤感，特意撰文以示纪念；[3] 于式玉则为在拉卜楞住同院的一位普通藏族中年妇人"万慕措"写小传，以此来表达对其经历坎坷却依然保持善良的佩服之情。[4] 不同于洛克在考察途中总是

---

[1] 李若虹：《重识约瑟夫·洛克》，《读书》，2014年第8期，第71页。
[2] [美]斯蒂芬妮·萨顿：《苦行孤旅：约瑟夫·F·洛克传》，李若虹译，上海辞书出版社，2013年版，第145页。
[3] 李安宅：《纪念我的喇嘛老师》，《李安宅藏学文论选》，中国藏学出版社，1992年版，第1页。
[4] 于式玉：《我的同院——一个藏族女性》，《于式玉藏区考察文集》，中国藏学出版社，1990年版，第85—96页。

乐于保持西式的生活格调，且与普通中国人保持距离，李、于二人则是积极融入当地人的生活，他们给自己取了藏名，分别叫"索南木多尔吉"和"央金拉毛"；在太子山参加祭山仪式时见到人们宰羊、灌血肠的血腥场景，虽然也一度觉得恶心，但是见得多了反倒不觉得怎样，并且说："谢谢这样一次的经验，我与藏民打成一片了！……长途归来（书文记之）……以纪念领受的种种厚情。"[1] 李、于二人对于边疆人民无论高低贵贱都是等而视之，以时常感恩、积极正面的态度对待；对于某些"不良"的社会现象也不是一味地批评和讽刺，而是推己及人，以一种"理解之同情"的心态去看待。因此可以说，"洛克的行为并不能给我们带来任何启迪"[2]，而李安宅和于式玉的行为却能为后世从事田野调查的学者树立最好的榜样。

（二）学术背景不同

洛克的主要学术成就在植物学领域，又因他的足迹踏遍中国西部的多个地区，所以也有了探险家或地理学家的称号，而他长期对云南丽江纳西族文化的研究，让他又有了"纳西学奠基人"和"东巴文化研究之父"的赞誉。[3] 但是回顾洛克的学术经历，虽然他从小记性很好，13岁时就开始自学中文，但自始至终都没有接受过专业的人类学或民族学的学习，植物学方面的知识也是他在夏威夷米尔斯学校、夏威夷林业部、夏威夷学院等机构工作时自学而成，所以他在植物学方面的学术才能和专业成就（包括采集研究植物标本、发表学术论文、准备植物展览等），使夏威夷学院将他认定为"植物学家"，也没有人怀疑他自我介绍是在维也纳大学毕业并获得博士学位的求学经

---

[1] 李安宅：《藏民祭太子山典礼观光记》，《李安宅藏学文论选》，中国藏学出版社，1992年版，第67—71页。

[2] [美] 斯蒂芬妮·萨顿：《苦行孤旅：约瑟夫·F·洛克传》，李若虹译，上海辞书出版社，2013年版，第139页。

[3] 徐子惠：《洛克笔下的纳西族民族文化形象研究——以〈中国西南古纳西王国〉为中心》，贵州大学硕士学位论文，2021年，《摘要》第1页。

历其实是一个谎言。[1]

反观李安宅,早在齐鲁大学期间他就开始学习"社会学""社会心理学"以及"比较宗教学"的课程,并参加社会服务工作。之后转学到燕京大学,读的也是"社会服务研究班",继续学习与社会学相关的课程,并在学习社会学理论的同时参加社会活动。从1931年开始,李安宅先后担任北京平民大学的社会学教授、北京农学院的社会学讲师,以及燕京大学社会学系人口调查研究室编辑等职,这一时期出版的译著也以社会学著作为主。后来他前往美国加利福尼亚大学和耶鲁大学从事人类学方面的研究,还对美国和墨西哥的印第安社会进行田野调查,也是以人类学的理论和方法为基础。相较而言,于式玉最早接触的是目录学,藏学和社会学/人类学则是在嫁给李安宅后受其影响,开始关注人类学和边疆民族的研究,再加上她极富语言天赋,又肯吃苦开展实地调研,因此在藏学领域也就有了显著的成果。[2]

正因为洛克和李安宅/于式玉所受社会科学理论方法的训练不同,所以同样是对中国边疆社会的考察,他们各自的研究成果却呈现出两种风格。比如以藏传佛教为例,洛克对卓尼禅定寺是以一种白描的方式,介绍寺内的建筑、装饰以及各类宗教仪式等;[3]而李安宅则以拉卜楞寺为研究对象,是将藏传佛教诸宗派分为"未改革""半改革""改革"[4]三种,这明显是受了马克斯·韦伯(1864—1920年,德国社会学家)划分西藏政教史为"三阶段"[5]的影响。在洛克眼中,

---

[1] [美]斯蒂芬妮·萨顿:《苦行孤旅:约瑟夫·F·洛克传》,李若虹译,上海辞书出版社,2013年版,第45—46页。

[2] 汪洪亮:《藏学界的"天涯同命鸟"——于式玉与李安宅的人生与学术》,《民族学刊》,2011年第3期,第36页。

[3] [美]约瑟夫·洛克:《发现梦中的香格里拉》,冯媛、刘娟译,北京理工大学出版社,2016年版,第136—167页。

[4] 李安宅:《藏族宗教史之实地研究》,商务印书馆,2015年版,第24页。

[5] "三阶段":宁玛派具有萨满特征的莲花生、萨迦派的世袭性卡里斯马并开始加入理性的官职层级制,以及格鲁派将活佛转世制度发扬光大后试图统合卡里斯马的"救世论"和强调经典学习的"知识主义"。参考张亚辉:《马克斯·韦伯论藏传佛教》,《北方民族大学学报》,2014年第5期,第12页。

卓尼是一个"六个世纪没有改变过了"[1]的地方，而李安宅却将此"作为寺院，作为学校，作为居住区，或作为一个县"[2]，以多重的视角来进行研究，进而认识到传统藏族社会与藏传佛教之间复杂且多元的关系。洛克从一个外来游客的视角描述禅定寺的晒佛、跳法舞等活动，简要分析宗教法舞存在的政治意味。[3]而李安宅则将拉卜楞寺的寺院组织、主要神佛、训练课程、公开聚会（包括"亮佛"和"神舞"）[4]等都进行了详细叙述，并且从象征主义的角度去深挖其背后深层次的文化意义。这不仅在李安宅的《藏族宗教史之实地研究》一书中有集中体现，于式玉的《拉卜楞寺红教喇嘛的现状、起源与各种象征》[5]一文也是用相同的方法进行的研究。所以，相比于洛克只停留在感官层面的描写，李、于二人的研究拓展了民族学和藏学研究的广度和深度，在知识积累的基础上用科学理论去分析，这对整个学科发展而言无疑是一种提升。

（三）身份立场不同

洛克的成长经历让他对外面的世界充满了好奇，特别是中国成为他心目中的神奇之邦，他自学中文也是为了能去中国探险。[6]然而，当他真正踏上中国的土地，目睹当时中国军阀混战、民不聊生、混乱不堪的惨状时，他感到难受、痛苦和愤慨，因为这与他想象中的"中国"相去甚远。他分析当时中国的社会问题时，并不承认是西方国家的入侵造成了当时中国的苦难，偏执地认为"冷漠（才）是中国所有

---

[1] [美]约瑟夫·洛克：《发现梦中的香格里拉》，冯媛、刘娟译，北京理工大学出版社，2016年版，第136页。
[2] 李安宅：《藏族宗教史之实地研究》，商务印书馆，2015年版，第143—144页。
[3] [美]约瑟夫·洛克：《发现梦中的香格里拉》，冯媛、刘娟译，北京理工大学出版社，2016年版，第149页。
[4] 李安宅：《藏族宗教史之实地研究》，商务印书馆，2015年版，（目录）第155—233页。
[5] 于式玉：《于式玉藏区考察文集》，中国藏学出版社，1990年版，第1页。
[6] [美]斯蒂芬妮·萨顿：《苦行孤旅：约瑟夫·F·洛克传》，李若虹译，上海辞书出版社，2013年版，第31—34页。

社会问题的根本诱因所在"[1]。所以他在理所当然地享受卓尼杨土司等人"热情招待"的同时又歧视他们,他会想着死后将骨灰撒在中国这片土地上,但每次在中国某地只住三到五个月,因为时间一久,他就因无法忍受周围的居民而想方设法要离开。[2] 他的这一特点被为他作传的斯蒂芬妮·萨顿(1940—1917)总结为"隐含着西方人的种族和文化优越感"[3],这也是他总要强调自己是来到中国某地的"第一位白人"[4]的主要原因。其实,洛克这种内心的割裂感,是由他自己对中国的"东方主义"想象与现实中国之间的巨大鸿沟造成的。这种割裂感让他既钟情于中国,又对当时的中国感到失望和沮丧,因此导致他无法客观、理性地看待现实中国,也就更不能奢望他能站在中国人的立场去认识和理解现实中国。他不停地穿梭在中西两个文明之间,总想找到心灵的安稳之处,但最终还是迷失在了中西文明之间。[5]

李安宅、于式玉前往拉卜楞进行田野调查的20世纪三四十年代,正是中国边疆研究的重要发展时期,"边疆'问题'达到顶点,多种'主义'出现"[6],然而在诸多具有代表性的中国边疆研究学科化努力中,李安宅的"边疆社会工作学"尤其值得关注,其思想在《边疆社会工作》一书中有总结。李安宅认为边疆与内地的差异只在于地形和文化,而不在方位与部族,凡一国之内尽共同义务、享共同权力者,皆为一国公民,因此在建设边疆时不应受到血缘和宗教的限制,

---

[1] [美]斯蒂芬妮·萨顿:《苦行孤旅:约瑟夫·F·洛克传》,李若虹译,上海辞书出版社,2013年版,第86页。

[2] 李若虹:《重识约瑟夫·洛克》,《读书》,2014年第8期,第72页。

[3] [美]斯蒂芬妮·萨顿:《苦行孤旅:约瑟夫·F·洛克传》,李若虹译,上海辞书出版社,2013年版,第89页。

[4] 比如洛克就自认为他是到迭部扎尔那的第一位白人,但事实上早在1911年,英国人威廉·普尔顿就已经到迭部地区采集过植物标本。参[美]斯蒂芬妮·萨顿:《苦行孤旅:约瑟夫·F·洛克传》,李若虹译,上海辞书出版社,2013年版,第132页(脚注1)。

[5] 李若虹:《重识约瑟夫·洛克》,《读书》,2014年第8期,第76页。

[6] 汪洪亮:《"问题"与"主义"之变奏:近代以来中国边疆学构筑的回顾与前瞻》,《中国边疆史地研究》,2020年第4期,第2页。

而需要"在物质方面加强工业化……在精神方面培养公民原则……（号召所有民众共同）担负起内而建国外而抗战……的双重使命"[1]。李安宅强调建设边疆应和内地同为一体的思想在当时就颇具先进性，即使现在看来依然具有借鉴和指导意义。在这一思想的引领下，李、于二人的甘南考察也关注边疆的开发与建设，尤其重视当地人所发挥的价值。他们对国人不甚了解的川、甘数县边民的分布概况进行了初步调查[2]；在卓尼之行中，于式玉看到沿途长满草滩的马莲草，便思考这种草是否可以提炼药品或造纸；见到黑错的市面萧条、洮州旧城被战火摧毁，则对同胞的悲惨遭遇感到辛酸；在游历途中尽量不麻烦别人，如果有当地官员主动安排"乌拉"护送，他们也会觉得"疚歉万分"；对于当时存在的货币贬值、物价上涨、法币不流通、金融畸形、普通藏民的购买力低、生活水平不高等社会乱象，也都提出自己的解决办法，包括提倡藏民的工业化、在法币上增加藏文、加大金属辅币的流通并逐步代替银圆，等等。总之都是在思考如何改善民生、发展边疆。由此可见，李安宅、于式玉才是肩负历史使命、怀揣强国梦想的进步学者，完全不同于洛克总在中国人面前展示"白人至上"的种族优越感，因为中国之所以能够吸引洛克，一方面是丰富的动植物资源，另一方面就是置身于遥远的"异邦"、生活在"次等"民族之上，洛克觉得这样才能给自己脸上添光，满足他的虚荣心，而这是他在西方国家求之不能的。

四、结语

看洛克的部分作品会给人一种他非常热爱中国的印象，以至于现在国内的一些机构会以洛克曾经的考察路线，推出所谓"洛克之路"的旅游路线，作为宣传和发展地方旅游业的卖点。部分学者在翻译洛

---

[1] 李安宅：《边疆社会工作》，重庆中华书局，1944年版，第4页。
[2] 李安宅：《川、甘数县边民分布概况》，《李安宅藏学文论选》，中国藏学出版社，1992年版，第101—105页。

克的著作时,也似有迎合大众对中国涉藏地区的"东方主义"[1]想象,将 *experiences of lone geographer*(原意为《孤独地理学家的经历》)的中译本书名改为《发现梦中的香格里拉》,渲染出一种浪漫主义的色彩。甚至有研究者认为洛克通过"民族志传播学"的方法对外宣传甘南的宗教文化,对提升甘南的影响力具有积极的作用。[2]

当然,笔者不否认洛克用丰博的学识、敏锐的目光以及熟练的摄影技术,收集到了20世纪上半叶关于西部边疆地区的丰富一手资料,并将这一地区优美的自然风光和神奇的人文风情介绍到国外,让更多人了解到中国的少数民族[3],也为后世的相关研究提供了珍贵的材料。但是,这种带有"浪漫主义情怀,将其当作纯粹的科学研究和地理探险活动"[4]的做法,忽视了洛克采集珍贵动植物标本的科考活动对中国的自然资源所造成的损害,没有看到他在边疆的旅行途中享用的各类奢侈服务(对此,美国著名记者埃德加·斯诺曾评价洛克,这样的言行举止很不得体,但洛克并不接受斯诺的指责)都是中国人为他提供的。尤其是这些曾经协助过他的人,在洛克的笔下要么没有姓名、变成"没有历史的人",要么成为他日记里讽刺和嘲笑的对象。然而,对比与他同时代的、以李安宅和于式玉为代表的一批中国学者,他们奔赴边疆却是带着建设边疆的决心和对中国未来的期许,他们在看到普通民众的苦难时不会置身事外、作壁上观,而是寻找合适的契机、积极地提出建设性的意见,释放出自己的正能量。他们平等对待边疆的同胞,借助自己的文字让内地民众客观理性地看待西部边疆,而不是掉入东方主义的陷阱中。他们强调国家主权与土地的重要性,努力修正一般人对边疆的刻板偏见。从这个意义上讲,李安宅、于式玉这一类学者才是应该积极宣传的对象,后世学者在进行边疆研

---

[1] 沈卫荣:《也谈东方主义和"西藏问题"》,《寻找香格里拉》,中国人民大学出版社,2010年版,第162页。

[2] 黄静妍:《二十世纪三十年代西方学者眼中的甘南——以约瑟夫·洛克跨文化传播为个案》,西北民族大学硕士学位论文,2020年5月,第33—34页。

[3] 杨增适:《雪乡情韵》,中国戏剧出版社,2016年版,第185页。

[4] 南无哀:《历史与浪漫:〈国家地理〉的民国故事(下)——1922—1949年约瑟夫·洛克在中国的探险、影像与著作》,《中国摄影》,2012年第5期,第89页。

究时也应严谨地审视前代中、西学者的成果,不能盲目地照搬和听信西方学者的话语,而是要在学术领域树立起中国学者的文化自信和学术自信。

"人本·创化·适应":李安宅教育思想及其在边疆教育中的应用

◎ 凌兴珍

中国自近代以来经历了一个较长时期的社会大变局大转折过程,不仅学问、思想而且整个中华民族及其文化的创造力皆呈现出由衰落到复兴的渐进走势,作为中国传统社会中坚和领导力量的"士",其社会地位亦呈现出由衰退到复兴的演进态势。李安宅(1900—1985)的人生轨迹不仅深受这一演化进程的影响,而且他亦密切关注这一演化进程给中国社会发展带来的潜在危机和深刻影响,并力图"在活的人生里面找出理论的指导线索,且使理论的知识变成活的人生"[1]。其中,对中国汉藏教育文化问题的探寻与应对,就是李安宅学术人生追求的一个重要方面。学界对李安宅的人生和学术经历、边疆社会学思想、人类学思想、现代藏学思想以及语义学思想、美学思想均有较多关注与研究,他亦被视为我国现代史上杰出的社会学家、华西学派人类学的代表人物、现代藏文明研究专家,乃至被誉为"民国时期国民政府对边疆政策的灵魂"[2]。然而,对李安宅教育思想和实践的研究,目前国内仅有苏杰一篇不足万字的专题论文以及汪洪亮、陈波、

---

〔1〕 李安宅编著:《社会学论集——一种人生观》,燕京大学出版部,1938年版,《自序》第7页。

〔2〕 陈波:《李安宅与华西学派人类学》,巴蜀书社,2010年版,《前言》第12页。

王川、黄茂、汤芸、陈鹤、孙勇和孙昭亮等人的论文或著作有所涉及，海外亦仅有美籍智利人、英国牛津大学博士候选人罗安国（Andres Rodriguez），美国哈佛大学严晓佩（Hsiao-pei Yen）以及美国西来大学龙达瑞教授等人的成果有所涉及，并且这些成果只是勾勒出李安宅的教育人生轨迹、教育思想的灵感来源、教育思想的内涵及实践的基本轮廓，仍存在着对其教育人生的远近布景、教育著述文本的发掘与梳理、教育思想的渊源与背景、教育思想的内涵和精髓以及时代意义把握不够全面、透彻、精准等问题。[1] 因此，基于一个社会学/人类学家对20世纪30—40年代中国汉藏教育文化问题的探寻与应对的视角，研究李安宅的教育人生、教育思想及其在边疆教育中的应用和实践等问题，具有重要的学术价值和现实意义。

---

[1] 参见苏杰：《试论李安宅的教育思想》，《民族教育研究》，2014年第5期，第87—91页；汪洪亮：《李安宅边疆思想要略》，《西藏大学学报》（汉文版），2006年第4期，第103页；陈波：《李安宅与华西学派人类学》，巴蜀书社，2010年版，第115—128、198、280页；王川：《一个人类学家对于自己研究史的讲述——以李安宅先生1961年5月15日〈自传〉为中心（上）》，《中国藏学》，2015年第2期，第10—11页和12页注释①；黄茂：《一个人类学家对于自己研究史的讲述——以李安宅先生1961年5月15日〈自传〉为中心（下）》，《中国藏学》，2016年第1期，第85—86页；王川：《〈李安宅自传〉的整理与研究》，中国藏学出版社，2018年版，第32—35、39、42—43页及第47—48页注释79；汤芸：《评〈李安宅、于式玉藏学文论选〉》，王铭铭主编：《中国人类学评论》第3辑，世界图书出版公司北京公司，2007年版，第209—212页；Andres Rodriguez, "Building the Nation, Serving the Frontier: Mobilizing and Reconstructing China's Borderlands during the War of Resistance (1937—1945)", *Modern Asian Studies* 45, no. 2 (March 2011): 354—359; Hsiao-pei Yen, *Constructing the Chinese: Paleoanthropology and Anthropology in the Chinese Frontier*, 1920—1950 (PhD diss., Harvard University, 2012): 232—243, http://nrs.harvard.edu/urn-3: HUL.InstRepos: 10086027；龙达瑞：《我所知道的李安宅教授：兼谈海外对他的研究》，《中国藏学》，2015年第2期，第55页。另，陈鹤《李安宅、于式玉与昌都小学》及孙勇、孙昭亮《回忆录中的于式玉、李安宅与西藏现代教育的起步》二文，收入《于式玉与民国学术工作坊论文集》，四川师范大学历史文化与旅游学院2019年8月编印，第1—8、11—25页。

一、教育学术人生概貌与教育思想的渊源

尽管汪洪亮、陈波、王川等人对李安宅的学术人生已有较多的探讨[1]，但专门从教育史角度进行梳理的成果尚缺乏，故本文先从纵横两方面对李安宅的教育人生轨迹与教育论著、教育思想的渊源与背景作一勾勒和梳理，以期明了其教育人生的远近布景、教育著述的撰写发表概况和教育思想的渊源与背景，为后面的教育思想内涵及其在边疆教育中的应用的探讨奠立基础。

（一）教育人生轨迹与教育论著的阶段性概貌

第一阶段：读书求学及初步的教育研究与服务（1900—1938）

李安宅，字仁斋，笔名任责，曾取藏名"索南木多尔吉"，1900年生于河北省迁安县澥河桥镇白塔寨村。父辈三兄弟皆是晚清科举中试的文科秀才或武科举人，家中有田地、家塾和药铺。他5岁即入家塾读书，"师从大伯的学生张子和读四书五经"[2]，后就读于本村初小、邻村（南团汀村）高小、邻县（遵化县）直隶第五中学，曾到县城传习新教育，并到药铺当学徒两年，17岁高小毕业即与镇上酿酒作坊家的女儿张瑞芝结婚，21岁初中毕业。十余年的家塾和基础教育，既打下了其深厚的中国传统儒家文化基础，又使其耳濡目染了中国儒家教育思想与方法，奠立了其教育思想的生发根基。

1921—1929年间，李安宅以半工半读方式，先后在天津基督教青年会夜校补习英文2年、济南齐鲁大学预科选科1年、北平燕京大学社会学系"社会服务研究班"选科本科5年，合计8年。在齐鲁大

---

[1] 除上页注释①所列的陈波、王川、黄茂等人的研究成果外，还有汪洪亮的《建设科学理论与寻求"活的人生"——李安宅的人生轨迹与学术历程》《藏学界的"天涯同命鸟"——于式玉与李安宅的人生与学术》《李安宅、于式玉先生编年事辑》《李安宅的学术成长与政治纠结——两个版本自传比较阅读札记》，分别载《民族学刊》2010年第1期第154—160页、2013年第6期第32—41页、2016年第1期第63—77页、2011年第3期第8—19页。

[2] 李印生：《两个学者的故事》，未刊稿，第3页。转引自：陈波《李安宅与华西学派人类学》，巴蜀书社，2010年版，第4页。

学,他选习了教育、英文、宗教、社会经济以及没有学分的心理学、中文、天算课程;在燕京大学选习了社会学、英语、经济学、中文,并修习了法语、新闻学、政治科学、地理学、心理学等课程,还按规定完成了马林诺斯基(B. Malinowski)《两性社会学》和布朗(W. M. Brown)《共产主义与基督教》两书的翻译课业以及对中国思想家社会观考察的学士毕业论文《〈仪礼〉与〈礼记〉之社会学的研究》,但未修习规定的历史、卫生、实验科学和体育教育课程。[1] 其间,李安宅结识了美籍侯感恩教士、步济时教授和英籍吕嘉慈教授,接受了"为人服务"的基督教理念,加入济南长老会,参加成人卫生为主的社会服务,担任燕大社会学系助教1年并主管自治会服务部事务,还曾加入中国共产党并休学到张家口苏联使馆任译员半年。在此期间,李安宅的妻子生下女儿后病亡。这些知识积累和经历经验,为他从社会学视角思考中国教育问题奠定了基础。

1929—1934年,李安宅先后任燕京大学哈佛燕京学社(后改名国学研究所)翻译、通州潞河中学教员、北平农学院讲师和平民大学教授、燕京大学社会学系人口调查室编辑等,并从黄子通读康德哲学。经好友于道泉介绍,他与山东省立第一女子师范学校和日本东洋音乐学校毕业、正在奈良女子高等师范学校攻读文史的于式玉(后取藏名"央金拉毛")相识,并于1930年结为夫妻。1934—1936年夏,李安宅获罗氏基金(Rockefeller Foundation)奖学资助,途经日本奈良、大阪、东京,到美国加利福尼亚大学、耶鲁大学研习人类学两年,并利用寒暑假前往加利福尼亚印第安社区作访问实习,前往新墨西哥州祖尼印第安人母系社会做社区调查,前往墨西哥印第安人乡村做社会和教育考察。1936年夏回国后,任燕京大学社会学系讲师,并到内蒙古做社会考察,到山东济宁参加华北五大学农村建设协进会的乡村建设运动并成为会员,1938年夏离开北平。离开北平前,李安宅已学贯中西,专精于社会学、人类学,开始从事教育实践、社会

---

[1] 北京大学档案馆藏燕京大学档案。转引自陈波:《李安宅与华西学派人类学》,巴蜀书社,2010年版,第6、13—17页。

服务和社会调查活动。

不仅如此，李安宅还有针对性地翻译引进了西方社会学、教育学理论，撰写了有关社会、文化、教育等领域的系列论作。如译《成功之人》（1921）、《中国社会服务工作之意义》（1925）、《校外教育》〔1926.12.07〕、《哈蒲浩底社会思想》（1929）、《共产主义与基督教》（1929）、《两性社会学——母系社会与父系社会底比较》（1929）、《交感巫术的心理学》（1931）、《塞利格满论〈社会科学都是什么?〉》〔1932.09.30〕，摘译《孟子论心》（李安宅摘、吕嘉慈英译，1928），合编《英汉对照袖珍社会学辞汇》（1931），编译《巫术与语言》（1936）、《巫术科学宗教与神话》（1938）、《孟汉论知识社会学》（1938）等。撰写发表了多篇教育作品，如《教育与学校》〔1931.09.20〕、《为什么读书？怎样读书？》〔1931.10.12〕、《少年老成》〔1931.10.13〕、《知识与思想》〔1933.11.27〕、《答问——读书是否有用？》〔1933.12.25〕，并于1934年汇编入作品集《社会思想新论》（未出版），后添加新作品如《民族创作性底培育》〔1937.03.24〕、《由内蒙旅行说起——为〈社会研究〉复刊周年作》〔1937.05.12〕、《墨西哥农村建设底经验》〔1937.06.22〕等篇。此外，还出版了《语言底魔力》（1931）、《〈仪礼〉与〈礼记〉之社会学的研究》（1931）、《意义学》（1934）、《美学》（1934）等著作，发表《印第安人母系社会访问记》（1937，中译名《祖尼：我的一些考察》）、《墨西哥乡村教育》（1937）等英文论文。[1]在这些论作中，他开始运用西方社会学、人类学原理方法对中国教育思想、现状和问题进行批判性反思，初步形成了自己独立的教育主张。

第二阶段：教育考察、研究与服务（1938—1949）

1938年夏，李安宅受陶孟和、顾颉刚、梅贻宝等人之邀，以燕京大学合作代表身份，携夫人于式玉，自北平启程，绕道香港、安南

---

〔1〕 本文所列论作，□ 内括注的时间为论作写作完成时间，( ) 内括注的时间为发表或出版时间，主要来源于笔者所见资料，部分来源于万栖利《李安宅先生论著目录》（《中国藏学》2015年第2期，第77—82页）和王川《〈李安宅自传〉的整理与研究》附录三《李安宅论著目录》（中国藏学出版社，2018年版，第119—139页）。

(越南)、昆明（陪美籍欧兹古教授在高峣村考察两周），经贵阳、重庆、成都、西安，10月到达甘肃兰州，就任甘肃科学教育馆社会科学组组长，主要从事藏民区社会调查。他曾到青海西宁参加湟川中学成立典礼，到榆中县筹备高小教师水平讲习班而未果，也办了临夏小学教员讲习会。1939年2月中旬，李安宅抵达夏河拉卜楞，因"惊服其寺院之崇伟与其经典内容之丰富，遂与其夫人于式玉女士约，同以毕生精力研究喇嘛教"[1]。此后，他一面学习藏文、协助于式玉创办女子小学，一面从事拉卜楞寺院所属区域社会调查、研究和服务，并向拉卜楞寺院高僧旦爵窝撒尔请教寺院的历史和仪轨[2]，撰写了系列考察与研究作品。1940年3月赴渝述职，后加入国民党，5月派任为川甘边疆教育视察员，次年3月又派任为西北藏民区国立三职校及拉卜楞巡回施教队督导员。1941年夏离开拉卜楞，应约任华西协合大学社会学系主任，并负责筹组华西边疆研究所。次年，华西边疆研究所成立，任副所长。1943年发起并指导创办石羊场社会研究实习站及马边、茂县杂谷脑边民生活指导所。1944年3月获部颁教授资格证。1944年6—12月应邀赴西康康区南北两路考察。1943—1946年间获聘教育部边疆教育委员会第四、五、六届委员及社会部社会安全计划委员会委员。1946年4月3日被教育部派任札什伦布小学校长[3]，后因交通阻塞而未能成行。1947年夏，受美外庆基金（Viking Fund）资助赴美耶鲁大学客座讲学一年，次年获美罗氏基金资助赴英伦敦大学作藏学访学一年，并曾到牛津、爱丁堡、剑桥等大学旅行考察。1949年10月底回到成都华西协合大学继续执教。

---

[1] 李安宅：《拉卜楞寺概况》，《责善半月刊》，1941年第2卷第1/2期合刊，第12页。

[2] 李安宅1939年10月11日请求拉卜楞寺高僧旦爵窝撒尔给其"常川请教"的机会而获同意，自10月17日至次年3月7日每天上午七八点到十点间去其禅房请教，获知的有寺院的概况及护法的种类、其形象及象征的含义，他还口译了拉卜楞的历史，并准备一道共读寺主嘉木样四世传记，但因旦爵窝撒尔胃病加剧而作罢。3月8日李安宅赴重庆，4月旦爵窝撒尔不幸染疫而逝。参见李安宅：《纪念我的喇嘛老师》，《李安宅藏学文论选》，中国藏学出版社，1992年版，第1—2页。

[3] 《教育部部令》（渝人字第一八七二六号，卅五年四月三日），《教育部公报》，1946年第18卷第4期，第2页。

在拉卜楞寺院区做社会考察以及任职于华西协合大学社会学系和华西边疆研究所期间，是李安宅教育著述最丰硕的时期。在拉卜楞期间，经过实地考察，他完成了《拉卜楞寺大经堂——闻思堂——的学制》（1939.08.20）（后更名为《西藏系佛教僧教育制度：拉卜楞寺大经堂的学制——闻思堂》再刊，〔1940.06.07〕）、《论西北藏民区应用创化教育》〔1939.10.19〕（次年春改写为《西北藏民区应用创化教育》一文，上呈国民党中央组织部和国民政府教育部）、《拉卜楞寺的僧官暨各级职员的类别》〔1940.02.19〕、《拉卜楞寺概况》〔1939.12.09 初稿、1940.10.30 重校〕、《视察川甘边疆教育要点》〔1940.05 呈教育部蒙藏教育司〕、《致莲峰仁兄先生函并附呈视察报告七份》〔1940.07.28〕、《视察松理茂汶夏河岷县临潭卓尼等地教育报告及附表》〔1941.01〕、《川、甘数县边民分布概况》〔1941—1942〕等论作。在华西协合大学任职期间，他不仅完成了《论科学教育》〔1943.04.15〕、《喇嘛教育制度》〔1943.08.18〕、《研究服务训练要连合起来》（1943.08）、《西康德格之历史与人口》〔1945.12.31〕、《论创化教育》（1946.04）、《谈边疆教育》（1947.02）等论作，还完成了《边疆社会工作》（1944）、《藏族宗教史之实地研究》〔1947-1949 英文稿，未出版〕等论著，出版了《知识社会学》（1944）等译著。1944 年 1 月第四届边教会议上，李安宅与任乃强联名提出《革新边教方案期收宏效案》；1946 年 12 月第六届边教会议上，提出《推进边疆教育应特拨专款案》（单独）、《全国边疆教育应划辅导区案》（与张伯怀联名）、《请教育部呈请行政院豁免边茶税案》（与张伯怀、崔德润联名）、《国立边疆文化教育馆应请名家校印大藏以树藏民文化之向心力案》（与李方桂、张伯怀联名），另有《教育部应在华西边疆研究所设置讲座及奖学金以利边疆研究并供给乡土教材暨边教师资案》（张伯怀提）似与李安宅相关。这一时期的论作，主要针对西北和西康藏民区佛教寺院与学校教育的优长和不足做了深入讨论，形成了创化教育理论，并提出了边疆教育的主张和建议。

第三阶段：参军进藏及返川任教（1950—1985）

新中国初创，李安宅曾参加华西协合大学护校并欢迎解放军入

城。1950年2月之后,参加进藏部队"十八军政策研究室"的政策咨询及西藏教育文化机构如昌都冬学、昌都小学、拉萨小学的创设及藏汉双语教材编写,担任西藏军区藏文藏语训练班教育长、编审委员会副主任和拉萨小学副校长等职。1954年底,随西藏工委干部参观团离开西藏赴内地参观,之后返回四川。1956年奉命参加四川省政协,1956—1960年调西南民族学院工作,后参加省委高干自修班学习哲学,借调中国科学院民族研究所。1962年4月与于式玉一起调四川师范学院外语系担任外语教学与管理工作。"文化大革命"中受到审查迫害。1969年8月6日于式玉病逝,1985年3月4日李安宅病逝。这一时期,李安宅有《新时代中的边疆》〔1950.01.28〕等少量论作发表,并于1978年以后将英文书稿《藏族宗教史之实地研究》译成中文稿。

从以上纵向勾勒中可以发现,李安宅学贯中西,专精于社会学、人类学,其一生行迹几未离开教育领域,其教育与学术人生最辉煌的时期是在20世纪30年代后期至50年代前期,其学术成长离不开在华教会大学的教育和美国罗氏、外庆基金的研学和学术交流奖助。他对抗战前后的中国汉藏教育文化发展给予了深切关注,对教育与学校、"为什么读书?怎样读书"、"读书是否有用"、藏民区寺院教育、创化教育、边疆教育等发表过自己的见解,还提出了边疆教育实施与改进方案等建策。

(二)教育思想的渊源与背景:对中西方及中国汉藏教育思想和问题的认识与反思

从前文的教育人生轨迹与教育论著概貌的勾勒中不难发现,李安宅教育思想的渊源和背景相对复杂多元,大致有三个方面:一是对中国儒家教育思想和现实教育问题的认知与反思;二是对西方教育思想特别是美、墨、英等国教育经验的吸取与借鉴;三是对西北藏民区寺院教育和学校教育问题的认知与反思。

1. 对中国儒家教育思想和现实教育问题的认知与反思

除了长达十余年的私塾和基础教育时期的耳濡目染,李安宅对中国传统儒家教育思想的认知和反思,不仅表现在他对《大学》《论语》等"四书五经"的学习上,还表现在1929年夏写成的毕业论文《〈仪礼〉与〈礼记〉之社会学的研究》中。论者苏杰已注意到李安宅学士毕业论文中对中国传统儒家教育思想的论述,只是未辨析所摘引各篇内容究竟来自《仪礼》《礼记》中的哪一部。[1] 事实上,李安宅是采用威斯勒社会学研究方法,对中国儒家经典《礼记》中之《学记》《内则》《王制》《经解》篇中的教育思想加以采集,进而反思了中国传统儒家教育思想中严重的读书做官不良习尚的成因,认为"中国人凡受教育者,做官的思想非常发达",此习尚沿袭不破的原因,主要在于"人一念书,就给灌输了个齐家治国平天下的领袖欲",加上"不在其位,不谋其政"的古训以及士与仕之连带为用、不可分离的教育系统,遂造成做官是读书人的唯一出路的不当习尚,而"实事求是地干一点实业"却成了"艺成而下"之事。[2]

除此而外,李安宅对当时中国教育现实问题亦予以深切关注,认为当时中国社会存在普遍的教育无效、书本知识空虚无用、教育政策偏颇等病象,症结乃在于新旧八股积习。一方面,他认识到当时中国社会普遍存在教育不上轨道、培养不出济世人才乃至危害家庭和社会的情况。他一早就认识到,现在的中国教育,"充其量,也不过是制造出方板的'学生',成就不了足以应付活的事体的'君子不器'的活'人'来",其症结乃在于写书的人"不必具有直接经验",再加上著书立说"由教育的立场变成梯荣致显的捷径,或者由手段,变成目

---

[1] 苏杰指出:李安宅"从《学记》、《内则》、《王制》、《经解》等经典出发,对我国古代的教育原理、教育制度、教育过程、教育政策、教育功效等进行了论述,并表达了'士与仕元联带为用、不可分离的教育系统'是造成'中国人凡受教育者,做官的思想非常发达'、'做官是读书人的唯一出路'这类不当之风形成的主因的观点"。参见苏杰:《试论李安宅的教育思想》,《民族教育研究》,2014年第5期,第87页。
[2] 李安宅:《〈仪礼〉与〈礼记〉之社会学的研究》,上海人民出版社,2005年版,第67—68页。

的"，以致对实际人生再无"半点瓜葛"[1]。一个小康之家动辄年耗一二百元至四五百元送子弟到外边上学，结果却是"上完了学，多半不能自立"，同时"肩不能担担，手不能提篮"，更不用说"在外边学上种种恶习，不但不生产，而且积极破坏了"，而那些学而有成者更成了"养尊处优"的"太上寄生虫"。[2] 另一方面，他又认识到中国书本知识和思想学术中八股之风充斥亦导致了中国教育、社会和中华民族的沉沦。在1933—1939年间，他先后指出了"举国辗转剿窃，道听途说，以一二新名词为自欺欺人之资"的八股学风文风对中国教育的危害[3]；我们吃了"为说话而说话，为书本而书本"的中外两种八股的亏[4]；中国除了少数的自然科学以外，整个的社会科学依然处于"入主出奴、引经据典"的时代，所以"言自是言，行自是行；言与行根本没有关系，更不必问言是否可行，行是否可言了"，"我们关心大地方圆的争论而忽略了终年利用的街道"，"学术本身不上轨道，更会助长民族创作性底沉沦过程了"[5]；我国普通学制存在着"教员以贩卖主义骗学生，学生以文凭骗社会"这种毛病，以致"社会一受骗，轻者鄙视学校，重者民敝而国困"[6]。此外，他还认识到重视和强调自然科学、轻视和忽略社会科学是中国教育方针和政府失计，因为"改造社会，建国树政，我们便只能用自己底人才，而不能假手于客卿"，而中国政府和中国教育恰恰忽略或轻视对这类社会科学或文法学科人才的训练与培养。[7] 上述问题，他认为，亟须

---

〔1〕 李安宅编著：《社会学论集——一种人生观》下编《为什么读书？怎样读书？》，燕京大学出版部，1938年版，第349—350页。

〔2〕 李安宅编著：《社会学论集——一种人生观》下编《答问——读书是否有用？》，燕京大学出版部，1938年版，第365—366页。

〔3〕 李安宅编著：《社会学论集——一种人生观》下编《知识与思想》，燕京大学出版部，1938年版，第370页。

〔4〕 李安宅：《人类学与中国文化：〈巫术科学宗教与神话〉译本序》，《社会研究》，1936年第114期，第507页。

〔5〕 李安宅：《民族创作性底培育》，《申报》，1937年3月28日，第2张第5版。

〔6〕 李安宅：《论西北藏民区应用创化教育》，《甘肃科学教育馆学报》，1940年第2期，第16页。

〔7〕 李安宅编著：《社会学论集——一种人生观》下编《由内蒙旅行说起——为〈社会研究〉复刊周年作》，燕京大学出版部，1938年版，第393—394页。

用"以人为本""直接经验""实地研究""因时因地而制宜"等教育思想武器予以破解。

2. 对西方教育思想和美墨英等国教育经验的吸取与借鉴

除了就读在华教会大学时修习过西方教育学、心理学、社会学等课程，1926年，李安宅翻译了克莱伦斯·马希·凯斯（C. M. Case）主编《社会学概论》一书中的哈特（J. K. Hart）著《校外教育》一节，并将其附录于他1931年撰成的《教育与学校》一文之后。哈特指出："学校并不是教育底中心，办学的并不是教育底独裁者。这个……结局不是定自学校，乃是定自社会，因为学校原是社会底一部分"，"学校本是社会制度里面最幼稚的一个，比较近代些；而教育至少已与种族同古了"，"无论学校变得如何重要，如何聪明，教育也在心性不滞的几年中与每种经验，职业，社会情形，团体兴趣和理想，永远结上不解的关系。而且，校外的经验是最重要的生活经验……无论学校有不有，教育是与生活俱进的"，"凡谈教育必始自校外教育，那就是社会所给与的教育"，"设若学校希望有民治的工作，科学的努力，必须同着柏拉图离开闭门的学术，而与苏格拉底返到生命和世界的实际经验——必须将世界和经验的生命捉来，必须去寻求这种经验。校内的事必须看作接近校外的事的步骤"。[1] 可见，哈特关于学校教育与校外教育之间以及书本知识、间接经验与社会生活经验、直接经验之间关系的阐述，直接影响到李安宅关于教育的认知。1929年，他又译介了法国朱贝特（G. Joubet）的 *The World Best Literature* 和英国萧伯纳（B. Shaw）《人与超人》中的"语'教育'"经典语句。1932年9月30日，他还译介了《塞利格满论〈社会科学都是什么?〉》中对"教育学"学科属性的界定："站在社会科学底关系上与伦理学相类似的，有教育学。教育或者不似个人道德那样起自

---

[1] 李安宅编著：《社会学论集——一种人生观》下编《教育与学校》，燕京大学出版部，1938年版，第355、361—363页。又见哈特（Joseph K Hart）著，李安宅译：《校外教育》，《燕大周刊》1926年第107期，第2—3、7—9页。

社会势力，然而最少也在某种限度以内具有社会的起源。教育学自然是要发展个人的心灵，培养个人的能力，但是谁都知道，与人隔离，不足达到这种目的。个人在团体里面的活动与团体对于个人的反应，都是教育里面极其重要的因子。……况且说，利用教育去作社会事务，已成一切近代学程里面必不可少的课程；广义的教育，不但要教育个人，也要教育群众，即使群众教育与个人教育必有不同的方法也罢。因为教育一部份有社会的内容，一部份有社会的目的，又一部份有社会的方法，所以可以看成半社会科学。"[1]也就是说，"教育学"是半社会科学的学科，旨在"发展个人的心灵，培养个人的能力"。此外，他在20世纪30年代还翻译过哈蒲浩（今译"霍布豪斯"）《社会心理》、孟汉（今译"曼海姆"）《知识社会学》等学术著作。上述西方教育社会学理论的译介，不仅增添了中国教育思想的知识图谱，而且丰富了李安宅个人教育思想的内涵，使他接受了半社会科学属性的教育学概念以及体现学校、教育、社会、知识之间内在逻辑依存关系的教育社会学思想。

  李安宅在美英的留学访学和在美国加利福尼亚印第安人社区的访问实习、在新墨西哥州祖尼印第安人社区的调查见闻以及对墨西哥印第安人的乡村教育考察经验、英国边疆社会服务工作经验的吸纳与借鉴，都是他教育思想和灵感的重要来源。多数学人的论文或著作都谈到墨西哥乡村教育经验对李安宅人生和学术的影响，如罗安国、严晓佩、陈波等人就指出，对于李安宅到西北藏民区及后来提出在西北藏民区应用创化教育的实施方式以及1950年2月投笔从戎及至1954年底在西藏期间参与教育文化工作最多的这个脉络，均需要"回到他对

---

〔1〕李安宅编著：《社会学论集——一种人生观》下编《塞利格满论〈社会科学都是什么?〉》，燕京大学出版部，1938年版，第263页。

墨西哥乡村教育实验作为他者的追求与实践"[1]。李安宅亦自述："我赴西北，实受墨西哥文化团的影响。"[2]"论到边疆工作的实施方式，应该统一于富有机动性的团体。这个团体，若借用墨西哥一种建国势力的字眼（Cultural mission），可以叫做'边疆文化团'。"[3] 那么，李安宅主动借鉴与追求的墨西哥乡村教育经验究竟是怎样的呢？据李安宅自述："我因支加哥人类学系主任瑞德斐尔德曾至墨西哥的油卡檀（Yucatan，又译尤卡坦）调查出书，乃要求罗氏基金赴墨西哥考察乡村教育……我乃至墨西哥，适总统卡迪那斯比较进步，对美帝采取抵制态度，对印第安人采取启发教育态度，与在美国所见大不相同。教育部部长亲率文化团由一乡至一乡，一乡搞熟了，通过唱歌，熟悉了语言，即留下人兴办学校，然后（去）另一乡；而且周而复始，如此总结经验。"[4] 他进而指出，墨西哥革命前，没有人管占人口2/3的农民的教育，而革命后从1922年起的14年间已将文盲的程度减至59%，"这不但因为政府预算为教育占了百分之四十（我国占百分之四弱!），实在因为政府为老百姓解决了民生问题"[5]。陈波亦据所见文献作了更细致描述：墨西哥"采取试点方式，先由一些知识分子自告奋勇前往民族地区，利用歌舞与当地接触，学习当地的语言，开展学校教育，由教育部根据当地材料编纂教材分发，当地人建筑学校设施。一旦某个地点取得成功，即将其经验推广全国……组织巡回教育团往返各点交流经验，'教育当局也各处跑，厅长每至一处

---

[1] Andres Rodriguez, "Building the Nation, Serving the Frontier: Mobilizing and Reconstructing China's Borderlands during the War of Resistance (1937−1945)", *Modern Asian Studies* 45, no. 2 (March 2011): 354−359; Hsiao-pei Yen, *Constructing the Chinese: Paleoanthropology and Anthropology in the Chinese Frontier*, 1920−1950 (PhD. diss, Harvard University, 2012), 232−242. 陈波：《李安宅与华西学派人类学》，巴蜀书社，2010年版，第232、280页。

[2] 李安宅：《回忆海外访学》，王铭铭主编：《中国人类学评论》第16辑，世界图书出版公司北京公司，2010年版，第156页。

[3] 李安宅：《论边疆工作如何作法》，《大学》，1943年第2卷第11/12期合刊，第75页。又见李安宅：《边疆社会工作》，河北教育出版社，2012年版，第71页。

[4] 李安宅：《回忆海外访学》，王铭铭主编：《中国人类学评论》第16辑，世界图书出版公司北京公司，2010年版，第156页。

[5] 李安宅：《墨西哥农村建设的经验》，《申报》，1937年7月4日，第2张第6版。

都被居民拥抱起来；视学更穿着草鞋，手提网子床（普通用吊床）长期周游指点'"[1]。虽然吴文藻高度评价了祖尼调查对李安宅人生和学术的意义："他不仅熟悉了祖尼人的文化，从而通过对比更加理解了本国和本民族的文化，而且吸收了历史学派的所长，掌握了人类学的实地调查技术。……回国后在教学和科学研究中都取得了不少成绩。"[2]但既有研究中却未见学人提及李安宅对祖尼印第安人社区孩童管教机制和特点的研究。据李安宅说，祖尼孩童管教是"一种成年人的统一战线"；孩子们在他们自己的自由天地里被给予了非常大的独立性；儿童教养中的鞭打虽时有发生，但它却是"慎重而有效的"；新教育体制引入祖尼社会，却对其原有教育机制产生了破坏，并且新式学校"未能较好地解决孩子的管教问题"；用宗教惩戒教育的方式，"对那些野性难改的孩子施以恫吓"，亦使其印象深刻。[3]除此而外，学界未曾关注到的还有李安宅对美英教育文化的优点和不足的认知。如他"尝见美国学校，各省授各省的史地；印第安人的学校，没有已成课本的地方，也由教员与学生共同讲习当地的材料。然这并不是说，全国没有一致的教育"[4]；"英国之类一切前往远边工作者，必得考试人类学及格者"[5]。又比如他注意到美国人类学"偏于骨董一方面"，有"为写报告而搜集材料，重量而不重质，变成骨董而无关大体"之形式化倾向[6]；西洋尽管"在自然科学界已有相当的成绩"，但"在社会科学界则还只是萌芽时期……大半滞留在因袭形式

---

[1] 陈波：《李安宅与华西学派人类学》，巴蜀书社，2010年版，第280页。

[2] 吴文藻：《民族与国家》，冰心、吴文藻著，陈恕选编：《有了爱就有了一切》，江苏文艺出版社，1998年版，第47页。

[3] 李安宅：《〈仪礼〉与〈礼记〉之社会学的研究》附录一《关于祖尼人的一些观察和探讨》，上海人民出版社，2005年版，第87—89页。

[4] 李安宅：《论西北藏民区应用创化教育》，《甘肃科学教育馆学报》，1940年第2期，第14页。

[5] 李安宅、张伯怀：《全国边疆教育应划辅导区案》，教育部蒙藏教育司编：《边疆教育委员会第六届会议报告》，1947年，第13页。

[6] 马林诺夫斯基：《巫术科学宗教与神话》，李安宅译，上海社会科学院出版社，2016年版，《译者序》第4、7页。

的范围,还未整个的改弦更张"[1]。这些认识和经验,既是他后来赴西北的动因,又是他后来提出在西北藏民区、全国汉藏教育文化区以及全世界应用"创化""适应"教育理论的灵感来源。

3. 对西北藏民区寺院教育和学校教育问题的认知与反思

通过对西北藏民区(即1939年3月至1939年9月间对拉卜楞寺院区夏河全境及黑错、卓尼、临潭新旧二城等的社会调查[2])、川甘藏民区(1940年6月28日至10月底对四川西北松潘、理番、茂县、汶川及甘肃夏河、岷县、卓尼、临潭各县边疆教育视察[3])和西康藏民区(1944年7月至12月对西康康区南北两路,即由康定到道孚、炉霍、甘孜、德格,再由德格到白玉、巴安、义敦、理化、雅江转回康定,考察喇嘛教派历史和喇嘛教育制度[4])的实地调研考察,李安宅不仅对国人关于边地无礼教、无教育的错误认知给予了纠正,而且从中国汉藏教育文化对比角度肯定了寺院喇嘛教育制度的优点及可资内地参考之处,对寺院喇嘛教育制度和边地的内地式学校教育的缺点和危机给予清晰揭示。

一方面,藏民区的喇嘛寺院就是教育机构,喇嘛教育制度既有其优点亦不乏缺点。李安宅指出,蒙藏区域的喇嘛寺院既是宗教、政治、经济中心,又是教育文化中心,一个寺院就是一所大学或专门学校,不过它是从小学办起、以研究院为学术的府库罢了。专就喇嘛求知机构而论,它们兼有书院制与课室制的长处,却没有两者的短处。不管内容如何,专就制度而论,喇嘛教育优点甚多,"一为德智并重,

---

[1] 李安宅:《论西北藏民区应用创化教育》,《甘肃科学教育馆学报》,1940年第2期,第8页。

[2] 李安宅:《论西北藏民区应用创化教育》,《甘肃科学教育馆学报》,1940年第2期,第7页。

[3] 《李安宅关于视察川甘边区教育情况的视察报告及四川省教育厅呈报改进边民教育计划及改进要点的报告(1940.12—1941.11)》,中国第二历史档案馆藏:民国教育档案,案卷号:五-12401;《李安宅现在夏河函述近况》,《燕京新闻》1940年12月21日,第6版。

[4] 李安宅:《云霓之望》,《新西康》,1945年第3卷第6-8期合刊,第63页。

无新式教育贩卖知识的毛病。二为训导,系就师生全体出发,成为公共信仰,不似新式学校,不将教职员放在纪律化的范围以外。三为师生道义相合,不似学校教育学分为重。四为纪律严明,毫无通融余地。五为生徒可有别个适应,进退自由,没有大量生产的机械办法或形式主义。六为公开甄别,合班讲辩,可收标准化的利益。七为标准化的影响,不只及于生徒,而且及于师长,大家锤炼出来的学问,的确科班造诣,从无海派名流的危险。八为重专精,尚雄辩,没有浮光掠影之嫌,或者辞不达意之弊,而有触类旁通之乐,以及相观而善之益",以及他大加称赞的"师长之进修"。因此,李安宅认为,喇嘛教育制度可以贡献于我们的"已有甚足多者","在我们整个教育制度需要重新估价的时候,大有取来参考的价值"[1]。显然,他对喇嘛教育制度中德智并重、师生道义结合、纪律严明以及注重训导、辩论、专精和背诵等经堂教育特点甚为夸赞。与内地学校教育制度相比较,喇嘛教育制度亦存在形式、复古之弊。早在内蒙考察之后,他就指出:"喇嘛教育的死读经文不切实际,以致皓首穷经茫然不知所解者比比皆是,积弊也与科举八股的习惯无分轩轾。"[2] 在西北藏民区寺院考察后,他又指出:"若就课程内容说,教学技术说,影响所及说,喇嘛教育,当亦有其缺点。"比如:"内容缺乏现代化的常识与比较文化学的观点,以致自成系统,闭户造车;技术缺乏心理学的基础,以及语言学的便利,以致文字为累,进度甚缓;知识分子集中,以致民众皆成文盲,知识水准低落,生产能力薄弱;而且注重口辩的缘故,即所谓学者亦视操纸达意为畏途。"[3] 在他看来,寺院教育在内容方面"限制太多,不能使学生得到与社会进行交往的必要知识",最重要的问题是"知识和学者都集中在寺院里,使一般群众完全没有受教育的机会,就连寺院也在一般文化面前处于危险境地",同时一般喇嘛和普通藏民都"被巫术所淹没,不再能够利用科学对于自然界进行有效

---

〔1〕 李安宅:《喇嘛教育制度》,《大学》,1943年第2卷第8期,第10、15页。

〔2〕 李安宅编:《社会学论集——一种人生观》下编《由内蒙旅行说起——为〈社会研究〉复刊周年作》,燕京大学出版部,1938年版,第390页。

〔3〕 李安宅:《喇嘛教育制度》,《大学》,1943年第2卷8期,第15页。

的适应"[1]。李安宅与于式玉还注意到，尽管寺院中人对于外界疑惧的气氛甚深，但寺院喇嘛对学习汉语文和推行现代教育仍具有一定热情和潜在需求，如卓尼当地的"喇嘛学校，使寺中的喇嘛，八岁至十五岁的，一律半日读经，半日读国语……我们到寺上参观时，许多小喇嘛都手里拿着一本国语书，在墙角屋檐下低头诵读"，进而认为"将来沟通汉、藏的文化，发扬藏民的智慧，建设大西北"的巨任将由他们来担负。[2] 这与顾颉刚稍早的观察一致，但比顾颉刚"将来番民教育可由喇嘛延及平民，更可由平民推广至他处"[3]的想法更显宏阔。据此，李安宅乐观地认为西北藏民区早晚会出现第二个宗教改革家或宗喀巴，"以无边的佛法公诸民间……成就极乐世界于现世的造诣"[4]。

另一方面，与内地学校教育相比，藏民区的内地式学校亦因师资缺乏、经费困难以及推行方式和方法上的形式主义，导致学校内容不充实、教材与藏民生活不相应以及严重的"学差"积弊和信任危机等问题，既无益边地之文化，又徒损政府之威信。在川西北边疆教育视察中，李安宅就发现，全区"最大困难为经济问题。……本地师资不足，外来的不够吃饭，坐令全区不能由教育的启发以收创新的作用"；其次为教师教法和教学技能问题，如注音字母"似被普遍的忽略"。"旧式教法的影响"、教师教法和教学技能差；再次为教育行政管理问题，如学生缺席普遍、学校未能与社会打成一片、省县视学与县府"不尽责任"等[5]。1944年，李安宅与任乃强更将边地的内地式学校因教材、师资与推行方法，均未能适应边疆社会之需要而发生的

---

[1] 李安宅：《藏族宗教史之实地研究》，上海人民出版社，2005年版，第211页。
[2] 于式玉：《黑错、临潭、卓尼一带旅行日记》，《于式玉藏区考察文集》，中国藏学出版社，1990年版，第149—150页。
[3] 《教育部处理边疆教育之各项建议及有关文书（1937.12—1942.7）》，中国第二历史档案馆藏：民国教育档案，案卷号：五-12422。
[4] 李安宅：《论西北藏民区应用创化教育》，《甘肃科学教育馆学报》，1940年第2期，第11页。
[5] 《李安宅关于视察川甘边区教育情况的视察报告及四川省教育厅呈报改进边民教育计划及改进要点的报告（1940.12—1941.11）》，中国第二历史档案馆藏：民国教育档案，案卷号：五-12401。

"无益边地之文化，徒损政府之威信"的流弊归为五类：其一，边民认汉文学校所教一切皆与自己生活无关，不愿送子弟入学，以致视其为"学差""苛政"，并"腹诽口怨""潜长仇视教政之心理"；其二，受雇儿童视讲堂为桎梏，视教师如餍魔，多方规避，以窃学为快，虽至毕业，尚不解所学何事，仍与未受教育无异；其三，教材贩自内地，所言事物全不适合边情，教师因不懂边民语言而无法施行讲解，徒能指字发声、导之循诵，以致学生虽能背诵全书而不识一字、虽能唱国歌而不能通汉语一词；其四，教师既无同化边民之志趣，又乏边教技术之修养，贸然执业，扞格不通，加以待遇菲薄、领款困难，遂以学校为传舍、经商为主业；其五，边地荒远，交通不便，省县督学人员多不解边民语言、昧于边教意义，其足迹多不至边民学校，偶一莅至，亦不能考核其教育成绩、发现其改进方法，官员亦视边教为弁髦，人民更谓边教为多事，以至出现敷衍塞责、相与欺饰之情状。上述情况，"在喇嘛教流行地域，殆为一般病象，尤以西康之关外十八县，为最显著"，故而提出"革新边教方案"作为"补救之道"。[1]

尽管李安宅教育思想的渊源和背景复杂多元，涉及中国汉民区教育思想与学校教育现实问题、中国藏民区寺院教育和学校教育问题、西方美墨英等国教育思想与教育现实趋向等问题，但他善于利用文化人类学理论方法对各类型教育文化进行参证比较，反思其优劣点和问题，进而提出自己的教育主张以及应对之建策，并努力付诸实践，以应对和解决中国汉藏教育文化区严峻的教育现实问题。

二、"人本·创化·适应"为内核的教育思想

学人苏杰已关注到李安宅教育思想的基本内涵，指出他对教育原理的认识主要体现为"以'适应'为核心的教育本质观、以'创化'为取向的教育价值观形式及兼善个体与社会的教育功能观"，认为他关于教育的思想，他对科学教育内涵、宗教教育、教育改革的认识和

---

[1] 任乃强、李安宅：《革新边教方案期收宏效案》，教育部蒙藏教育司编：《边疆教育委员会会议报告（二续）》，1944年，第25—26页。

主张，都是在广泛性、开拓性、实践性的教育活动基础之上形成的，既包含教育的一般理论，同时也有明确针对少数民族和民族地区提出的特殊内容，表现出明确的功能取向和强烈的现实关怀等特点。[1]这些认识，笔者虽多表赞同，但亦嫌其粗略。从李安宅教育论著内容的梳理中，笔者发现，贯穿李安宅20世纪30—50年代教育著述中的思想内核，是"以人为本"与注重"直接经验""实地研究"的教育知识观、"因时因地而制宜"的创化教育论以及"教育是发展生命的适应过程"的教育本质观，似可以"人本·创化·适应"来标识李安宅的教育思想。下面笔者从历史视角对李安宅教育思想的形成演进过程与内涵加以梳理。

（一）"以人为本"与注重"直接经验""实地研究"的教育知识观

针对前述的中国传统儒家教育思想与风尚偏颇，当时中国教育无效以及书本、知识、思想、学问空虚无用等问题，自20世纪30年代起，李安宅就提出了"以人为本"是人类所有活动、一切学问道德以及教育的立脚点，"直接经验""实地研究"是一切真知、学问、道德的正确来源的教育知识观。

一方面，"以人为本"是人类所有活动、一切学问道德以及教育的立脚点。早在1931年，针对"为什么要读书"的问题，李安宅就指出："人要念书求知识，是对准实际的生活条件而来的，并不是研究书本上的问题或作家嘴上的问题。"[2]进而指出："我们放不掉人本主义底立脚点。"因为人类的所有活动和一切学问道德，"统统都是为自己，为人类——统统都是以人为本"，"都是要人类自己彼此生活得便便当当而且利用了自然来使我们丰满舒适"，而"为学问而学问

----

[1] 苏杰：《试论李安宅的教育思想》，《民族教育研究》，2014年第5期，第87—90页。

[2] 李安宅编著：《社会学论集——一种人生观》下编《教育与学校》，燕京大学出版部，1938年版，第353页。

与只讲学问而脱离了人事道德"则是"将手段当作了目的"[1]。1933年，针对"读书是否有用"的问题，他又指出："我们是人，脱不了以人为本的主义，即知识底目的在乎增进人类底幸福。……凡百知识，都因人类需要而产生。……所以读书不是要脱离人事，乃是要使人事更丰富；不是不要生产，乃是要生产得更经济；不是不要享受，乃是要享受得更有道理。"[2]1937年，他又指出："教育不限于知识，知识不限于学校，学校不限于读书。读书，充其量也是二手货的知，不是直接经验的知。……不管哪一种，都为得是增进人生底福利，都必得站在人本主义底立场，才有存在底价值。"[3]

另一方面，在认识了人本主义的立脚点之后，李安宅又对直接经验与教育、学校教育、读书求学问的关系进行了辨析，明确指出一切学问道德都来自实际经验，教育的目的和读书的真正用处乃在于利用人家的经验做参考来帮助自己的直接经验，而并非用间接经验、冒牌知识来代替直接经验和实践知识。1931—1933年，他明确指出："我们认识了一切学问道德底人本主义的立脚点以后，我们要知道一切学问道德都是来自实际经验。"因为教育就是"能够自觉地（如师生父子底教诲）或不自觉地（如彼此模仿与潜移默化）使个人的发明普遍化，使累代的积蓄继续不断"的"一种过程"[4]，所以，读书的真正用处乃在于"利用人家底经验记录（写在纸头的心得）以作参考，帮助自己底直接经验……以免凡事都要亲自尝试……那么重复隔离的浪费"，但是"参考只是参考而已，倘若永远用间接经验来代替直接经验，则永远转相抄袭，道听途说，必至以假作真，永远产生不了真知

---

[1] 李安宅编著：《社会学论集——一种人生观》下编《为什么读书？怎样读书？》，燕京大学出版部，1938年版，第347页。

[2] 李安宅编著：《社会学论集——一种人生观》下编《答问——读书是否有用？》，燕京大学出版部，1938年版，第368页。

[3] 李安宅编著：《社会学论集——一种人生观》，燕京大学出版部，1938年版，《自序》第10页。

[4] 李安宅编著：《社会学论集——一种人生观》下编《为什么读书？怎样读书？》，燕京大学出版部，1938年版，第348页。

灼见"[1]。他还指出,"欲济间接知识,以至于冒牌知识之穷,势非空口破坏所可了事,要在积极提倡直接知识或真正知识","必得不怕思想,不怕因思想而有的麻烦,才能管事实叫事实,才能推断直接经验所不及的事物是否合理,才能揭发冒牌知识底漏洞"[2]。因此,针对"怎样读书"的问题,他提出了四点建议:第一,要读有直接经验的人写的书,那就是要读有"二手货"的价值的书,要读这一类的原书;第二,在利用"二手货"的经验(书)以备参考以前或以后,必要努力直接经验;第三,在读书的时候,要克服"文字障",了解言语文字与思想的关系,并能够推出作者的原意;第四,脱离了"文字障"而参考了作者的"二手货",并直接得到"头手货"或直接经验,目的都是要增进人类的福利,"必是在人家里面发现了自己,在自己里面发现了人家,藉着彼此的接触,才获得人类里的地位,才成就一个有身份有人格的人",而这样的人"才可以读书"。[3]

随着思考的深入,李安宅进而认识到实地研究是产生正确知识和直接经验的唯一方法和唯一法门,实地研究是创新教育、创新社会和世界的发动机。在1934—1937年,李安宅明确指出:"产生正确知识的惟一方法,即在实地研究","知而能行,即行即知,便端赖实地研究","由实地研究而得的知,整理成系统就是科学,发动为设施就是计划方案或事功"[4];"实地研究,实地工作,才是针对了八股习气所下的顶门针"[5];"实地研究,是组织直接经验的唯一法门……实

---

[1] 李安宅编著:《社会学论集——一种人生观》下编《答问——读书是否有用?》,燕京大学出版部,1938年版,第366、367页。

[2] 李安宅编著:《社会学论集——一种人生观》下编《知识与思想》,燕京大学出版部,1938年版,第371—372页。

[3] 李安宅编著:《社会学论集——一种人生观》下编《为什么读书?怎样读书?》,燕京大学出版部,1938年版,第350—352页。

[4] 李安宅编著:《社会学论集——一种人生观》,燕京大学出版部,1938年版,《自序》第10—11页。

[5] 马林诺夫斯基:《巫术科学宗教与神话》,李安宅译,上海社会科学院出版社,2016年版,《译者序》第2页。

用的社会科学要靠着实地研究，系统的社会科学也要靠着实地研究"[1]。他还就中国推进实地研究提出了四点建议：一是应该推广实地研究的范围，二是提高实地研究的训练，三是普及实地研究的技术，四是在初创时期要有国际学者的合作；认为"惟有实地研究底经验，才是客观底清楚与主观底魄力，两相结合，创新世界的发动机"[2]。1937年，他进一步阐述了由学术到直接经验、间接经验再到真知、创作的生发过程，认为只有根除八股积习、着眼于直接经验、致力于实地研究，才是发动出民族创作性的正确的为学手段和方向。[3] 1939年10月，他又指出："真知识产生于真经验，有真知识斯有真的力量。所以为整个的知识界学术界着想，也应转变方向，将眼光放在民间。更不用说，抗战建国的迫力，不是容许我们空谈书本上的知识的，是不容许我们再忽略民间的大众的。"[4] 1942年，他再次强调："学问之道，在有直接经验的（人），要有脱颖而出、比较经验、整理经验的机会；在有传闻或书本经验的人，要有破除故障，实地研究，获得直接经验的要求与实践。"[5] 直到1950年，他仍强调边疆工作"必须在实地接触上随时体验，逐步实证，才不落空"[6]。

（二）"因时因地而制宜"的创化教育论

继"以人为本"与注重"直接经验""实地研究"的教育知识观之后，李安宅又提出了"因时因地而制宜"的创化教育论。李安宅所谓的创化教育，是与因袭、形式、死板的教育相对的概念，是"因时因地而制宜""针对事实想办法"的，"研究、服务、训练三者合一"

---

[1] 李安宅编著：《社会学论集——一种人生观》下编《实地研究讨论》，燕京大学出版部，1938年版，第402—403页。

[2] 李安宅编著：《社会学论集——一种人生观》下编《由内蒙旅行说起——为〈社会研究〉复刊周年作》，燕京大学出版部，1938年版，第395、401页。

[3] 李安宅：《民族创作性底培育》，《申报》，1937年3月28日，第2张第5版。

[4] 李安宅：《论西北藏民区应用创化教育》，《甘肃科学教育馆学报》，1940年第2期，第16页。

[5] 李安宅：《实地研究与边疆》，《边疆通讯》，1942年第1卷第1期，第2页。

[6] 李安宅：《新时代中的边疆》，《边疆服务》，1950年复刊号，第3页。

暨"学习、研究、服务、训练"合一的，一种活的、有生力的、社会化的、实践的教育理论及其经常化过程。

1939年10月19日，在《论西北藏民区应用创化教育》[1]一文中，李安宅正式提出了创化教育理论。（需要特别指出的是，在这篇文章里，李安宅不仅提出了创化教育理论，还提出了在西北藏民区应用创化教育理论的实施原则与实施方案。关于后者，本文将在下一部分讨论。这里仅讨论创化教育理论本身。）不过，这一理论的孕育、形成和完善却经历了一个过程。正如他在谈及《论创化教育》一文缘起时所言："作者在廿七年抗战还未爆发的时候，曾有一篇《论民族创作性的培育》……廿九年又有一篇《论西北藏民区应用创化教育》，刊载于三月份《时代精神》。……然迄至今日……并无去腐生新的机能。……不能已于一言，且以简单具体的意见，补充以上两文的不足。"[2]这表明《论民族创作性的培育》《论西北藏民区应用创化教育》《论创化教育》三篇文章是他自认的创化教育理论的阶段性代表作。此外，他在《边疆社会工作》《谈边疆教育》等论著中也有所阐发。

第一，创化教育的概念和过程性。1937年，李安宅首次提出"因时因地而制宜"的创化概念与原则："制度则是要我们因时因地而制宜，即加以创作的；既不可学，学了也一定没有好处。因时因地而制宜，便是以我们民族国家底利益为本。"[3]这似可认为是李安宅创化教育主张的萌芽。值得注意的是，这里的"因时因地而制宜"，是针对制度创作而言的，其立足点则是"以我们民族国家底利益为本"。1939年10月，他正式提出了"因时因地而制宜"的创化教育概念："所谓创化教育，即因时制宜，因地制宜，对准了真问题来想办法的

---

[1] 该文首发于《时代精神》1940年3月20日第2卷第2期第89—99页，继发于《甘肃科学教育馆学报》1940年5月第2期第7—18页。

[2] 李安宅：《论创化教育》，《大中》，1946年第1卷第4期，第6—7页。需要指出的是，该文又载《怒潮》1946年第5期，第16—19页。按：作者自述的篇名、载体及栏目是有记忆差错的。

[3] 李安宅：《民族创作性底培育》，《申报》，1937年3月28日，第2张第5版。

有生力的教育。反过来，即不是创化的教育，而是因袭的教育，形式的教育，死的教育。"[1] 1946 年 4 月，他再次重申了"因地制宜，因时制宜"的创化教育概念内涵，并将其视为"到处生根，随时革新"的经常过程："所谓创化教育，是因地制宜，因时制宜，到处生根，随时革新的过程。这种过程，应该是盖棺论定，至死方休的经常过程。"[2]

第二，创化教育的本质特征和关键点。由于教育就是一个"以纵的经验积累"或"以横的个人心得"为教学的过程，而横与纵的两种教学，"其注重点都有事实与形式，创新与因袭的不同，其结果亦因以迥异"，因此，李安宅认为，本质上说，"创化教育是在当前打出路的，因袭的教育是将过去加以保守的。……创化教育是针对事实的，形式教育是只管经籍的诵读与文章的习作的"。他进而分析了二者的本质特征和结果差异：因袭的形式的教育，"以书本为唯一教材，而不管实证；过去会了的，不管是真会，还是假会，凡会了的即令下一辈子（弟）学习；凡原来不会的，不在学习的范围以内"，"只管典册与文章，可以闭门造车，不合当时当地的需要；所谓'满腹经纶'，尽管都是杜撰"；而针对事实的创化教育，"则可因症下药；不但典册所无者，可益以发明与发现；即典册已有者，亦可补充其缺漏，矫正其谬误"；所以，"以因袭形式为学，终必干燥空虚，而与人生脱离关系"，而"以客观事实与问题为学，必会得心应手，增加了物质文明，因而提高了精神的享受"[3]。在此基础上，他又提出，创化教育的关键乃在"针对事实想办法"。而这又包含两层含义：第一，创化教育的精神"教人在现状之下下手，而不等待到什么理想境界"；第二，创化教育的精神"教人就理（地）想办法"。换言之，"任何理想境界是需要我们创（造）的，我们实现出来的，不是我们等着理想了以

---

[1] 李安宅：《论西北藏民区应用创化教育》，《甘肃科学教育馆学报》，1940 年第 2 期，第 7 页。

[2] 李安宅：《论创化教育》，《大中》，1946 年第 1 卷第 4 期，第 8 页。

[3] 李安宅：《论西北藏民区应用创化教育》，《甘肃科学教育馆学报》，1940 年第 2 期，第 7–8 页。

后,才有下手的去处";"在每人自己脚踏的地方做起,不逃避,不因循,大小总有一些成绩"[1]。对此,他在1943年《论科学教育》一文中有更详细的阐述。他指出,所谓"科学化的教育",就是教人在客观界中想办法,就是在主观上要有"跟着事实走的态度,对自然界是实在观,对人事界是社会化",在方法上要有"由近及远、由已知到未知的步骤,对人是有教无类的,对己是学而不倦的",在目的上是"创你(作)的,是控制自然以利用厚生的,是一方面调整社会关系使之团体纪律化以至并育而不相害的,一方面发展个性,贡献专长,以使一般文化水平提高而且丰富的";相反,自己不合理而责备教育者以合理、没有由已知到未知的步骤、不在客观界中想办法之类,皆不是科学化的教育。那么,怎样才算用科学来教育人呢?李安宅认为,因为艺术、宗教、巫术不是科学,所以科学教的乃是"客观界各方面的实在情形及其控制的方法",换言之,"为在客观现象当中,探索它的自然律令,即用这些律令来控制客观现象,以达美满的人生",就算是尽了用科学来教育人的目的。同时,针对社会人事方面存在的严重紊乱问题,他认为,尤须培养社会科学家和文化科学家,以教授"治国平天下的团体生活以及公民的基础"之类"群体生活的大道理",以达修齐治平的社会理想。[2]

第三,创化教育与学校教育的关系及应用与指导原则。首先,学校教育对创化教育这种过程有培养作用,创化教育又是促使学校教育变革的重要手段。李安宅认为:创化教育是一个经常过程,而应该培养这种过程的是"学校教育"。他进而指出:"经常过程的创化教育固不限于在学校,可是正式教育机关的教育则不能常此没有创化的作用,以致产生不出中坚分子;同时,各方用人,均系采自学校出身者,则没有创化作用的教育机关,正是造就废物,甚至作无益害有益的寄生者,更不能不求其改弦更张之道。"因此,创化教育是"欲将

---

〔1〕 李安宅:《论创化教育》,《大中》,1946年第1卷第4期,第7页。
〔2〕 李安宅:《论科学教育》,《学思》,1943年第3卷第7期,第142-144页。

学校改弦更张",既要"重新给予它的本身使命"的重要手段。[1] 其次,"因地而异"的创化教育应用原则。根据教育的普遍与特殊或一致与个别原理,早在1939年8月6日,他就概略地指出了普遍教育与特殊教育相异而并行的实施方针:"一种是普遍教育,是全国一致的,因为都是中国人;一种是特殊教育,是因时因地来制定的,因为时地不同,便需要有所侧重的教育。除了专门学校以外,这两种方针,固不妨在一个学校以内同时并用。"[2] 该年10月,他又指出了教育的一致与个别功能:"教育本有两重的着重点。一致处,要授以全国公民所必备的最低限度的常识;个别处,则应因地制宜,授以当地比较充分的经验。一致中有区别,所谓枝叶扶疏是;个别中有一贯,所谓殊途同归是。相成而不相害,是在教育家有创化的精神,有随机应变的技术。……所以分而合,合而分;一而二,二而一;正是人生的妙用,也是教育的功能。"因此,他认为,尽管整个的创化教育"原则上全国都在迫切的需要着",但"应用到各地的方式,则可因个别的环境而不必尽同",进而提出了"因地而异,正不必强不同以为同"的创化教育应用原则。[3] 再次,创化教育在学校教育与边疆教育中的指导原则。就学校教育而言,他提出了四条指导原则:第一,要随时随地训练学生在所处环境内下手工作,而不将学校当作另一系统、社会以外的社会,或将学生当作准备将来才活动的人;第二,中小学要做当地村镇的社会中心,大学要做所在地更大社区的"研究、服务、训练三者合一"的场所,教材先自本地推演到全国、全世界其他各地而以本地的材料、本地的实验、本地的合作、本地的表证为主,进而"多中有一地发展繁复丰盛的整个文化";第三,全国中小学都要以生产教育作单元设计,使整个教育恢宏其性能、远大其视野,"使学生从起始便与社会福利打成一片,更非自己变作生产

---

[1] 李安宅:《论创化教育》,《大中》,1946年第1卷第4期,第8页。
[2] 于式玉:《黑错、临潭、卓尼一带旅行日记》,《于式玉藏区考察文集》,中国藏学出版社,1990年版,第146页。
[3] 李安宅:《论西北藏民区应用创化教育》,《甘肃科学教育馆学报》,1940年第2期,第14、8、11页。

者不为功",由此奠定一切自然或物质科学、公民或社会科学以及语文、算术、游艺等学科之基础;第四,全国大学或专科学校"都以实验室或实地工作作教学的骨干,无论任何科系,凡未经过实验室或实地工作的长久历练者,不得毕业"[1]。就边疆教育而论,他则借鉴墨西哥乡村教育"文化团"经验,提出了基于"服务团"或"边疆文化团"的"研究、服务、训练三者合一"暨"学习、服务、研究、训练"合一的创化教育理论方案(详见本文下一部分)。

第四,创化教育的时代与社会意义。除了破解中国汉藏教育文化中存在的形式、复古、八股等问题,李安宅对创化教育的时代和社会意义作了三个层面的说明。其一,对复兴民族、创造文化、培养社会中坚之士具有重要意义。针对整个的社会科学依然是在"入主出奴、引经据典"的时代,他从复兴民族、创造民族文化的高度来探讨和解决"民族创作性的培育"这一重大现实问题[2];针对学校教育中的八股风习对栽培社会中坚之"士"的危害以及导致的社会缺乏中坚分子的危险,他又提出用"创化教育"来使教育机关改弦更张,以完成社会中坚之"士"的培育和开物成务、任劳任怨的格局与精神的养育任务。[3] 其二,从抗战建国的需要角度指出了时代对创化教育政策的"挤出"效应。他指出:"中国抗战建国的大业,本身即是个创化过程。因为敌人的侵逼,自我的拔救,不容你以八股救国——不管是地道八股,还是洋八股。能自救者生,当然会挤出整个的创化教育政策来。"[4] 其三,全中国全世界都需要用创化教育来克服教育形式化弊病。他说,"就原则来说,不但全中国都需要创化的教育,即全世界也未完全作到创化教育的工夫",原因在于西洋在社会科学界"还只是萌芽时期",仍需要创化教育来使整个科学界改弦更张;就中国来说,整个教育中的"形式教育依然没有动摇","大多数的学校,还

---

[1] 李安宅:《论创化教育》,《大中》,1946年第1卷第4期,第8—9页。
[2] 李安宅:《民族创作性底培养》,《申报》,1937年3月28日,第2张第5版。
[3] 李安宅:《论创化教育》,《大中》,1946年第1卷第4期,第5—6、8、10页。
[4] 李安宅:《论西北藏民区应用创化教育》,《甘肃科学教育馆学报》,1940年第2期,第8页。

在将自然各科当作国文念。至于社会科学的领域，就更不用说了。实地研究，已经不易有机关来提倡……若说研究就为得是服务，在服务过程中即有极好的研究机会与训练价值，当然对于大多数学者是'离经叛道'的主张了"[1]。因而李安宅认为亟须用实验、实地考察、实地研究以及"研究、服务、训练三者合一"的创化教育理念来克服全中国全世界教育中的形式化积习。

（三）"教育是发展生命的适应过程"的教育本质观

教育本质与教育现象相对，是揭示教育作为一种社会活动区别于其他社会活动的根本特征。1947年2月，李安宅在《谈边疆教育》一文开篇即由"整个人生就是适应过程"推演出"教育是发展生命的适应过程"的教育本质观。[2] 经过对其论著的梳理，笔者发现，李安宅关于"整个人生就是适应过程"和"教育是发展生命的适应过程"的论断，在他早期的论著中已有萌芽，但该论断最终是在研究和解决边疆教育问题的过程中形成的。

早在20世纪30年代初，李安宅就对人的积极平衡与消极平衡、积极人生与消极人生做过讨论。1931年，他指出："人是内部有种种冲动，外部有种种环境。若要平安的生活，不但冲动与冲动要平衡，内部与外部也要平衡。"他进而对"消极的平衡"与"积极的平衡"作了概念界定，并对西洋和中国的平衡观差异及利弊做了比较分析。[3] 1937年，他又从个人努力与外界成功的关系角度提出了"不求偿的积极主义"的人生观。[4] 1942年，他利用"适应"这一概念来把握"自然、人、文化"三者相互关系的有机性，指出人需要具备适应自然界、同类、自己生理心理、超自然界等四种内外环境的能

---

[1] 李安宅：《论西北藏民区应用创化教育》，《甘肃科学教育馆学报》，1940年第2期，第8页。

[2] 李安宅：《谈边疆教育》，《边疆通讯》，1947年第4卷第2期，第1页。

[3] 李安宅编著：《社会学论集——一种人生观》上编《少年老成》，燕京大学出版部，1938年版，第25页。

[4] 李安宅编著：《社会学论集——一种人生观》上编《本编提要》，燕京大学出版部，1938年版，第1页。

力,以及适应两类工具即"一类是手用的,如各种器具;一类是脑用的,如语言文字"的能力[1]。

如前所述,李安宅在20世纪30年代初期的教育论述中已蕴涵有"以人为本","发展个人的心灵,培养个人的能力"的教育观。到30年代末至40年代初,他更主张用"因时制宜,因地制宜"的创化教育原则以及"文化接触,与积极适应"的文化人类学观点来解决普通学校和边疆教育中的形式化问题。比如他1939年10月完成、1940年春分呈国民党中央组织部和国民政府教育部的《论西北藏民区应用创化教育》一文中,"就因地制宜,因时制宜等原则,欲用人类学文化接触,与积极适应一类观点,有所建议"[2]。1943年,他又指出:"文化接触,乃是创新之因母。"[3] 这些认识,为他提出"教育是发展生命的适应过程"奠定了基础。

1947年2月,李安宅正式提出了"教育是发展生命的适应过程"这一新论断,并主要从三个方面做了阐释。

第一,"发展生命的适应过程"是"真正的教育应有的含义"。在李安宅看来,由于"整个人生就是适应过程",而适应又有消极适应和积极适应,"不管是消极的适应还是积极的适应,其过程和结果,均已不是原来的样子。倘若原来的样子是自然,则改变自然的工夫与结果,都叫作文化"。因此,他认为教育"对于原有的文化,不只于传递,而要接着它去作积极适应的工夫,才有创新的作用,才配叫做继往开来,才是真正的教育应有的含义"。只有通过教育,"发展人生的适应过程",才有文化的"继长增高,不求新而自新"。在此认识的基础上,他提出了"教育是发展生命的适应过程"的新论断。也就是说,相对于一般的文化传递活动,教育的特殊之处在于它在传递文化

---

[1] 李安宅:《边民社区实地研究纲要》,《华文月刊》,1942年第1卷第1期,第35—38页。

[2] 李安宅、张伯怀:《全国边疆教育应划辅导区案》,教育部蒙藏教育司编:《边疆教育委员会第六届会议报告》,1947年,第13页。

[3] 李安宅:《宗教与边疆建设》,《边政公论》,1943年第2卷第9/10期合刊,第20页。

的同时，还促使个人追求积极的人生，改善社会已有的状态，服务于人类群体的福祉。

第二，普通人将"传递文化的工作"视为"教育"的说法，并"不合乎教育所以为教育的含义"。如果教育对于原有的文化只是"专专传递"，便"只有旧的文化，而没有新的文化"。食古不化的形式教育，"其所以不化，其所以形式"，便是因为"专专传递"的缘故。真正的教育应有的含义之所以被普通所谓教育的说法所遮蔽，完全是由于"学校制度化机关化"所造成的"食古不化的形式教育"流行所致。

第三，抗战时期边疆逼出来的教育问题的讨论与解决，对于认清教育真正的使命具有重要意义。抗战以来，边疆逼出来的教育问题，因为用"普通"办法办理的失败，使我们常有边疆教育的讨论，也使我们认清了真正教育的使命。在他看来，在边疆教育中，要避免形式主义，要"积极适应"，即"要用区域分工的物质基础以及语言、宗教等人文基础，使整个教育对物变为生产教育，对人变为公民教育"。而这种在边疆表证的创化教育，"不但直接促成边疆的现代化，也间接促成内地教育的创化作用"，"不管对于收复区的抢救，对于边疆教育的根本解决，还是对于内地教育的启发，均属特别重要"。站在表证的立场，不仅边疆的国民教育，而且其他如师资、专业、研究等的准备教育，皆须"教育部特别提高待遇，充实设备，任用优于内地一般水准的师资"[1]。李安宅的这一边疆教育主张，与稍后朱家骅提出的"谋适应，求交融"的边疆教育主张[2]，似乎较为接近。

综上可见，李安宅"人本·创化·适应"教育思想的孕育与形成，经历了一个前后相继、交叉、迭代的演进过程以及由教育的知识观、创化论再到本质观的逐渐深化的认识演进过程；而考察与应对抗战时期在内地与边疆逼出来的教育问题，也为李安宅认清教育的本质

---

[1] 以上第一至第三方面的引文，皆来自李安宅：《谈边疆教育》，《边疆通讯》，1947年第4卷第2期，第1—2页。

[2] 朱家骅：《论边疆教育（代序）》，《边疆教育概况（中华民国三十六年八月续编）》，教育部边疆教育司编印，1947年，第2页。

与功能、提出创化教育的理论以及边疆教育的实施和改革方案,提供了机遇和条件。

三、"人本·创化·适应"教育思想在边疆教育中的应用与实践

基于藏民区原有的形式、复古的教育积弊以及喇嘛僧徒有意愿学习汉文化和接受现代教育的实地调研经验,李安宅遵循"人本·创化·适应"的教育思想,尤其是"因时因地而制宜"的创化教育理论和"文化接触,与积极适应"的教育本质观,提出了在西北藏民区应用创化教育"研究、服务、训练三者合一"理论的实施方案以及面向全国边疆的"教政统一"与"分区施教"的边教革新方案,并努力付诸实践。

(一)在西北藏民区应用创化教育"研究、服务、训练三者合一"理论的实施方案

1939年10月19日,李安宅在《论西北藏民区应用创化教育》一文中借用墨西哥乡村教育"文化团"经验,提出了在西北藏民区应用创化教育"研究、服务、训练三者合一"理论的实施方案。据他自述,该理论实施方案的酝酿、形成及构想过程如下:

> 第一次走草地的归程,即在马上作美丽丰富的梦:想见喇嘛教怎样兴起了一位宗喀巴第二,使大批的喇嘛散在民间,以教育与服务建设现世间的极乐世界;想见我们的政府,因为专门人才的建议,有了整个的边区方策,将医药,畜牧,农林等工作都合在一起,以一致的步骤来开发,来建设;且更想见教育机关怎样派遣学生来实地学习,即服务,即研究,即受实事求是的训练;在大学执教鞭的人,也轮流参加这种训练,研究,即以服务的事业,而以个人为属于这样团体的一员。可惜这种梦想,只在马上有过美丽的光辉,回头竟不能引起几个人的热心。不过梦想虽然是梦想,每次的旅行,则都增强它的冲动,以致逐渐清晰,逐渐

具体，不能不使它变为信仰，变为理想。理想底冲动，信仰底力量，强迫着作者进行公开的讨论。本篇即这等私人理想的一部份。[1]

由此可见，第一，该理论构想开始于作者1939年3月中下旬第一次走西北草地的归途中，后来经过6个多月的间断旅行考察与持续不断思考，逐渐清晰具体，变成为私人的信仰和理想，并被"强迫"做公开讨论；第二，该理论构想包含着藏传佛教喇嘛即"知识分子"下乡的运动，政府接受建议而形成整个边区教育建设方案，并将医药、畜牧、生产合在一起来做统一的开发和建设，教育机关派遣学生来实地学习，即服务，即研究，即到实地训练，以及大学教师轮流参与研究、服务、训练这四重理念，而它的实现基础则在于"包括许多专家的服务团"。

李安宅为何首选拉卜楞为中心的西北藏民区应用创化教育理论方案呢？除了身处其地外，他指出，首要原因在于"它底本身价值和关系价值"。就本身价值来说，这一区域"不但自成天然区域，且有高屋建瓴，摄制其他区域之势"，不仅有"犀角，麝香，皮毛，马匹"之出产，而且有西北"茶谷杂货"之输入，更为西北主要经济生命线之一，加上该地区的藏民保安司令和藏化蒙民保安司令均仰赖中央的扶持，更因为以拉卜楞为实施中心具有多方面的便利条件，如拉卜楞寺有表率群伦的资格、拉卜楞保安司令年富力强及其弟作为拉卜楞寺大活佛的教权保障以及拉卜楞一带在种族、宗教、文化等方面的接触比较多、过程比较自然、问题比较富于代表性且易作为"研究、服务、训练"的中心等。就关系价值来说，倘于西北藏民区运用创化的教育，不但"可以采用西北对于西藏的交通，而且逐步表证，逐步成功……以达于西藏全境"，而且"必于回民教育增加了办法"，"对于

---

[1] 李安宅：《论西北藏民区应用创化教育》，《甘肃科学教育馆学报》，1940年第2期，第7页。

一切蒙民也同样有了办法"。[1] 更关键的原因则在于应用创化教育，既可以解决西北藏民区因袭复古的寺院教育给蒙藏文化或蒙藏文明生存发展带来的潜在危机，又可解决形式主义和经费困难的内地式学校教育所带来的教学与社会生活脱节、"学差"积弊以及对政府威信的损害，即便"全国创化教育的实施，区域课本的编制，教育政策的重新参订"，也要靠着某一地有了成功的表证。[2]

鉴于西北藏民区缺乏的只是"生产水平的提高，享受水平的上升，以及促进生产与享受的创化教育"，所以李安宅认为，西北藏民区创化教育的目标任务应以"产生良好的牧人，新式的农夫，制革制毛的工人"为基础，以"鼓舞知识分子，热心服务民间"为其张本。关于实施原则，他提出了要有长久的计划、统一的组织机构、当地应与最高机关有直接的报告、重用并且考核合格负责的人才以及造就当地人才以为永久之计、训练外来人才以济当前之急需等五点，而且以选择有吃苦耐劳的体魄和"我不入地狱，谁入地狱"的精神以及有"预先应习过比较宗教学，文化演进史，语言学，最好是作过文化人类学的实地研究"等学识造诣之人才为关键，反对"一手包办，或以外来人才而永远越俎代谋"之做法。[3]

关于实施方案，李安宅大体分为即时可办和久而后效者两个方面。即时可办者又分为学校教育与社会教育两类，总体思路是"如（已）有的学校，均需大加充实；未立的学校，尚有加添的必要——然未有的加添，又非俟社会教育有了相当的成功不可"，并将"服务团"作为学校教育充实、社会教育开展的基础以及当地人才和外来人才历练的场所。对于已有学校的充实，他认为，"最要者应将教材加入本地材料"，比如"地理要多讲西北地理，尤其是藏民区域的地理；

---

〔1〕 李安宅：《论西北藏民区应用创化教育》，《甘肃科学教育馆学报》，1940年第2期，第8-10页。

〔2〕 李安宅：《论西北藏民区应用创化教育》，《甘肃科学教育馆学报》，1940年第2期，第16页。

〔3〕 李安宅：《论西北藏民区应用创化教育》，《甘肃科学教育馆学报》，1940年第2期，第11-13页。

历史要注意当地移民的变迁，寺院与其他机关建设的由来；公民要打通当地的社会关系；自然一科要顾到当地的鸟兽草木，气候风土；职业教育尤该设法尽量在当地学习；语文，除国语外（注音字母是多处所忽略的），藏文要作到同级僧侣的程度"，以矫正"念了书而不能应用"以及课本知识与藏民生活风马牛不相及的学校教育弊病。对于寺院的喇嘛僧徒，他认为，我们所能做的只是"提高喇嘛徒众的社会意识"，而最理想的则是资助几位有志青年的喇嘛访问团，不但取得一般藏民及寺院的好感，而且他们本身因为"与外界接触而开明，发出本身的力量，来作创化教育的事业"。此外，应使当地"高材生""有入内地留学的机会"及"回到本地服务"的观点，初步历练则"插在下列社会教育方案中来服务"。外来的合格"中学"和"大学"毕业"高材生"，以及即将中学毕业或各大学法学院尤其是社会学系毕业而热心边疆服务的"高材生"，则资送拉卜楞等寺院读经，以求对喇嘛教的深造，学会或精通藏文藏语，且作实地的研究，以服务团为其督导机关或导师，或作为服务团方案的执行人及其助手，总期"学习、服务、训练打成一片，造就一批崭新的边区人才"，"由本地产生的领袖，倡导本地的建设事业"。值得注意的是，不论是已有的边疆学校或寺院教育机构的充实，还是到内地留学后回归本地服务者、外来的合格大中学毕业生或未毕业的大中学"高材生"之初步历练，都有赖于服务团"为之编写教材，辅导教学"，"为之倡导"以及专家"即服务，即研究，即以所得编写课本，见诸训练与实施"。不仅如此，边疆及时可行的社会教育，"亦以包括许多专家的服务团为基础"。他借鉴墨西哥乡村教育经验而构想的服务团，里面至少应包括地学家、生物学家、技师、社会科学家、藏学者或高僧各一位，并且最好由国立研究院研究员或各大学教授来"轮流供给""赓续瓜代"，一方面以所学证诸实际，一方面更将实地经验带回课室，合格的研究生亦遣来边区"或作专家的助手，或至寺院习经"，达成学生既得有用材料、老百姓收专家接触之益、师生"在实地相与研究""教学相长"的多方获益效果。这样的服务团，居则成为"民众服务馆"，行则成为"民众服务队"。民众服务馆既"可以作各种问题的指导，卫生医药的诊疗，民众教育的讲习，已立学校的顾问"，又可以搜集文化自然和乡土资料，开办开发文化接触的博物馆展览，既供本地人了解自己文化的水平，又便于边区研究与行政者检讨，当地的治机、边区的教材与课本皆由此出。巡回服务队的巡回工作，比服务馆的工作更重要，"一在发现而且提拔当地的领袖，一在直接接触以习知当地的需要，即以启发当地的热情"，不仅陈列的材料而且演讲的背景都可在巡回中得来。巡回中要选择如"农具怎样改良，畜种怎样选择，传染病怎样隔离，教育怎样兴办"以及"树林牧草怎样培养，纠纷怎样调解"等有目共睹而易举易办者共试共办，"一地有了热心，即交给当地办理；再到另一部落，根据已经获得的经验，观察另一部落的问题，发展另一部落的热心领袖。一步一步，一地一地……周而复始，返转原地"，这样专家、助手和老百姓皆得"长进"，所谓"即研究即服务，即服务即训练即学习"的事实与理论基础均在于此。但是，服务队既不能"包办一切"，也不能"与人争功"，其功用只限于"表证启发"和"供献消息及联系专门机关"两点。[1]

"研究、服务、训练三者合一"这一理论方案，后来被李安宅视为边疆社会服务有着连环性的三个方面[2]，并在《论边疆工作如何作法》和《边疆社会工作》第六章以及《宗教与边疆建设》中加以系统化阐发。在这里，他把"已有的学校"或"已有的教育"分为"内地式的学校"和"边疆式的学校"两类。"内地式的学校"系指已在边疆成立的如内地一样的学校；"边疆式的学校"则指"喇嘛寺、清真寺以及福音堂"中"宗教以外的教育设施"，如喇嘛寺院中"由着初小进而至于研究院"的经堂教育组织、清真寺"附设的国文（他们叫作金字）学校"以及福音堂所设"查经班"之类。[3] 他重申了边

---

[1] 李安宅：《论西北藏民区应用创化教育》，《甘肃科学教育馆学报》，1940年第2期，第13—18页。

[2] 李安宅：《研究服务训练要连合起来》，《边疆服务：事工检讨专号》，1943年第4期，第8—9页。

[3] 李安宅：《论边疆工作如何做（续）》，《大学》，1944年第3卷第1期，第58—59页。

疆已有的内地式学校的充实，不外要使"教学与生活打成一片"，务求"由近及远，因小见大，即学即用，启发其更进一步的好奇心"，克服"念书上学不与作人办事相干"之毛病，而这"必由大规模的文化团，为之编纂教材，辅导教学，方可奏效"。对于边疆式的学校，则"必得与之联络，使能逐渐加入现代常识，且于没有国语之处，逐渐加入国语"，达成"文教讲通，情感流畅，两存其便"以及"一致处达成全国一致的公民标准，个别处适应因地制宜的地方特点"之结果，此"亦必有赖于势力雄厚、见解高明的文化团为之倡导"。所谓未来的创化力量，他更寄希望于"边疆文化团"。在他看来，"边疆工作主要为社会工作，亦即广义的教育工作"，这种教育工作所需要的领导人才，"实较一般教育工作为高"，不仅要"研究、服务、训练三者合一"，而且"不管医药的入手，生产技术的改良，还是公民原则的民众组训"均要以"综合的教育原则出之"，因此，他提出边疆社会教育工作需要由"富有机动性的团体"即"边疆文化团"来实施。这个文化团的构成，与之前设计的"服务团"小有差异，由医学家、社会科学家、地理学家、生物学家、工业化学家、语言学家尤其是精通边地宗教教典的人各一位组成，但其运转机制却与服务团一致，即"一面取自中央研究院或各地大学，一面取自边地寺院或就近学者，均使一部进行实地工作，一部返回内地图书馆、实验室，彼此取得联系，由内地到边疆，由边疆到内地，赓续瓜代"，他们"配合在边疆，即学习，即同化；即服务，即表证，即改进，即扶植；分工合作，比较参证；勿忘勿助，名利不居，以使边民归于自助自动之途"，并且其以民众服务馆、巡回服务队作为"边疆文化团"一体两翼的工作机制也一样，主要作用在于"发现且提拔当地的领袖人才，且直接接触，习知当地的需要，启迪当地共同努力，共同解决问题，共同提高文化标准的热情"，目的总在"引起当地逼视问题，积极解决，那种具有创作性的机动作用"。[1] 同时，在他看来，外来势力只能"培植生机""供给因缘"，而不能为当地人"代劳代作"以"戕其生机""阻碍其动力"，故他又调整了训练内地人才的方案，主张除上述者外，"最好委托已有边疆教材设备的学校，建设乡村与近边两种实习的中心"，以乡村工作为过渡的练习（如"乡村研习站"[2]），再以近边工作为更进一步的练习（如马边、茂县杂谷脑等边民生活指导所），以培养"能使研究，服务，训练打成一片"和"能在边疆立足"之通才；关于造就当地人才一层，除了加强边疆学校教育外，最要紧的还是"充分提携边疆已有的知识分子"，"倘能资助若干青年有为的僧徒，使其进修；或者聘请若干当地已成的高僧，祭司，阿訇之类，陪同内地前往的学者共同研究，长久接触，则彼此启发，分别本末，沟通文化，自易水到渠成"。[3]

基于"服务团"或"边疆文化团"的"研究、训练、服务三者合一"理论的西北藏民区创化教育综合实施方案，是李安宅"人本·创化·适应"教育思想在边疆的应用和实践方案，蕴含着知行合一的教学、服务、研究相互维系，从理论到实践再到理论、实践的往复循环的教育社会学演进机制和逻辑理路，解决的是当时边疆学校和寺院教育不切社会生活实际的形式、复古积弊，目的是造就适应边疆社会需要的各类人才。

（二）在全国边疆实施"教政统一"与"分区施教"的边教革新方案

除了1939年8月、10月间李安宅已对教育的普遍与特殊、一致

---

[1] 李安宅：《论边疆工作如何做（续）》，《大学》，1944年第3卷第1期，第58—60页；李安宅：《论边疆工作如何作法》，《大学》，1943年第2卷第11/12期合刊，第70—72、75页；李安宅：《边疆社会工作》，河北教育出版社，2012年版，第70—76页；

[2] 李安宅对乡村研习站"研究、服务、训练三位一体"的实验教学、社会学、人类学以及兑现的人事科学作了进一步阐释。参见李安宅：《论边疆工作所需要之条件（续）》，《学思》，1944年第4卷第2期，第15页。

[3] 李安宅：《宗教与边疆建设》，《边政公论》，1943年第2卷第9/10期合刊，第20页。

与个别原理有所阐释外，1940年7月，他在川西北边疆教育视察报告中又两次针对川西北边民区提出"边疆教育应设特区统办"的想法，后又有"甘青川康四省交界边地教育实验区计划议案"[1]以及四川省教育厅"川西北边地教育推行区"[2]之提案，但均未获教育部及其边教会会议采纳。1944年，李安宅与任乃强又提出了"教政统一"与"分区施教"的边教原则："盖教政统一，贵在精神统一，原则统一，固不必求形式与方法之统一也。蒙藏之不可与回苗同揆施教，亦犹边疆之不可与内地同揆施教，换言之：即边疆教育，固当与内地教育异趣，即蒙藏边教，亦当与回苗边教异趣，藏民、蒙民、缠回等，多不解汉语，则藏童、蒙童、回童皆不可以汉语教育之，蒙藏与回，宗教不同，又不可以同一教材启导之，藏与蒙语言习俗不同，则虽同信仰，亦自以分别教法为宜。"[3]他们建议将全国边疆划分为若干边教区，每一边教区作为一个边教体系，分区设计施教方案，并组织边教督导团加以督导，以推动边民教育发展。1946年，李安宅又提出划区辅导、校印大藏经、特拨专款等提案，进一步完善了革新边教方案。

第一，全国边疆划分为若干边教区，实行分区设计与督导辅导制度，推动边民教育。李安宅与任乃强主张我国边教方案当分为康藏区（藏文藏语佛教区）、蒙古区（蒙语藏文佛教区）、回民区（汉语"回教[4]区"）、回疆区（非汉语"回教区"）、西南区（西南各人口较少的民族无统一之语言、文字、宗教，通为一区）五区，或藏蒙区（佛教区）、回民区（"回教区"）、西南区（巫教区）三区，"分别设计，而以统一方法推行之"。具体而言，西南区，含云南、贵州、广西、

---

[1]《教育部边疆教育委员会第一至二届会议记录、会议报告以及有关边疆教育各项提案等文书（1939.2—1941.12）》，中国第二历史档案馆藏：民国教育档案，案卷号：五(2)—970。

[2]《教育部第二届第二次边疆教育委员会决议案办理情形报告（一九四二年）》，中国第二历史档案馆藏：民国教育档案，案卷号：五(2)—973。

[3] 任乃强、李安宅：《革新边教方案期收宏效案》，教育部蒙藏教育司编：《边疆教育委员会会议报告（二续）》，1944年，第26页。

[4] 指伊斯兰教，原文此处用"回教"一词，表述不准确。后文同。

海南与西康之宁远、四川之峨马雷屏四县、西南苗猓等人口较少的民族分布地;康藏区,含西康、四川、甘肃、青海四省之吐蕃民族(藏族)分布区与西藏地方;"回教区",含甘肃、青海、宁夏、新疆四省之"回教"分布地方之边民区域;蒙古区,含宁夏、绥远、察哈尔、热河、新疆五省之蒙旗地方等;东北区,含辽、吉、黑三省之边民区域,但此区因边民甚少、正处于沦陷中而应缓设。每一边教区为一边教体系,由教育部设置边教督导主任一员、督导员若干名,组织边教督导团,协助该区各省教育厅办理区内边教事宜,并以部颁法令规定其职责和权限。[1] 1946年,李安宅与张伯怀又联名提议"采取分区辅导制",由教育部"划全国边疆教育为若干辅导区",分别任命具有文化人类学素养者为边疆教育辅导员,或即加委着重于就近区域边疆研究的各大学教授兼任辅导员,分区经常辅导并作报告,以"补救中枢行政鞭长莫及之遗憾"[2]。

第二,分区征集边民课本,革新边民课本编制标准与审定制度,并由国立边疆文化教育馆校印大藏经。除了在边民学校教材中添加本地材料外,1944年,李安宅与任乃强建议由教育部规定教材编制标准、范围和次序,依宗教分区向各边区或研究边疆问题之文化教育机关征集边地小学、高小与中学课本,经审查定本后作为诵习讲解之边教课本印发。除西南区课本略插巫法词语而不必译注苗猓等文字于汉字下外,他主张"回教区"课本与喇嘛教区课本编制原则相同,并列举了喇嘛教区课本第一册编制方法:"于人、天、日、月、地、水、火、风等笔画简单,物象易指,又为佛法认为构成宇宙之分子者外,即须编入'佛''塔''寺'等字,因佛教徒之观念,此等字至为神圣,笔画较繁,不可置于其他浊物之后也。以下始编山、木、花、草等植物字,牛、羊、犬、马等动物字,编列更后,不与佛寺等圣洁字衔接。各字插画,皆仿藏画,以藏蒙风光为背景。佛、塔、寺三字,

---

[1] 任乃强、李安宅:《革新边教方案期收宏效案》,教育部蒙藏教育司编:《边疆教育委员会会议报告(二续)》,1944年,第26、28页。

[2] 李安宅、张伯怀:《全国边疆教育应划辅导区案》,教育部蒙藏教育司编:《边疆教育委员会第六届会议报告》,1947年,第13页。

均特精绘藏画巨幅,表示尊严。又各汉字下,皆注译藏文,及蒙文。"第二册以后,"本此原则,逐渐深入,要以公民常识,与佛教常识,经济常识,参互配合",以使蒙藏人民认学校教育不背佛旨而乐于接受,便于藏蒙学生诵习解悟或请喇嘛解释,蒙民藏民或边地汉民亦可以此教本为学习国语国文或藏蒙语文之参考书、字典或平民教育课本,总之务使"边民见之而悦,喇嘛见之而悦,边民不复怀疑边教为外遣,为苛政"[1]。除了各地应以区域分工方式尽量作局部适应,"当地边教应侧重乡土教材,因地制宜,作放射式工夫,以收生产教育公民教育之效"外,李安宅与李方桂、张伯怀还认为,在中央应"提纲挈领,建立其大者远者",并建议由国立边疆文化教育馆"延聘少数藏汉专家,甚或加入西洋学者,搜集各地已有版本,重新校印……并附分析目录与索引,使其完成后优于国内外各地版本",既使"边教获有精神上之后盾,即于心理国防与国际学术,均可有长足之进展",又可树立"藏民文化之向心力"[2]。

第三,分区培育边教师资,优其待遇,并得加聘喇嘛或阿訇一人为边校教员。各边教区根据需要增设师资培养机构,招收志愿终生服务边疆社会、兼通汉文或边文、身体强健的学生,免征膳宿杂费,通习党义、公民常识、国语注音、教育通论、社会学通论、民族学大意、军事常识、医药常识、社会工作、国防大意及边教实习,并分习该区地理、历史、民族语文及课本教学法等课程,两年毕业。学业中废、不守服务期限者,予以处罚;师生待遇高于一般学校,给予教师乐业奖励与进修扶助;服务期内,免征一切征役,享受特殊保障;服务期满,按年功加薪。不通行汉语的蒙藏回区边地学校,得加聘喇嘛或阿訇一人为藏文或回文教员,以便招来藏蒙回士绅子弟求学,打破"学差"观念,补助教徒生计;西南区边地学校则不必设置苗、倮、

---

[1] 任乃强、李安宅:《革新边教方案期收宏效案》,教育部蒙藏教育司编:《边疆教育委员会会议报告(二续)》,1944年,第26页。

[2] 李方桂、李安宅、张伯怀:《国立边疆文化教育馆应请名家校印大藏以树藏民文化之向心力案》,教育部蒙藏教育司编:《边疆教育委员会第六届会议报告》,1947年,第55页。

摆、黎诸语文教员,但得"加委一边民为助教,任通译"。[1] 1946年,他又以边所张伯怀之名提议,在华西边疆研究所设置文化人类学、自然地理学讲座,并安排教员各1名,待遇等于国立大学。设置研究生奖学金2名、本科奖学金3名,专门作边疆考察研究或专攻文化人类学,以利"边疆研究"、供给"乡土教材暨边教师资",奠立边疆教育之后盾。[2]

第四,重视边教经费保障,提出了解决边疆教育经费困难的方法和思路。李安宅一方面建议"厘定薪资标准,不求统一,不在固定的数目,而以各地的生活费为最低程度的保障","各地薪额,以物价指数为计算的依据";另一方面又建议向中央呈请年拨30亿元作为"边教应急专款",并提出"化钱于边疆教育建设"是建设边疆工作中"最基本、最简捷"的方式和途径[3],以及边疆教育是"解决边政与避免或减轻军费"的"惟一根本大计"之观点,以应对和解决普通形式"通案"的边教固定计划、固定预算之局限。[4]

第五,边民学校兼负学校区内一切社会工作责任,其经费由教育部商请社会部拨助。其社会工作包括"社会教育、社会娱乐、医药卫生、社会救济合作事业、公益指导、社会调查、文书代缮"等项,目的是"冶社会工作与学校教育于一炉",既使"教师能深入于边疆社会,因了解社会情形而改善其教诱方法",亦使"边疆社会能渐亲近学校,因了解学校使命而乐于遣送子女",达成"边教可兴,边民可化"的目标。[5]

第六,边教新方案。在完成两年期的边教师资训练、边教课本征

---

[1] 任乃强、李安宅:《革新边教方案期收宏效案》,教育部蒙藏教育司编:《边疆教育委员会会议报告(二续)》,1944年,第26—27、29—30页。

[2] 张伯怀:《教育部应在华西边疆研究所设置讲座及讲学金以利边疆研究并供给乡土教材暨边教师资案》,教育部蒙藏教育司编:《边疆教育委员会第六届会议报告》,1947年,第53—54页。

[3] 李安宅:《推进边疆教育应特拨专款案》,教育部蒙藏教育司编:《边疆教育委员会第六届会议报告》,1947年,第10页。

[4] 李安宅:《谈边疆教育》,《教育通讯》,1947年第4卷第2期,第2页。

[5] 任乃强、李安宅:《革新边教方案期收宏效案》,教育部蒙藏教育司编:《边疆教育委员会会议报告(二续)》,1944年,第27、30页。

集与试教、边地学校改良之后，启动边教新方案。新方案主要包含三方面内容：一是扩充边民小学校数，使用新课本和新师资，充实边教设备，如建筑新校舍、充实挂图教具以及附设简易工场、小型农牧场、普通病治疗所、民众教育馆等设施，以供师生课外练习实习及社会服务；二是分期循序添设边民中心小学、中学、农牧、医药、工艺等中级职业学校及社会工作、边教师资等训练班，改编或选用相应教材；三是将边民学生分为自动向学的"自读生"和受人资雇应付"学差"的"代读生"，由边教督导团或省教育厅施行边生语言甄别考试一次、每年度终发给"自读生奖状"一张，积六张奖状者得换"奖学银章"一枚，戴此章者得出入县行政官署陈述民间疾苦，边民中学毕业生由教育部奖给"金宝章"一枚，戴此章者得出入省县行政官署陈议政务、担任县议员。[1]

基于"教政统一"与"分区施教"的边教革新方案，仍是李安宅"人本·创化·适应"为内核的教育思想在边疆应用的体现，其解决的仍然是学校教育与边民生活相适应、学校教育为边民所接受和信服的问题。

（三）李安宅边疆教育方案的实施成效

学界虽多已注意到李安宅在西北藏民区应用创化教育的实施原则和实施方案，但由于研究视角不同，对李安宅的边教实施与革新方案的政策化和实践化活动成效的判定却各不相同。如罗安国从边疆教育与边疆服务角度指出了李安宅和于式玉在拉卜楞致力于一系列教育项目，包括教学汉语、工业制造如皮革厂、介绍现代科技知识进入寺院课程等，是其边疆服务的重要实践。[2] 龙达瑞引述美国保尔·尼普图斯基教授信中的话说："李安宅和于式玉在1938—1941年之间曾积

---

[1] 任乃强、李安宅：《革新边教方案期收宏效案》，教育部蒙藏教育司编：《边疆教育委员会会议报告（二续）》，1944年，第30—31页。

[2] Andres Rodriguez. Building the Nation, Serving the Frontier: Mobilizing and Reconstructing China's Borderlands during the War of Resistance (1937–1945). *Modern Asian Studies* 45, no, 2 (March 2011): 354–359.

极地在拉卜楞从事促进社会进步的活动,例如创办学校。李、于二人与第五世嘉木样的大哥阿巴·阿罗(即黄正清)一起办学……当时拉卜楞的反应也是好的,但却是短暂的。"[1]严晓佩认为,作为教育部督学,李安宅的川甘边区教育考察报告及边区教育改革建议,几乎都没有付诸实践。陈波则对李安宅"对墨西哥乡村教育实验作为他者的追求与实践"[2]给予充分肯定。那么,李安宅边疆教育方案的实施与实践成效究竟如何呢?下面笔者从五个方面做分析。

第一,李安宅与于式玉在拉卜楞寺学习藏语文、教学汉语文以及筹办女子小学校等活动,实证了"研究、服务、训练三者合一"的理论构想。据李安宅自述,1939年10月17日至1940年3月8日期间,他在向拉卜楞寺院高僧旦爵窝撒尔请教拉卜楞寺院历史和教仪的过程中,曾相机教高僧"用藏文记下注音字母"来学习汉字汉语,结果高僧"因为字母而认识汉字,亦几乎可以无师自通",因为这样快乐的起点,他又"教了几位旁的喇嘛学习汉文汉语";在教学中,他明显感觉到"寺院中人对于外界疑惧的气氛甚深,学习汉文汉语的人尚不敢公开",但又认为"假定我们要编制藏文课本,这样现成的人才是很容易得其臂助的";高僧也表示:"只有我(指李安宅)那样的'在家人'希望沟通汉藏文化还不够,应该有出家汉僧到拉卜楞一类的寺院,用长时间来学经;深入有得以后,再回内地创立小规模的寺院,以谋僧侣学制等纪律化与夫整个佛教的文艺复兴。"李安宅据此认为请旦爵窝撒尔之类的高僧来提倡"知识分子下乡的运动"是"没有问题的"。[3]这印证了他的创化教育理论构想,并为后来他以边所经费资助黄明信去拉卜楞寺学经埋下了引线。另据于式玉、蒋毓美报告及李安宅的记载:于式玉是通过回族小姑娘的翻译而"渐渐懂一点藏语",并通过向拾粪懂汉语的回族小姑娘展示画片而引起她们的"好

---

[1] 龙达瑞:《我所知道的李安宅教授:兼谈海外对他的研究》,《中国藏学》,2015年第2期,第55页。
[2] 陈波:《李安宅与华西学派人类学》,巴蜀书社,2010年版,第232页。
[3] 李安宅:《纪念我的喇嘛老师》,《李安宅藏学文论选》,中国藏学出版社,1992年版,第3—4页。

奇与兴趣",再诱导她们到她的房间来学认汉字的,进而引起藏民领袖黄正清"希奇",并邀她给他太太宫保错(汉名"蒋毓美")教学汉文,她再通过劝导和鼓励宫保错为民间的儿童作教育服务而逐渐培养其为女子小学校长。加上甘肃教育厅的支持,涉藏地区第一所藏族女子小学——拉卜楞女子小学于1940年春得以诞生,宫保错任校长、于式玉任义务辅导员;后经募捐,学校添建校舍和添购设备,当年秋季学生规模即达80余名;学生除课程学习外,还要参加生产劳动,譬如"建筑校舍修围墙"等,并于1941年春获拉卜楞寺赠予学校菜地后种植蔬菜,并用卖菜钱奖励学生和招股组织消费合作社"拉女小商店";到1941年秋季,女校计有五个等级,还利用寒假不放假之机教学珠算、让女学生去校外作小先生,直到1942年由夏河县接收为县立中心小学。[1] 拉卜楞女子小学的筹办,不仅激发了当地女子的求学热情和有力之士的办学热情,而且便利了李安宅的接触范围,实证了边疆创化教育和社会工作理论。比如果洛三部之中有两部的土官,"将自己的女儿送来拉卜楞女校读书",并"向中央请求了一笔款子,要在地方设立学校";拉卜楞嘉木样活佛亦向于式玉允诺"向百姓宣解,劝他们入学"[2]。李安宅亦自述:"由于生活伴侣于式玉女士的牺牲精神,抛卸了子女,放弃了任何报酬,在当地学习了藏文藏语,创设了女子小学,便利了著者的心理交通以及接触范围。就这样,使著者得以深入,实证了'研究、服务、训练'三者合一的理论。"[3]

第二,指导了拉卜楞民众教育馆和巡回施教队等社会教育组织的筹建与运行。关于民众教育馆,据李安宅自述,在他的指导与推动下,至1939年10月,拉卜楞当局已与中英庚款委员会接洽,经过西

---

[1] 于式玉:《拉卜楞办学记》,《边疆服务》,1943年第4期,第9—12页;蒋毓美:《拉卜楞女子小学的产生和成长》,《国民教育指导月刊》,1942年第1卷第6期,第42—43页;李安宅:《藏族宗教史之实地研究》,上海人民出版社,2005年版,第205页。

[2] 于式玉:《到黄河曲迎接嘉木样活佛日记》,《于式玉藏区考察文集》,中国藏学出版社,1990年版,第115、118页。

[3] 李安宅:《边疆社会工作》,河北教育出版社,2012年版,《自序》第4页。

北教育委员会的考察,准备建立民众教育馆;并且他认为,西北藏民区,"不但拉卜楞应该如此,西宁,临潭旧城,卓尼,岷县,松潘等地,无不需要类似的组织"。[1] 1940年,管理中英庚款董事会的甘肃科学教育馆与西北防疫处正式合设了夏河县民众教育馆一所,经费及人员概由兰州科学教育馆"负责"[2]。该民众教育馆"开放图书室,十三庄施教两次"[3],但因设备缺乏而没能存在多长时间。至于巡回教育,以黄正清为首的拉卜楞藏民文化促进会呈请教育部以边疆教育经费补助设立巡回施教队,1939年4月奉准设立"拉卜楞藏民文化促进会巡回教育施教队",经费由部核拨,第一年计划推行语文教育(藏民识字调查、创办巡回文库、成立代笔处和短期识字班)、公民教育(举行各种纪念会、故事讲述会)、生计教育(生计调查、协助牧畜农业发展与改良、提倡本地副业、创办小规模工厂、组织运销合作社)、康乐教育(搜集藏民歌曲与戏剧并予以改良、借佛教节日举行爬山赛马同乐会等、设立施药处、放映电影)。[4] 据李安宅称,该队在1939年9、10月之交被拉东黑错"寺上'色赤佛'(最高活佛)请出放影,而且许多僧官也相继邀请,每次均不限制老百姓的参加","当时宣传抗战建国的大意,有的未曾有机会","初步的试验,颇为成功"[5]。1941年3月,巡回施教队改由教育部直接办理,派黄正清兼任队长、葛思恩为总干事、李安宅为督导员。据1941年6月调查,该队每月经费法币1500元,设总务、宣传、实验、教导四组,计"巡回草地两次,出版汉藏文报。举行社会调查,开放电

---

[1] 李安宅:《论西北藏民区应用创化教育》,《甘肃科学教育馆学报》,1940年第2期,第15页。

[2] 木子:《拉卜楞的藏民文化促进会》,《新西北》,1939年第2卷第1期,第120页。

[3] 俞湘文:《拉卜楞城区机关调查报告(附表)》,《新西北》,1941年第5卷第1/2期合刊,第39页。

[4] 木子:《拉卜楞的藏民文化促进会》,《新西北》,1939年第2卷第1期,第120页。

[5] 李安宅:《论西北藏民区应用创化教育》,《甘肃科学教育馆学报》,1940年第2期,第16页。

影，举行学术座谈会"[1]。另据报道，该队于 1941 年 7 月初由总干事葛思恩率领前往草地作巡回施教，以川康甘青四省边区为施教范围，预期三个月返回拉卜楞寺。施教工作为"医药，电影，图画，音乐（留声机，口琴，歌咏，戏剧），通俗宣传（兼用方言）"等项，并对于该区社会"作学术之考察"。[2] 1941 年 10 月，该队因故奉命撤销。尽管夏河县民众教育馆、拉卜楞巡回施教队存在时间不长，但产生的影响却不小。它们为教育部边疆教育委员会委员于 1939—1943 年间相继提出筹组"边疆巡回教育工作团""边疆服务团""分区分期实施边疆教育督导制""边地教育讲学团""西北巡回社教工作队"以及仿拉卜楞组织"巡回施教队""小规模流动民众教育馆"等建议[3]提供了思想资源和现成榜样，并相继有宁夏、青海及西南边教巡回工作队或服务团的组织与举办。

第三，开启了拉卜楞寺喇嘛汉语文和现代科技等教学内容引入的进程。除了李安宅和于式玉直接将汉语文和现代科技引入寺院和学校教育外，在成都主持华西协合大学边疆研究所期间，李安宅还动用边所经费赓续维持助理研究员黄明信在拉卜楞寺学经，直到"得其喇嘛学位，参加国立青年喇嘛职业学校等现代化工作"[4]。不仅如此，在拉卜楞寺嘉木样五世活佛领导之下，他将这种汉藏直接文化接触推广到了拉卜楞寺。1943 年，该寺选择年轻的喇嘛，"在一位大学毕业的汉人僧侣成立的汉文中学学习汉文，即嘉木样活佛自己也学汉文"，

---

[1] 俞湘文：《拉卜楞城区机关调查报告（附表）》，《新西北》，1941 年第 5 卷第 1/2 期合刊，第 39 页。

[2] 《教育部拉卜楞巡回施教队动态》，《学生之友》，1941 年第 3 卷第 2 期，第 47 页。

[3] 教育部蒙藏教育司编：《边疆教育委员会会议报告》，1941 年，第 74、76、16、33—34 页；教育部蒙藏教育司编：《边疆教育委员会会议报告（一续）》，1943 年，第 9、19、20 页。

[4] 张伯怀：《教育部应在华西边疆研究所设置讲座及奖学金以利边疆研究并供给乡土教材暨边教师资案》，教育部蒙藏教育司编：《边疆教育委员会第六届会议报告》，1947 年，第 54 页。

这位大学毕业生就是"黄明信"[1]，而黄明信"亦有了在假期给喇嘛增加牧师课程训练的经验"[2]。1943年秋，拉卜楞寺主嘉木样活佛、保安司令黄正清向中央提出筹建国立拉卜楞寺青年喇嘛职业学校的申请，并获同意。1945年4月，该喇嘛职业学校借用寺院房屋成立，征招该寺青年喇嘛为学生，以培养其职业技能和国教师资，嘉木样、绳景信、黄明信则先后被派任为校长或教导主任。[3]李安宅相信，"如果这些好开端能更广泛地传播，以创造更高水平的非宗教公众环境和更实际的教士职业，从而提高牲畜饲养管理；同时又能将公共原则带入偏远的部落，则藏族家庭将更有组织，藏族人口亦将能够更加平衡地发展"[4]。

第四，呈交教育部及其边疆教育委员会的边教意见和建议，部分得到了实施和落实。李安宅先后于1940年春、1940年7月、1941年1月、1944年1月、1946年12月提交教育部边教发展建议、视察报告以及边疆教育委员会会议提案等合计十多件，大部分获教育部采纳施行。据笔者所见资料，1940年春，李安宅建议设置民众教育馆、巡回施教队的建议，如前所述，已在拉卜楞首先落实。1940年7月的川西北边疆教育视察报告7份，经教育部蒙藏教育司整理为12点改进意见，训令四川省教育厅查核办理并具报办理情形，四川省教育厅于当年11月23日呈复了逐项遵办情形，多数获得了实施；1941年1月呈交的甘肃边疆教育视察报告，教育部亦饬令甘肃省教育厅督导改进，并就省款及中央拨助款项将各县局教育事业经费切实调整。1944年1月第四届边教会议上，他与任乃强联名的"革新边教方案"提案，获大会修正通过，送教育部实施；1946年12月，教育部专门

---

[1] 李安宅：《藏族宗教史之实地研究》，上海人民出版社，2005年版，第114、206页。

[2] 李安宅：《藏族家庭与宗教的关系》，《李安宅藏学文论选》，中国藏学出版社，1992年版，第274页。

[3] 教育部教育年鉴编纂委员会编：《第二次中国教育年鉴》，商务印书馆1948年版，第1234页。

[4] 李安宅：《藏族家庭与宗教的关系》，《李安宅藏学文论选》，中国藏学出版社，1992年版，第274页。

就该提案实施情况作了五点报告，称提案中多数建议已获实施并渐入正轨，现已在着手进行国定本小学教科书"插编地方性教材"的改编工作，以及"由部大量拨发医药器材及社教器材等设备，饬组织施教队，并办理社会服务事项"[1]。至于1946年12月第六届边教会议上的四个提案，亦均获大会修正通过，送教育部实施。

第五，参与华西协合大学边教机构及西藏学校教育组织的创办。在李安宅的筹划、组织与指导下，华西协合大学依托社会学系、博物馆，于1942、1943分别创办华西边疆研究所、石羊场社会研习站及马边、茂县杂谷脑等边民生活指导所，达成了李安宅的大学、乡村、近边三者结合的边疆研究和边疆通才造就的设施架构，加上中华基督教边疆服务总部组织的边疆服务团、华西边疆研究学会等的组织活动，华西边疆研究所不仅在教学、推广、服务上，而且在供给乡土教材、边教师资以及训练边疆教育干部人才等方面渐著成绩，不仅教育部准其"添设讲座及设置奖学金"，"补助之款亦迭蒙增加"，而且"西康、四川两省政府拨助基金，共达千万元"[2]。新中国成立后，李安宅在十八军政研室及西藏期间更是直接参与了进藏部队的藏文藏语训练班的教学与管理工作以及西藏昌都冬学、昌都小学、拉萨小学的创建与注音汉藏双语教材编纂工作，贡献突出。其中，拉萨小学成为毛泽东所说的中国人民解放军为西藏人民所办的著名的"两个小学"之一。[3] 对此，陈波、王先梅、汪洪亮等人已有较深入的研

---

[1]《附第四届边疆教育委员会决议案实施报告》，蒙藏教育司编：《边疆教育工作报告》，1946年，第9页。

[2]《有关私立华西协合大学张伯怀呈案、边疆教育会议讨论决议及实施情况等相关文件（卅六年元月十、卅一日发）》，《教育部边疆教育委员会第六届会议记录、提案、委员名单等文书（1946.11－1947.1）》，中国第二历史档案馆藏：民国教育档案，案卷号：五（2）－972。

[3]《同班禅额尔德尼的谈话（一九五五年三月九日）》，中共中央文献研究室等编：《毛泽东西藏工作文选》，中央文献出版社、中国藏学出版社，2008年版，第122－123页。

究。[1]限于篇幅，本文不再赘述。

由此可见，李安宅和于式玉二人的边疆教育服务和实践活动，不仅检验了他基于"服务团"或"边疆文化团"的"研究、服务、训练三者合一"的创化教育理论实施方案的可行性，而且他们指导、参与了拉卜楞私立女子小学、民众教育馆和巡回施教队的筹办和督导，开启了拉卜楞寺院喇嘛汉语文和现代科技等教学内容引入的进程，发现和培育了一批当地热心边教的领导人才如黄正清、第五世嘉木样活佛、宫保错、黄明信等；其呈交教育部及其边疆教育委员会的边教意见和建议，也部分得到了实施和落实；他指导设立的华西边疆研究所、石羊场社会研习站和马边、茂县杂谷脑等边民生活指导所，以及参与创办的西藏军区藏语藏文训练班和西藏昌都、拉萨小学等教育机构，成效亦较为显著，影响较为深远。

四、结论

综合前面几部分的讨论，似可得出如下结论。

第一，李安宅一生行迹几未脱离教育文化领域，其教育与学术人生最辉煌的时期正是 20 世纪 30—50 年代前期中国抗战建国和人民解放军进入西藏之初的艰难困苦时期。他的教育学术成长，既离不开长达十余年的传统私塾和新式中小学教育，也得益于长达 8 年的在华教会补习教育和教会大学社会学教育以及前后合计 4 年的美国罗氏和外庆基金的海外人类学研学与藏学交流访问，还得益于他对美墨两国印第安人社区、中国汉藏教育文化区的社会考察研究。这既为其打下了坚实的中国传统儒家文化和新学根基，又为其奠定了深厚的西方社会学人类学理论基础，更为其从文化人类学视角认识和观察中西方及中国汉藏教育文化问题提供了契机和条件。可以说，对中国汉藏教育文化思想及学校教育问题的认知与反思，是李安宅教育思想的基础和出

---

〔1〕参见陈波：《李安宅与华西学派人类学》，巴蜀书社，2010 年版，第 106—130、254—284 页；王先梅：《五十书行出边关，何惧征鞍路三千——忆李安宅、于式玉夫妇》，《党史博览》，2012 年第 2 期，第 46—48 页；汪洪亮：《抗战建国与边疆学术：华西坝教会五大学的边疆研究》，中华书局 2020 年版，第 78—102 页。

发点；对西方教育思想特别是美、墨、英等国教育经验的吸取和借鉴，是李安宅教育思想和灵感的重要来源。

第二，李安宅通过实地调研与参证比较，对中西方及中国汉藏教育思想与现实中存在的八股、形式、复古等问题及其危害具有相当透彻、深入的认识和了解，由此形成了贯穿于李安宅20世纪30—50年代教育论著中的"人本·创化·适应"为内核的教育思想，即"以人为本"与注重"直接经验""实地研究"的教育知识观、"因时因地而制宜"的创化教育论以及"教育是发展生命的适应过程"的教育本质观。并且，他还将"人本·创化·适应"为内核的教育思想运用到边疆教育实施方案的设计和实践活动中去，提出了在西北藏民区、在全国边疆以及在全国教育中的应用和实践方案，即在西北藏民区应用"研究、服务、训练三者合一"理论的创化教育实施方案，在全国边疆实施"教政统一"与"分区施教"的革新边教方案，在全国普通学校中实施"因地而异"与"社会化""生产化""实践化"的创化教育应用与指导原则等。与此同时，他还致力于这些方案与建策的政策化实践化，并取得了较为良好的实践成效。他的这些教育主张和实践努力，均旨在解决中国汉藏教育文化的危机与问题，增加汉藏民族与文化的生机和创造性。

第三，李安宅高度重视边疆教育工作，尤其重视西北藏民区创化教育试验方案的设计和实验工作。这与他对这一区域创化教育重要性的认识有关，也源于他的创化教育方案构想的实验需要，还因为接近本真的边疆教育的成功表证对于全国教育创化与变革的重要意义。他设计、拟定的多个边疆教育方案和提案，其中所体现的"人本·创化·适应"与"直接经验""实地研究""因时因地制宜""文化接触与积极适应"等教育思想理念，至今仍闪耀着熠熠光辉，对当前中国教育改革不无启迪。

第四，李安宅的教育思想与教育事功，与他引入西方社会学、人类学思想，提倡和从事边疆社会服务和实地调查研究，撰写他自认为有思想的《藏族宗教史之实地研究》《边疆社会研究》等论著一道，共同构成了他的"活的人生"，并对20世纪30—50年代初期的中国历史产生了重要影响。可以说,李安宅的教育人生、教育著述、教育思想及教育实践,既是中国知识分子人生轨迹和知识生产的反映与体现,也是现代中国教育及边疆变迁的产物与表征,并对政府的边疆教育政策走向产生了深刻影响。因此,学人誉其为"民国时期国民政府对边疆政策的灵魂",并非过誉。依笔者之见,李安宅似可称为中国现代教育史上具有独立创见的"教育社会学家"或"教育人类学家",并可誉为"全面抗战时期国民政府对边疆教育政策的灵魂"。李安宅为我们留下了宝贵的教育思想、边疆教育理论方案与实践经验,这些值得我们深入发掘、认真研究与借鉴吸取。

从"区隔"到"交通":李安宅边疆建设思想的文化地理学新解

◎ 孙红林　汤庆园

　　李安宅是我国著名的人类学家、社会学家、藏学家和边疆学者。在新中国的干部履历档案中,他填写的"技术特长"是"民族学"(亦称人类学)[1],但实际上他的学术研究兴趣非常广泛,其著作有《〈仪礼〉与〈礼记〉之社会学的研究》(1931)、《语言底魔力》(1931)、《美学》(1934)、《意义学》(1934)、《社会学论集》(1938)、《拉卜楞寺调查报告》[2](1941)和《边疆社会工作》(1944)等。其中,李安宅的基于《拉卜楞寺调查报告》等系列论文而整理出版的遗著《藏族宗教史之实地研究》,受到众多学者的赞誉,而《边疆社会工作》则备受推崇。其以边疆社会工作为中心的边疆建设思想近年来受到民族学、人类学和社会学等学科的普遍阐发,但其文化地理学价值却有待发掘。

---

　　[1] 汪洪亮:《知人论世:李安宅人生与学术史研究的意义与路径》,《原生态民族文化学刊》,2020年第3期,第141—150页。
　　[2] 该调查报告写成于1941年,1982年由日本东洋文化研究所中根千枝教授改名为《拉卜楞寺——李安宅氏调查报告》(Labrang: A Study in the Field by Li An-Che)在东京出版,现为中国藏学出版社于1989年9月正式出版的《藏族宗教史之实地研究》一书的第四篇。

一、李安宅的著述及其边疆建设思想研究

20世纪80年代以来,学界对李安宅学术著述的研究越来越多。先是邓锐龄对李安宅的《拉卜楞寺》进行介绍[1],张庆有尊李安宅及其夫人于式玉为中国藏学先辈[2],紧接着李绍明对《藏族宗教史之实地研究》最先评述[3],此后人类学者张亚辉[4]、郭广辉[5]、王川[6]等也先后对李安宅的文本著述进行了细读和阐释。在文本之外,汪洪亮可谓研究李安宅学术思想着力最深的学者,他长期专注于整理研究李安宅的人生轨迹与学术历程[7],率先发掘了李安宅的边疆思想[8],指出其"实地研究"的特点,提示了李安宅的边疆建设思想与他的学科背景、边疆研究经历及抗战建国的时代背景的内在相关性。此外,教育学的研究出现可喜的创新,例如凌兴珍所提炼的"人本·创化·适应"论[9],对李安宅经由边疆教育开展边疆建设进行了探究。

不过,正如陈波对李安宅的《边疆社会工作》及康藏研究中的相

---

[1] 邓锐龄:《介绍李安宅著〈拉卜楞寺〉》,《民族研究》,1983年第3期,第62—63页。

[2] 张庆有:《记中国藏学先辈——李安宅、于式玉教授在拉卜楞的岁月》,《西藏研究》,1989年第1期,第140—143页。

[3] 李绍明:《评李安宅遗著——〈藏族宗教史之实地研究〉》,《中国藏学》,1990年第1期,第82—87页。

[4] 张亚辉:《安多社会的知识性格——读李安宅〈藏族宗教史之实地研究〉》,《西北民族研究》,2013年第3期,第123—128页。

[5] 郭广辉:《"实地研究"与"历史"的协奏——对李安宅〈藏族宗教史之实地研究〉的再认识》,《民族学刊》,2015年第2期,第50—64页和第110—117页。

[6] 王川:《李安宅先生翻译本〈五智喇嘛弥伴传奇〉解析》,《西藏大学学报》,2015年第1期,第136—140页。

[7] 汪洪亮:《建设科学理论与寻求"活的人生"——李安宅的人生轨迹与学术历程》,《民族学刊》,2010年第1期,第154—160页。

[8] 汪洪亮:《李安宅边疆思想要略》,《西藏大学学报》(汉文版),2006年第4期,第102—107页。

[9] 凌兴珍:《"人本·创化·适应":李安宅教育思想及其在边疆教育中的应用——一个社会学/人类学家对中国汉藏教育文化问题的探寻与应对》,《四川师范大学学报》,2020年第3期,第119—141页。

关论述进行考察，并借此揭示李安宅在华西坝期间主要的人类学思想[1]一样，学界大多具有极强的学科意识。其好处在于，学科知识能够在既有的学术规范下于学科共同体中快速流通。但局限也是存在的，过于强调学科性，不仅难以理解综合性较强的李安宅的边疆思想，而且极易排斥其他学科视角并跌入内卷的桎梏，对社会事实解释乏力，而应用研究的信度也相应弱化。

纵观李安宅的著述以及对其著述的研究可见，一方面，李安宅的思想尤其是其边疆思想已经在多个学科领域产生影响；另一方面，目前学界对李安宅边疆思想的研究尚有拓展的空间，尚需其他学科的加入。马大正[2]、杨明洪[3]等学者所倡导的"边疆学"为我们提供了一种超越于传统单一学科框架的综合视野。其中，孙勇等指出，学术界对李安宅提出的"边疆性"与消解"边疆性"的命题讨论不足，"所谓'边疆性'的命题，绝不是仅用社会学或人类学抑或是宗教学等单一学科知识就能提出来的"[4]，边疆研究应有一种诸如"边疆学"为统摄的跨学科视野。这说明，学界已意识到，有必要采取一种新的综合的视角来重新思考李安宅的边疆观念。

当前，我国安边固边工作持续加强，但边疆交通受阻和经济滞后等问题仍客观存在。在复杂的地缘政治形势下，在快速交通和通信网络日新月异的发展中，边疆建设挑战重重。这种情况使李安宅学术思想中"边疆性"与"消除边疆性"命题的重要性愈加凸显。这就要求我们不仅是要置身于他所处的特定历史语境，从其主位的视角把握他的"边疆"观念，而且要"置身事外"，以客位的视角考察他的边疆研究和边疆建设行动。同时，我们应当坚持以问题意识为牵引，尽量

---

[1] 陈波:《"坝上"的人类学：李安宅的区域与边疆文化思想》，《西南民族大学学报》，2008年第2期，第36—40页。

[2] 马大正:《关于构筑中国边疆学的断想》，《中国边疆史地研究》，2003年第3期，第10—13页。

[3] 杨明洪:《关于"边疆学"学科构建的几个基本问题》，《北方民族大学学报》，2018年第6期，第68—74页。

[4] 孙勇、王春焕:《中国边疆研究中的"边疆性"问题探讨——以李安宅的边疆性概念解析为例》，《中央民族大学学报》，2019年第2期，第51—59页。

避免单一学科意识带来的局限。由于人类学、社会学界多探讨李安宅边疆思想的"人"的一面，即从民族、语言、宗教、社会结构等层面研究边疆，而对"地"的一面有所忽视，极有可能造成某种"脱域式"的讨论；与之相对，铁路踏勘人员和地质勘探者等科技界人士则走向另一个极端，即看"地"而不见"人"，因而两条路径均有失偏颇。故此，本文尝试回归李安宅的文本、实践与关怀，并借助"人地关系"的概念对李安宅的边疆学术和边疆建设实践进行综合性的探究，以期为新时代的边疆建设带来些许启示。

二、何以"边疆"："地形"与"文化"的双重区隔

20世纪三四十年代，中华民族处于深重的民族危机之中，"边疆"成为救亡图存的一大焦点，文化界相应地涌现出边疆开发的强劲思潮。在此背景下，李安宅与吴文藻、杨成志、顾颉刚等有识之士将学术思考的中心转向边疆地区。其中，吴文藻的"边政学"在人类学、社会学界影响深远，但李安宅的"边疆性"理念却始终显示了强劲的现实解释力。这与李安宅对"边疆"中动态"人地关系"的重视密不可分。

"人地关系"是文化地理学的核心内容，它包含在"人地关系地域系统"[1]之内，但它在文化地理学的视域中被赋予更多的人文色彩与主体能动性。文化地理学主要以"地方和区域"为研究对象，其基本问题则是从文化的角度分析各个地方或区域，厘清"地方"的形成机制。[2]段义孚对"空间如何成为地方"进行了精辟的分析，认为"空间被赋予文化意义的过程就是空间变为地方的过程"。因此探究一个"地方"的形成机制，也就可以理解为探究这个"地方"被相关主体赋予文化意义的过程。"地方"及其"文化"也就成为文化地理学与人类学或民族学的共同关注对象，而"边疆"正是带有"地

---

[1] 吴传钧：《论地理学的研究核心——人地关系地域系统》，《经济地理》，1991年第3期，第1—6页。

[2] 周尚意、戴俊骋：《文化地理学概念、理论的逻辑关系之分析——以"学科树"分析近年中国大陆文化地理学进展》，《地理学报》，2014年第10期，第1521—1532页。

方""文化"和"空间"属性的一个范畴，因而"边疆"研究中"人地关系"也就不可或缺。借此"人地关系"，我们可以寻找一种指涉"物"与"人"的关系的边疆学叙事，这种叙事将超越既有的对于区域的线性化与板块性描述，而实现对于区域间关系的人文－地理关怀。[1] 如此，我们获得了一种理解李安宅边疆思想的新视角，即以"人地关系"为基线，将人类学和文化地理学联系起来，在一个长时段的语境中重新把握李安宅的"边疆"观念与实际行动。

20世纪30年代，不少文人学者将少数民族地区等同于"边疆"，将居有少数民族的地方称之为"边地"。针对这种"空谈"，李安宅提出批评："吾国新文化运动只解放了学术工具……至于学术本身，则要另一种新的运动，将自然、人、文化三者加以实地研究。"[2] 这意味着，"人地关系"在李安宅边疆思想中占据重要位置。他与吴文藻一致反对将边疆与少数民族画等号的做法，在他们的观念中，"地理"和"文化"是统一在"边疆"之内的一对属性。但若因此认为李安宅的边疆观念与吴文藻的如出一辙，那么其"边疆性之逐渐消失而归于乌有"的逻辑特点便难得辨识。[3]

从李安宅的著述和实践中，可见他十分重视自然地理。尽管李安宅未曾专门论述地理地形，但"地形"在他的边疆观念中与"文化"一样重要，二者同时作为辨识"边疆"的相互关联的一对特性，"不能不用地形与文化来做边疆的界范"。[4] 但是"边疆乃与内地而言。边疆所以不与内地相同的缘故，就其自然条件而论，不在方位，而在地形；就人为条件而论，不在部族，而在文化"，因此，李安宅的"边疆"概念不仅涵盖了地形、文化因素，还必须具有相对性。他虽然较多关注宗教、生计等文化现象，但他的文化研究通常也是立于

---

[1] 袁剑：《从一般思想史到边疆思想史——一种人文－地理的关系学论纲》，《学术月刊》，2020年第11期，第160—167页。
[2] 李安宅：《边民社区实地研究》，见《〈仪礼〉与〈礼仪〉之社会学的研究》，上海人民出版社，2005年版，第155页。
[3] 李安宅：《边疆社会工作》，河北教育出版社，2012年版，第79—80页。
[4] 本段参见李安宅：《边疆社会工作》，河北教育出版社，2012年版，第6—7页。

"实地""史地"的基石之上的,他所定义的"边疆"乃是以地形为主的自然条件与以文化为主的人为条件的结合。

此外应当看到,李安宅是基于国家尺度来看待"人地关系"宏观实践的,他是将国家的"边疆"与国家的其他地方视为一个有机整体来加以理解和把握的。这种"人地关系"是一种长时段的国家层面的互动关系,可以从地形的区隔与文化的区隔两个方面来加以把握。李安宅的话语中有着"分别"和"界范"这样的表述,显示出他对"地形"以及"地形"上的"文化"的区分。但是,这种"区分"绝不是本质主义的一成不变,而是出于一种学理操作的必要以及对于"边疆"的阶段性和建构性的暗示。在李安宅的观念中,文化的边疆本身的含义不仅包含了自然条件的限制,而且也有着人为因素对自然条件的能动的控制。正是这样,地理及其所承载的文化上的区隔作为边疆概念的双重隐喻,共同塑造了特定区域范围内的"人地关系"。

当然,如果只看到一时一地的"人地关系",那么这个特定时空是不足以成为"边疆"的;这个被"地形"和"文化"隔离起来的区域只有与"内地"产生交往、交流和交融时,它才能相对地成为"边疆"。而这两种"区隔",只能在国家一体化的框架内才能得到理解,也才能获得消解的合法性。可见,李安宅是将"边疆"提升到民族国家的空间尺度来加以理解,"国家"是"边疆"的大前提,"地形"和"文化"是"边疆"的"小前提"。"边疆"不是依托于特定族群及其活动场所的与国家无关的一片区域,而是在国家视野下的多重"人地关系"进行历史实践的地方。换言之,一个"地方"之所以成为"边疆",不仅是因为当地地形在该地内部与外部族群之间造成区隔,而且是因为依附于当地"人地关系"长期实践而形成的"文化"与域外文化的区分,但更为关键的因素在于它必须是国家尺度下的一个与内地相对的地方。因之,"边疆性"就可以理解成是"国家"之下相对内地而言在"地形"和"文化"上存在双重区隔的属性和状态。

这样,李安宅基于现代民族国家的尺度,在"边疆"与"内地"之间看到了"地形"和"文化"处于双重"区隔"的"边疆性",进而发现了"边疆性"的建构性及其动态特征,从而也就找到了"消除

— 111 —

边疆性"的逻辑起点。国家之内的相关主体因而能够进入"边疆"，实施"边政"，携手民族地区的"边民"固边稳边、保家卫国，反之民族地区的人民也可以遵循公民原则参与国家建设。这一互动的动态实践，正是中华民族消除"区隔"的历史过程。因而，"边疆性之逐渐消失而归于乌有"就不仅是一种理论观点，还是一种实践方案，其要点就在于消除"地形"和"文化"上的双重区隔，促使区域之间从竞争走向互惠。

三、消除边疆性：从"区隔"到"交通"的双线并进实践

对李安宅的"边疆性"概念有所明晰后，我们也就找到了"消除边疆性"的关键。由于国家框架内"地形"和"文化"的双重区隔是构成"边疆性"的必备条件，因而消除边疆性也就意味着要消除这一对区隔。换言之，就是要将"地形"和"文化"带来的阻隔和隔阂破除，以畅通人、物、信息和情感的流动，促进"人地关系"在国家空间内和谐发展，增强"在一起"的国家认同。由此，"消除边疆性"的问题就转换为如何促进地理上的交通与文化上的沟通。

（一）两种交通："地理交通"和"文化沟通"

李安宅十分看重边疆地形与文化之间的辩证关系及其影响，他曾引述拉铁摩尔的边疆论述，肯定其边疆论断在"分别内地与边疆"上"是再精确不过的"，但是他批判地认为："内地与边疆的关系上便不应到此为止。盖赖氏（拉铁摩尔）的说明着重于过去的史地条件。今后的史地条件则在我们如何创造了……进步人工的史地条件将与过去大不相同，所以内地与边疆的关系也就要与过去大不相同。过去不能真正统一的，今后不见得不能真正统一，乃是非得真正统一不可了。"[1] 显然，在李安宅的边疆观念中，一种以国家认同为目标的对史地条件的改造势在必行，其核心任务便是破除边疆与内地之间存在

---

[1] 本段及其后几段引文参见李安宅：《边疆社会工作》，河北教育出版社，2012年版，第8—12页。

的空间分异。

不过，鉴于文化上的隔阂与地形上的阻隔相辅相成，所以李安宅认为公民原则和工业技术必须协调发展。一方面，工业技术可以提高边区生产价值，平衡经济悬殊，促进区域分工以及区域间的沟通，从而增加边疆和内地之间的相互依存度。另一方面，要以公民原则打破家族主义，消解宗教歧视，共享国民义务，共享国民权利，要在统一中求得个别的适应，又在个别适应中达成真正统一的原则。据此，李安宅构建出边疆工作的指导原则："不管是经济的区域分工，还是精神的区域分工，都能利用原有地形而超乎原有的限制，利用更进一步的文化而不限于原有的范畴。进一步，变一着，才是边疆工作的指导原则。"这里面显露了一条清晰的边疆建设思路，即以理解"地形"和"文化"的客观性和建构性为基础，以破除地形上的交通阻隔与血缘、宗教等文化上的隔阂为实践，以国家统一和造就伟大民族为目标。李安宅虽然立足边疆地理而论边疆治理，但他却格外重视地理和文化的互动，这是因为他的问题意识超越了一时一地的边疆开发，他考虑的是在以国家为尺度的"人地关系地域系统"中，如何消除人地关系之间的区隔，如何借助工业技术和文化理解促进国家之下各区域之间的交往交流与交融。

要实现两种"交通"，不仅需要以经济发展与交通科技成就为基础，而且需要同时借助边疆社会工作消除"错综复异的文化"之间的区隔，即从"区隔"到"交通"的双线并进加以实践。但消除"两种区隔"的行动，即"两种交通"在实践上则呈现为"文化沟通"先行于"地理交通"、"文化沟通"重于"地理交通"、"文化沟通"助力"地理交通"的面貌，三者交织于以"研究、服务、训练"为主线的边疆工作中。

那么，李安宅的边疆建设为何更多偏向文化实践？显然，他很清楚地形阻碍交通，"造成复异文化的条件"，所以改变交通基础设施状况无疑是消除文化区隔的一个重要抓手。但在当时的条件下，试图通过改善地理交通而促进区域之间的流动绝非易事。我国幅员辽阔、地形复杂多样，艰险地区的交通基础设施的建设在任何时代都不容易，

更何况是处于抗战时期。在 20 世纪前半叶，寄希望于大型交通建设而破除自然地形带来的青藏高原与内地的区隔只能是乌托邦。李安宅虽强调创造新的史地条件的可能性，但在当时无论是国家动员能力、资金储备、技术能力，还是外部力量，均无力在边疆地区兴建大型交通基础设施。在这种情况下，"文化沟通"较之"地理沟通"更具可行性和奠基性，"地理交通"则更多地以"人地关系"的意识出现于"文化沟通"之中。

（二）文化沟通：基于"实地研究"开展"边疆教育"

"文化沟通"如何实现？李安宅的实践显示了"实地研究"而后"边疆教育"的主线。"实地研究"体现为李安宅深入边疆地区所开展的学术实践。通过对李安宅"学术人生"进行考察可见，尽管早期李安宅致力于科学理论建构，后来又经历多次学术转型，但其中一个不变的主线，始终是他对于社会系统的忧思。这种忧思最终转化为到边疆开展实地研究的行动，转化为理解文化藩篱和破除心理隔阂的实践。

1939—1941 年，李安宅和于式玉远赴拉卜楞寺和夏河县开展田野工作，其间交通运输困难重重，"在没有公路和火车前，由拉卜楞至北京，约五十四日马程"[1]。这些地理阻隔在李安宅的边疆思考中占据重要分量，但"心理沟通"是这个阶段的首要任务。夫妇二人意识到身份认同的重要性，他们各自取了藏语名字（李安宅藏语名为"索南木多尔吉"，于式玉藏语名为"央金拉毛"[2]），并长期生活在当地藏民家中，学习藏文藏语，并首次将"实地研究"与"边疆教育"结合起来同步推进。

"实地研究"使李安宅极大地增进了对边疆地区的理解。1944 年，李安宅回顾这一田野经历时写道："于式玉女士的牺牲精神，抛卸了子女，放弃了任何报酬，在当地学习了藏文藏语，创设了女子小

---

[1] 李安宅：《藏族宗教史之实地研究》，中国藏学出版社，1989 年版，第 125 页。
[2] "索南木多尔吉"大意为有福气且意志坚定，"央金拉毛"大意为仙女。

学,便利了著者的心理交通以及接触范围。就这样,使著者得以深入,实证了'研究、服务、训练'三者合一的理论。"这种"在场"的思考,实证了李安宅"在活的人生里面找出理论的指导线索,且使理论的知识变成活的人生"的理念,使他看到了藏地文化与内地文化之间的区隔,进而提出了"沟通物质文化的人"与"沟通精神文化的人"的经验。他指出:沟通物质文化的人,对于衣食住行等不同的方式,要有设身处地地同情,才能推求其所以然的道理;沟通精神文化的人,对于宗教制度等不同的方式,也要设身处地地同情。这表明,李安宅注意到物质与精神两种区隔,他要做的便是促进文化沟通。[1]

基于实地调查,李安宅撰写了关于拉卜楞寺学制、西藏系佛教僧教育制度等边疆教育文化状况的报告。这些对"文化沟通"而言有三个用途:一是以学习和教育的互动形式促进了研究者与边疆人民的沟通;二是以学术著述的形式,促进了包括研究者在内的国民对边疆的了解;三是以参政报告的形式促进政府对边疆的理解。但李安宅并不止于一般知识分子的"实地研究",为了更有效地发挥"文化沟通"的作用,进而破除边疆/内地与少数民族/汉族之间的心理文化区隔,他提出了一系列边疆教育主张。

"边疆教育"可谓李安宅推动"文化沟通"的毕生事业。除了在燕京和华西的教学研究之外,边疆教育机构和边疆地区的教育场所都活跃着李安宅的身影。凌兴珍认为李安宅"不仅提出了'人本·创化·适应'为内核的教育思想,而且针对西北藏民区提出了以'服务团'或'边疆文化团'为基础的'研究、服务、训练三者合一'的创化教育理论实施方案,针对全国边疆学校提出了'教政统一'与'分区施教'的革新边教方案"。[2] 展示李安宅对中国汉藏教育文化问题的探寻与应对,也就指出了"文化沟通"的关键路径——边疆教育。当然,就"边疆教育"之于"文化沟通"而言,我们还应对边疆教育

---

〔1〕 本段参见李安宅:《边疆社会工作》,河北教育出版社,2012年版,第4、48页。
〔2〕 凌兴珍:《"人本·创化·适应":李安宅教育思想及其在边疆教育中的应用——一个社会学/人类学家对中国汉藏教育文化问题的探寻与应对》,《四川师范大学学报》,2020年第3期,第119—141页。

的主体进行适当的区分。前述"实地研究"对"文化沟通"而言的三个功能，对应的三个教育主体分别是：研究者、内地国民、政府官员，三者属边疆社会工作者范畴。但这只是"文化沟通"的一端，而另一端则是边疆人民，他们也是"边疆教育"的重要主体。

针对边疆社会工作者的边疆教育，李安宅主要从观念革新、方法训练和实地工作等方面着手，致力于培养"能使研究，服务，训练打成一片"和"能在边疆立足"之通才。[1] 他号召知识分子秉持文化多元主义和平等主义观念展开工作，改掉"虚浮文弱的积习"，"借着接近大自然的边疆下一番涤肠刮骨的功夫"[2]，建议边疆工作者克服"内"和"外"两种困难，内在的困难中有民族社会个体所具有的孤陋寡闻、文化不同、社会距离过远；外在的困难中有历史背景者、工作机构者和工作方法者。[3] 边疆社会工作者必须摒弃文化偏见或陈见，尊重边疆少数民族的文化习俗，在学习、理解和借鉴的基础上推进教育事业。

针对藏民等边疆同胞，李安宅主要从语言、教材、师资和场所等方面提出主张和开展创化教育，着力培养当地人才。20世纪40年代，李安宅主要针对西北和西康藏民区佛教寺院与学校教育的优点和不足做了深入讨论，他反对因循守旧，追求研究、服务和训练的合一。在"文化沟通"的介质方面，李安宅十分看重双语教学，认为边疆地区开展国语教育对边疆建设至关重要。他基于对喇嘛学校的观察，认为学习国语的小喇嘛在"将来沟通汉、藏文化，发扬藏民的智慧，建设大西北"[4] 中堪当大任。而藏文教材方面，李安宅重视吸收地方文化实践者的建议，认同编制课本的人先要对藏文化"深入有得"。在现代化的历程中，现代学校承接了藏传佛教寺院的教育功能，

---

[1] 李安宅：《宗教与边疆建设》，《边政公论》，1943年第2卷第9/10期合刊，第20页。

[2] 李安宅：《边疆社会工作》，河北教育出版社，2012年版，第13页。

[3] 李安宅：《边疆社会工作》，河北教育出版社，2012年版，第36页。

[4] 李安宅：《论西北藏民区应用创化教育》，《甘肃科学教育馆学报》，1940年第2期，第10页。

在此背景下李安宅夫妇创办了拉卜楞小学等边疆教育单位，拉开了边疆地区现代教育的序幕，为培养当地人才、增进文化沟通做出了不可磨灭的贡献。

总的来说，"文化沟通"既是"边疆教育"的实施过程，也是"边疆教育"的总体目标。开展边疆教育，一方面需要秉持学习的态度，采用应用人类学的综合方法进入边疆地区进行实地调查，深入理解边疆少数民族的历史、传统、宗教、生计和社会结构，在边疆和内地之间搭建文化沟通的桥梁；另一方面，要在"理解"的基础上实施"二因"工作：因地制宜地针对不同区域开展文化服务工作，因材施教地针对边疆工作者和边疆社群实施教育训练。通过"边疆研究"和"边疆教育"的相继开展，"文化沟通"便会得以实现。

（三）地理交通：以"边疆教育"助力交通建设

在李安宅的边疆建设实践中，"地理交通"工作几乎从未获得关注。这恐怕是因为李安宅的"文化沟通"工作实在过于耀眼，而"地理交通"工作又被认为纯粹属于自然地理和交通运输工程的范畴。事实上，"地理交通"涉及国家、社会、地方文化行动者等多元主体，涉及权力、人力、资金、技术、土地、信息、设备等多种要素，还涉及地形、区位、地缘政治等复杂结构，因而是一项包含交通运输工程在内的社会系统工程。如前所述，在李安宅的边疆构想中，"消除边疆性"需从"地形"和"文化"两方面开展，虽然"文化沟通"先行于"地理交通"，且重于"地理交通"，但"地理交通"依然能够从他的学术人生中找到"泛在"的证据。

基于实地调查，李安宅意识到，甘、青、川等地理地形与内地存在较大差异，物质和精神的双重区隔相互交织。就精神而言，被交通阻隔在外的内地并没有报以平等的眼光看待边疆；就物质而言，高山峻岭阻碍交通而限制边疆的经济发展，即所谓涉藏地区经济社会文化滞后，其"藏民之过，乃是高原崇山有以障其交通，而负指导之较高文化未以平等权利义务相对待的缘故"。但是以当时落后的物质技术来消除地理地形的区隔无比艰难，以文化研究和文化沟通突破心理区

隔相对好开展。故此，以边疆社会工作为形式的文化沟通工作，便成为一个将陌生的"空间"转化为熟悉的"地方"的实践，它促进了边疆与内地在时空观念上的接驳，客观上也为"地理交通"在做准备。

消除"边疆性"是边疆社会工作的终极任务，文化沟通辅助地理沟通也体现为对边疆地理和本地材料的重视。"边疆社会工作之成功，即在边疆性之逐渐消失而归于乌有。"李安宅指出："到了那个时候，便不是边疆工作，而是各种的专业工作，如医药、工程家、畜牧家、工业化学家之类的工作，这些工作，只有其各行的技术问题，再不必需兼为边疆而有的适应技术。"[1]在工程条件不具备的情况下，"地理交通"主要体现为地理教育。"地理要多讲西北地理，尤其是藏民区域的地理……自然一科要顾到当地的鸟兽草木，气候风土。"[2]这样不仅利于边疆社会工作者开展"因地制宜"的工作，而且利于边疆人民学以致用。另一方面是公民教育，"要用区域分工的物质基础以及语言、宗教等人文基础，使整个教育对物变为生产教育，对人变为公民教育"[3]。

地理教育不仅针对边民，而且针对边疆服务人员。1941年，李安宅离开拉卜楞寺到华西协合大学任职时，专门开设"藏人历史地理"课程，次年新增"中国地理""边疆地理"和"边疆社区研究"等课程，足见他对历史的重视和长期以来所形成的对历史地理与社会学、人类学研究之间密切关系的综合认知。1945年，李安宅出任边疆服务部研究调查指导工作委员会委员，被聘请为主要的训练导师，指导学生暑期服务团，向参加服务团的学生讲授地理、历史、经济及傈民社会组织、边疆社会工作等课程。开展相关边疆地理教育，其目的在于适应和改造边疆环境。如此，边疆工作人员能够尽快融入边疆生活，理解地方性知识，而后开展助人自助的工作。这样的"介入"还使边疆与内地的心理距离大大缩短。事实证明，服务团在受训后开

---

[1] 李安宅:《边疆社会工作》，河北教育出版社，2012年版，第80页。
[2] 李安宅:《论西北藏民区应用创化教育》，《甘肃科学教育馆学报》，1940年第2期，第13—18页。
[3] 李安宅:《谈边疆教育》，《边疆通讯》，1947年第4卷第2期，第1—2页。

展的服务活动中受到安树德土司的特别欢迎,"沿途深蒙各界及夷人领袖协助,均极顺利"[1]。可见,在了解边疆地理的基础上开展文化交流服务工作是卓有成效的,其作用在于消除区域或民族之间的文化区隔,使得现代化成果在边疆和内地普遍共享,进而启发边疆各民族自觉认识他们的生存状况,激发地方文化实践者参与改造自身史地条件的主观能动性。

以上实地工作的成功展开,意味着"文化"已做好了参与改变"地形"的准备,如此一来"地理交通"就具备了文化基础,建筑工程便得以专注解决人力、物力和技术的问题。在李安宅的边疆建设实践中,虽然"文化沟通"先行于"地理交通",但在他的边疆建设思想中却无所不在地弥散着"地理"意识,两种"交通"并行不悖。只不过,"地理交通"工作,已超出了包括人类学家、地理学家在内的社会工作者和边疆地方主体的能力范围,它还必须由政府组织技术、物资、资金、工程师、筑路工人等多个要素,内在地与边疆工作一样"惟公家举办始有力量"[2]。

事实上,以"文化沟通"辅助"地理交通"的最佳例证,是李安宅参加十八军的重要实践。1950年,李安宅夫妇在贺龙的邀请和推荐下参加了中国人民解放军第十八军,编入十八军政策研究室,之后随军进藏。该政策研究室相继聚拢了40多位熟悉康藏地理、人文、经济、宗教、政治、军事等情况的人才,为进军西藏、解放西藏和经营西藏做出较大贡献。其中,李安宅等学者以"文化沟通"助力"地理交通"的实践行动,便是沿途开展研究和教育工作,助力十八军修筑川藏公路。

十八军进驻拉萨之际,毛泽东判断:"西藏问题不能太快,不能过于鲁莽,因为:(一)交通困难,大军不便行动,给养供应麻烦也比较多。(二)民族问题,尤其是受宗教控制的地区,解决它更需要

---

[1]《组织凉山服务团》,《边疆服务通讯》,1945年第1期,第3页。
[2] 李安宅:《边疆社会工作》,河北教育出版社,2012年版,第21页。

时间，须要稳步前进，不应操之过急。"[1] 根据这一判断，十八军的政策研究者需要同时考虑交通工程和社会文化的问题。从地理地形上来说，十八军肩负破除边疆地形区隔的重任，实施跨越横断山脉阻隔的交通工程；从民族问题上来说，十八军需要做好民心工程，为经营西藏做准备。而二者都有赖于李安宅等研究者与建设者共同推进。

在此背景下，重新理解李安宅等政策研究者所撰写的《对西藏各种政策的初步意见》《进军康藏应注意的事项》《藏人的风俗和禁忌》等史料，无不具有现实意义。这些资料正是李安宅等研究人员以"文化沟通"助力"地理交通"的最佳注释。其中"文化沟通"还体现在对进藏部队的特殊训练，即毛泽东对进藏部队的指示："惟需要加以特殊的政治训练。"[2] 这与十八军老战士的记忆相吻合：充分发挥他们的专长和对西藏情况熟悉的条件，查资料、做调研，对拟定进军西藏有关政策方面，以主人翁的态度，认真负责地对西藏的政治、经济、宗教、文化、风俗人情、生活习惯、历史沿革作了尽己所知的介绍，并提出建议。[3] 因而促成了十八军在一面进军、一面修路的过程中"与藏族人民见好面"，为经营西藏做足"文化沟通"的工作。[4]

由于"文化沟通"具有主体间性，因此还必须针对川藏线沿线族群乃至西藏地区开展教育文化工作。沿着川藏线开展边疆教育，是李安宅以"文化沟通"助力"地理交通"最为突出的贡献。遗憾的是，今天文化学术界和交通工程界，却很少意识到文化研究及其教育事业对交通工程的支撑作用。1950年底，李安宅、于式玉抵达昌都协商

---

[1] 转引自师哲：《在历史巨人身边——师哲回忆录》，李海文整理，中央文献出版社，1997年版，第380页。

[2] 毛泽东：《进军与经营西藏的任务应由西南局担负（一九五〇年一月二日）》，《毛泽东军事文集（第6卷）》，http://www.cssn.cn/sjxz/xsjdk/mkszyjd/mzdsx/840202/84020205/201311/t20131124_878079.shtml。

[3] 王先梅：《五十书行出边关，何惧征鞍路三千——忆李安宅、于式玉教授》，《中国藏学》，2001年第4期，第125—137页。

[4] 顾草萍：《一项光荣而艰苦的任务——进军西藏经营西藏》，《中国藏学》，1991年第2期，第75—85页。

办学事宜，教育文化事业对川藏公路的修建起到较好的辅助作用。随着川藏公路的延伸，李安宅随军抵达拉萨，创办拉萨小学，参与藏汉双语教材编写，并担任拉萨小学副校长等职。1955年，毛主席在和班禅额尔德尼谈话时还高度评价十八军进藏给西藏人民做的事情：修通两条公路，办了两个小学。足见道路交通与文化教育的重要，而这也印证了"地理交通"与"文化沟通"对于十八军的特殊价值，对于边疆建设的独特贡献。十八军老兵阿次拉姆、旺珍等晚年均深情回忆与李安宅一道在一面进军、一面筑路的征程中开展教育文化事业的经历，讲述李安宅开创性的贡献。[1]笔者的祖父是十八军的工程兵，在忆及部队与藏族同胞的鱼水深情时，也讲到修路时部队里头的"文化人"所讲的"入乡随俗"等文化因素的重要性。

系列研究报告和教育实践为十八军备足了沿线地方性知识，潜在地传播了解放军的良好形象进而获得藏民的支持，最后得以顺利修筑川藏线、解放全西藏。川藏线交通工程对边疆史地条件的改造，成为李安宅回应拉铁摩尔的最佳实证。今天看来，李安宅结合"文化沟通"工作与"地理交通"工作所开展的双线并进实践，对"消除边疆性"的贡献不可谓不大。

四、结论

边疆建设是整个学术界都十分关心的一个重要命题。在有关边疆的学术话语中，传统边疆史地研究积淀了厚实的基础，人类学、民族学和社会学等学科也渐次贡献专业的洞见，发展中的"边疆学"则力图超越学科门类的局限而整合思想资源。李安宅的学术研究和边疆实践恰是一门早熟的超越具体学科限制的"边疆学"，其文化地理学价值在今天得到彰显，"地理交通"也与"文化沟通"并肩登场。在新的历史起点上，我们借助文化地理学的视角重新解读李安宅的边疆建设思想，并非是想将李安宅推入文化地理学的阵营，而是要力图跳出以往的学科局限，尝试从新的综合的角度发掘李安宅的学术资源，从

---

[1] 阿次拉姆：《藏汉女兵亲历记》，《中国藏学》，2001年第2期，第81—99页。

中获得有益的启示。

透过文化地理学的视角，我们看到了李安宅边疆建设思想中的"人地关系"色彩，看到了"边疆性"以及"消除边疆性"的因果逻辑与实践面向。尽管"文化"较之"地形"分量更重，但"地形"与"文化"在他的观念里始终是统一的整体。其中，"边疆"呈现为由"空间"转向"地方"的一个区域，"边疆性"则是地理和文化的双重区隔。因而，国家视野下的边疆建设也就指向从"区隔"到"交通"的双线并进实践，此间"地理交通"和"文化沟通"同等重要，二者不可偏废其一。这就要求边疆研究力求"在异文化中寻求他者，根据区域分工而实现文化的互惠，在历史过程中寻求对区域文化的结构性理解，并由区域文化上升到国家表述"[1]。而边疆建设则须以两种交通的建设为主线，以"边疆教育"为进路，最终促使"边疆性之逐渐消失而归于乌有"。

随着我国综合国力的增强和科学技术的进步，破除地形区隔的交通工程得到实施，边疆交通条件大为改善。延伸到边疆的铁路网"通过时间消灭空间"[2]的方式极大地促进边疆与内地在时空观念上的统一，国家认同感与民族自豪感大为提升，中华民族的凝聚力不断增强。与此同时，地形区隔仍然存在，边疆交通诸如进藏通道等还存在着诸多短板，边疆地区与其他区域的地表各区域之间的真实而有意义的空间互动明显滞后，因此边疆交通建设尚待加强。

当前，"史诗级"工程——川藏铁路已然动工，这再次印证了李安宅"创造史地条件"以"消除边疆性"的前瞻性判断。在此背景下，思考和推进"两种交通"建设，便成为我们对李安宅先生最好的纪念。一方面，我们应以国家为尺度把握川藏两地协同发展的关系，深入川藏铁路开展实地研究，在掌握沿线生态环境、宗教信仰、社会结构等地方性知识的基础上，同步加强科技教育与国民教育，团结各

---

[1] 陈波：《"坝上"的人类学：李安宅的区域与边疆文化思想》，《西南民族大学学报》，2008年第2期，第36—40页。

[2] Marx Karl. *Grundrisse*: *Foundations of the Critique of Political Economy*, London: Penguin, 2005, 524.

族人民推进川藏铁路又好又快地建设。另一方面，我们应以人民的福祉为宗旨，前瞻性地思考川藏铁路"正外部性"如何有效发挥的问题；借此构建一种"大交通"综合研究框架，将边疆人民生活水平提升和民族团结进步嵌入边疆交通建设之中，以此进一步铸牢中华民族共同体意识。

总之，川藏铁路等边疆交通建设，不只是交通运输工程学的科技事业，更是人文社会科学的文化事业。因此，李安宅先生的边疆建设精神尚需发扬，人文社会科学界理应向交通建设的前线再走一步。

顾颉刚的"羌戎"研究及其对中华民族整体性的探讨

◎ 彭文斌 敬 川

一、引言：背景与问题

顾颉刚是20世纪的史学大家，以"层累造成的古史"观闻名于世。其在上古史、古籍考订、沿革地理、民俗学等多个领域上下求索，成就斐然，但终其一生，顾颉刚始终倾心古史考辨。因进行古史、古籍考订辨伪的过程，牵扯到古代的民族和疆域，由此引发顾颉刚要整理出一个头绪来的冲动和实践[1]，构成了他研究古代"羌戎"民族史的背景之一。

对于"性好游览，腰脚之健足以济之，每临一地，必穷其胜而后快"[2]的顾颉刚而言，从1931年"辛未访古"目睹底层民生凋敝，同年"九一八"事件爆发，到1934年参加"平绥沿线旅行团"抵达百灵庙，切身感受到民族和边疆危机。顾颉刚的目光和学术旨趣，逐渐从"高文典册"转向关注现实社会问题。

1937年9月，受中英庚款理事会邀请，顾颉刚到西北地区"考察教育"，他"舍康庄之陇东南及河西不游，而惟游于公路尚未通达

---

[1] 在这一时段，顾颉刚在许多文章中都表达他自己学术研究转向民族史。
[2] 顾颉刚：《宝树园文存》卷四，中华书局，2011年版，第407页。

之陇西"[1],直到青海的西宁、民和一带,进行游历和考察。这一时间段顾颉刚陆续写了《如何可使中华民族团结起来》《西北回民应有的觉悟》《边疆教育与边疆文化》等文章,探讨边疆地区的教育、交通和经济开发等问题,用学术的关怀因应抗日战争爆发后加重的民族危机。此则构成他研究"羌戎"民族史的另一个背景。

以往对顾颉刚民族研究的探讨主要包含两个方面:一是通过分析顾颉刚在边疆民族地区考察的日记、游记和考察报告等文本,探讨其边疆研究思想(如他对民族地区经济、教育和社会发展的思考);[2]二是从顾颉刚学术思想脉络流变的角度,讨论民族危机或边疆游历是否促使他的学术思想、民族观变化,特别是围绕顾颉刚"中华民族是一个"观点的争论。[3] 总之,这些探讨是必要的,但在"救亡"与民族国家建构的背景下,顾颉刚除了对边疆民族地区的建设发展有许多"策论"式、"口号"式的研究外,还有许多民族史研究的学术成果值得关注,"羌戎"民族史的研究就是一例。

回顾过往研究,将顾颉刚"羌戎"民族史作为研究对象,以探讨其学术思想观念衍化更替、民族史研究成绩和研究方法的文章是很少见的。而从羌族研究学术史角度来说,顾颉刚作为民国时期羌族研究

---

[1] 顾颉刚:《宝树园文存》卷四,中华书局,2011年版,第410页。

[2] 代表作品有李芳、杨红伟:《顾颉刚与甘肃教育》,《兰州教育学院学报》,2003年第2期,第3页;周励恒:《西北民族考察与顾颉刚的学术研究》,《民族研究》,2013年第6期,第103页;王振兴:《顾颉刚的民众教育思想评述》,《阿坝师范高等专科学校学报》,2015年第2期,第59页;杨思机:《民国时期顾颉刚的边疆教育思想和实践》,《学术研究》,2017年第7期,第120页;李淑荷:《顾颉刚西北教育考察研究》,兰州大学硕士论文,2019年,第5—10页。

[3] 这方面较为集中的代表有周文玖、张锦鹏:《关于"中华民族是一个"学术辩论的考察》,《民族研究》,2007年第3期,第20页;黄天华:《民族意识与国家观念:抗战前后关于"中华民族是一个"的论争》,《一九四〇年代的中国》(下卷),社会科学文献出版社,2009年,第1044页;黄克武:《民族主义的再发现:抗战时期中国朝野对"中华民族"的讨论》,《近代史研究》,2016年第4期,第4—5页;黄兴涛:《重塑中华:近代中国"中华民族"观念研究》,北京师范大学出版社,2017年版,《序》;李政君:《民族危机与顾颉刚学术思想的演变新论》,《北京党史》,2020年第4期,第16页;奂平清:《论顾颉刚的中华民族共同体思想:以民族史编撰为中心》,《史学集刊》,2021年第3期,第85页。

"溯源论"的代表,其成就也鲜有人提及。[1] 那么,顾颉刚对"羌戎"民族史研究经历了哪些阶段?其研究又有何真知灼见呢?本文通过相关文献梳理,结合时代背景,把顾颉刚对"羌戎"民族史的研究放在学术史的框架和演进逻辑内,梳理顾颉刚对"羌戎"民族史的研究内容,并揭示其学术思想的流变和对后来的影响。

二、文献溯源:顾颉刚"羌戎"研究的范式

托马斯·库恩的范式理论认为,思想和科学的进步是由新范式代替旧范式而构成的。[2] 而对某一学科或具体研究对象的研究而言,在一定时期内一般会形成稳定的研究形态——即一个聚集的学术群体,拥有相对一致的学术理念、思维方式、研究手段和编纂模式等。[3] 随着现代族群、民族概念传入中国,将川西北"羌民"作为一个单一民族群体,并开展建构和研究,是20世纪初期经由西方来华传教士开启的。1915年具有传教士背景的英国学者陶然士走进岷江上游传教,开始了他对该地区标本收集和羌民宗教与习俗的研究。随之而来的美国传教士兼学者葛维汉,也在岷江上游的羌区开展广泛的调查研究。[4] 尽管二人对羌民的调查研究有许多冲突和争执,但他们共同开创了以人类学、博物学田野调查形式为范式的羌族建构研究则是不争的事实。沿着这一范式,此后中国学者也开展相关研究。如胡鉴民的《羌族之信仰与习为》《羌民的经济活动形式》,高中润的《理番县羌戎之组织与生活》,国民政府教育部和华西大学基督教边疆服务部组织师生到羌区进行边疆服务和社会考察后编写出版的《川西调查记》等。这些都是通过运用社会调查方式,研究羌族的历史和社会。而这些研究活动的展开都可以看作是民国时期葛陶二人共同开创

---

[1] 王明珂在《羌在汉藏之间》一书的第二部分历史篇中,提到过顾颉刚的羌族研究。

[2] 托马斯·库恩:《科学革命的结构》,北京大学出版社,2012年版,《序》。

[3] 李振宏:《当代中国史学范式状况的评估与改善》,《天津社会科学》,2018年第6期,第135页。

[4] 卞思梅:《"羌为何人"——20世纪前期西方学者的羌民研究》,《云南师范大学学报》,2013年第3期,第9—10页。

的田野调查研究框架下,相关学术群体运用民族学、社会学、人类学知识和理论展开羌族学术建构的过程。

近代以来,传统的"夷夏"观念已经不能适应现代民族国家建构的新格局。面对多民族国家的事实,学者们开始从文献典籍中寻找当下族群格局的历史依据。作为现代羌族前身的"羌人"因为广泛存在于传世汉文文献和殷墟甲骨中,又处于联结华夏与西北、西南边缘的中枢地带,因此早于"羌族"开始被人们研究和注意,而这也构成羌族研究的另一个范式——文献溯源范式,即从传世文献和甲骨卜辞中寻找历史上的羌、戎、氐等人群,并以此为主体开展"羌族史"研究。开启这种范式先河的是近人章太炎,以及其后的刘师培,到20世纪三四十年代则有吕思勉、林惠祥、傅斯年、董作宾、顾颉刚等。这些人在探究中华各民族历史时都是利用传世文献和出土甲骨,把羌人作为一个历史人群,研究探讨其历史演变、迁徙流布、征战融合的过程。[1]

从表面看,这些学者对羌人历史演进采用大致相同的研究手法或范式,但社会科学的范式常因"世界危机"而发生变化。[2]顾颉刚对"羌戎"的历史研究表明,正是因为这一点"危机",使他显得与同时代的其他学者有所不同,因而具有了自己的特色和风格。

顾颉刚关于"羌戎"的研究主要见于《答刘胡两先生书》(1923)、《九州之戎与戎禹》(1937)、《鲧禹的传说——夏史考第四章》(1939)、《东汉的西羌》(1939)、《昆仑传说与羌戎文化》(1950)等论著中。过去,因为顾颉刚的作品写作和发表时间不一致,导致后来许多人在回顾这些研究时出现了学术史错位的问题,而《顾颉刚全集》(以下简称《全集》)的出版则解决了这一难题。如《昆仑传说与羌戎文化》这篇"羌戎"史重要论文,尽管写作于1950年初,但从其论点和研究方法看,仍可以将其视为自民国以来顾颉刚民族史研究

---

[1] 王明珂:《羌在汉藏之间》,中华书局,2008年版,第133—136页。
[2] 杨念群:《中层理论:东西方思想会通下的中国史研究》,北京师范大学出版社,2016年版,第17页。

的余绪和结晶。[1]

将民国时期吕思勉、王桐龄、林惠祥三部通行的《中国民族史》中有关"羌戎"研究，与顾颉刚的"羌戎"民族史成果——《昆仑传说与羌戎文化》相对比，可以看到：吕著以"羌族"为题，专章梳理其历史发展脉络；王著则是以汉族为主体，论述各个历史时期族群的交往融合，书中以"氐羌血统之加入"为题，辅之以图表，阐释氐羌源流与发展；林著则视历史上"氐羌"为藏族来源之一，既梳理其历史上情况，最后也把氐羌后裔落脚到近代青海"羌族"上。顾颉刚在"羌戎"研究的系列论著中，同样注重从历时性的角度来梳理"羌戎"民族的发展过程。不难看出这些著作的共同点在于，其取材上大都利用传世文献，力图从文献探源的角度，发掘羌民族形成的历史过程，属于羌族史研究中的溯源派。与其他研究相比，顾颉刚对"羌戎"民族的研究，特别强调从中华民族整体性的角度阐释羌族的形成发展过程，以及"羌戎"与华夏诸族的紧密关系。即"中国的民族由许多大小种族混合而成"，华夏文化吸收了很多"羌戎"文化的因素。对于这种不同，似可以这样解释：吕思勉、林惠祥等学者长期生活在传统汉族地区，尽管他们在"羌戎"民族史书写中能够征引一些时人的调查记录、民族志报告等材料，但他们无边疆生活游历的经历。而顾颉刚在"危机时刻"通过边地行走，透过身体和眼睛，获得了许多仅从文献探源的学者所没有的知识和感受。这让他在研究"羌戎"历史过程中，更能将考察所得融入学术研究，更加注重中国境内各族群相互融合的一面，以此诠释中华民族一体性。

三、注重整体阐释：顾颉刚"羌戎"研究的内容与特点

有学者在阐释顾颉刚1930年代前后学术思想变化时，将"民族

---

[1] 该文实际上写作于1950年2月到6月间，但并未发表，到后来曾陆续单篇发表在期刊上，参见顾颉刚《昆仑传说与羌戎文化》，（《古史论文集》卷六），文末有王煦华后记。此论文的第一部分"三千年来的羌戎"曾题为《从古籍中探索我国的西部民族——羌族》发表在《社会科学战线》1980年第1期上，故后被许多学者认为这是顾先生七八十年代的作品。

危机"作为一个重要因素,言前后两端之变异与不同。[1] 而笔者认为顾颉刚关于"羌戎"民族史的研究足以表明,古史辨下的"打破民族出于一元"和民族危机背景中对"中华民族是一个"的论证和建构,只是两种研究方法或视域的差异。正如有学者所说:古史辨是一个破坏伪史,还原起源真相的过程;而"中华民族是一个"是构建信史,重在论述其由多元融成"一个"的过程。[2] 顾颉刚对"羌戎"的研究,虽涉及远古中华民族的起源时期,但主要还是从历史典籍钩沉"羌戎"历史发展脉络,运用神话传说透视"羌戎"同华夏各族族群关系的不断交流融合,强调对中华民族整体性的论证。

(一)羌为何人——顾颉刚的民族观

欲研究民族或民族史,首先应明确"民族"的概念和定义。民族一词古已有之,见载于一些古文典籍,但从近代出现在传教士翻译作品中,到国人开始使用现代意义上的民族[3],经历了一个词汇及其意义重新发现的过程。顾颉刚对"民族"概念的定义和使用有一个变化的过程。起初顾颉刚以"语言、体质等项是分别民族的标准",明显注重从群体的内涵和客观特征上进行区分。而西北考察后,顾颉刚在其著述中表示:"民族就是一个团结情绪的最大的人民团体,只要能共享安乐同受患难的便是。"[4] 这显然在强调凝聚成一民族在主观认同方面所表现出的重要性。因此在《中华民族是一个》中顾颉刚痛斥在中国境内借"民族自决"行分裂主义的行径,言在中国境内只有一个中华民族,各个群体只有文化上的区别,可以从文化集团上进行

---

[1] 最早的如孙喆、王江:《边疆、民族、国家:〈禹贡〉半月刊与20世纪30—40年代的中国边疆研究》,中国人民大学出版社,2013年版。在该书中,作者表达了自抗战爆发后顾颉刚的民族观念有了根本性的变化。而其后葛兆光先生在《徘徊到纠结——顾颉刚关于"中国"与"中华民族"的历史见解》,(《书城》,2015年第5期)中直言顾颉刚放弃了古代中国人不出于一元,地域不统一,而转向论证一个"中国",一个"中华民族"。

[2] 李政君:《民族危机与顾颉刚学术思想演变新论》,《北京党史》,2020年第4期,第23页。

[3] 黄兴涛:《"民族"一词究竟何时在中文里出现》,《浙江学刊》,2002年第1期,第168—169页。

[4] 顾颉刚:《宝树园文存》卷四,中华书局,2011年版,第112页。

划分。[1] 从当时文章发表后引起的争论到当代人对这段学术史的讨论来看，顾颉刚对民族的定义有其时代背景和历史语境。

"羌戎"是古代华夏对西部边缘人群的他称，并不一定表示世代居住在中国西部的某一民族，而是华夏之人对西部异族的"概念"。[2] 因为当时人群间交往了解不多，古籍记录芜杂且带有"偏见"，顾颉刚在研究过程中也感觉到对这些历史人群"要作细密的分析，使得这一族不为那一族混淆，几乎成为不可想象的事"。但现实的研究又迫使顾颉刚不得不做一番分析。根据古籍记载，顾颉刚认为："在西方，羌与戎都是大名，戎是西方诸族的通称，为表示其地望则曰'西戎'。羌自某一族的专名，但因他们所占的地方太大，渐渐也成了通称，例如范晔的西羌传就是把西方各族都收了进去的，因此西方诸族也不妨称为'西羌'或'羌、戎'。"[3] 所以，在顾颉刚的著述中，根据古籍记载的不同，对某一历史人群单称"羌"（人）、"戎"（人）或"羌戎"并称的情况都可以见到。

其实，关于华夏西部的历史人群不仅是"羌戎"二支难以做明确的区分，"羌戎"与"氐"支民族，亦难做区分。如1934年吕思勉在其所著《中国民族史》羌族一节中认为："按《周书·王会解》：'氐羌以鸾鸟。'孔晁《注》：'氐地羌。羌不同，故谓之氐羌。今谓之氐矣。'则汉时之氐，即古所谓氐羌。盖羌其大名，氐其小别。"[4] 在吕思勉看来，氐是羌中的一种，羌大而氐小。根据同样的材料，顾颉刚则认为"氐与羌"是平列的两名，氐与羌属于两个民族。[5] 但顾颉刚看到《后汉书·西南夷列传》中，冉駹地区又将夷、羌、氐三种人并称，因此他又说"氐和羌固然可以分，而实际上却很难分"，而要弄清楚，现存的材料是不足以解决的。[6] 后来马长寿先生在《氐

---

[1] 顾颉刚：《宝树园文存》卷四，中华书局，2011年版，第95—105页。
[2] 王明珂：《华夏边缘：历史记忆与族群认同》，浙江人民出版社，2013年版，第194—195页。
[3] 顾颉刚：《古史论文集》卷六，中华书局，2010年版，第201页。
[4] 吕思勉：《中国民族史两种》，上海古籍出版社，2020年版，第224页。
[5] 顾颉刚：《古史论文集》卷六，中华书局，2010年版，第249页。
[6] 顾颉刚：《古史论文集》卷六，中华书局，2010年版，第225页。

与羌》中认为,作为历史悠久的氐与羌,都起源于华夏西部,是关系密切的两个民族[1],一定程度上呼应了顾颉刚的观点。

要之,顾颉刚在边疆考察报告和时政论文中多结合国内族群现状,有意区分"民族""种族"等概念,达到凝聚人群意识的效果。但在研究历史上羌、戎、氐等民族时仅将其视作"历史人群"对待,表现在对这些人群多称某人,而很少称其为某族。正如林惠祥所说:"盖民族之分类有过去及现在两种观点:着眼于过去,则其对象实为历史上之民族;着眼于现在,则其对象即为现代之民族。"[2] 所以顾颉刚对"羌戎"的研究,基本没有触及当时羌民的现状问题,而是在历史语境中梳理阐释"羌戎"人群的发展脉络,阐释在历史进程中各民族的分合演变和交流交融的过程。

(二) 地域演变与民族关系

研究中国古史,自然要涉及国家与民族起源的问题。在提出"层累地造成的古史"文章中,顾颉刚追溯古代商、周民族起源,发现各族自有其始祖,并没有一个公认的始祖。同时,顾颉刚明确了推翻伪史建立信史的四条标准:"打破民族出于一元的观念,打破地域向来统一的观念,打破古史人化的观念,打破古代为黄金世界的观念。"[3] 华夏的地域既然向来并不统一,民族也并非出于一元,那么在这种状况下的地域与民族究竟是什么情况呢?

1926年6月,在北京华文学校的演讲中,顾颉刚说:"我们往往有一种误解,以为中国汉族所居的十八省从古以来就是这样一统的。这是在误用秦、汉以后的眼光来定秦、汉以前的疆域。"[4] 自战国秦汉以来,九州、四岳是中国人观念中很重要的地理概念和地域观念。九州一般被认为是自夏代以来古代华夏中国的地理范围,四岳、五岳因为后世的封禅也备受人们推崇。顾颉刚在此运用一贯的古史"层

---

[1] 马长寿:《氐与羌》,广西师范大学出版社,2006年版,第8页。
[2] 林惠祥:《中国民族史》,上海书店出版社,2012年版,第6页。
[3] 顾颉刚:《古史论文集》卷一,中华书局,2010年版,第202—203页。
[4] 顾颉刚:《宝树园文存》卷四,中华书局,2011年版,第33页。

累"造成的观点,分析战国、秦汉之间的人,出于"托古改制""整齐故事""完成统一"等动机,有意无意中编造出大一统"历史"的九州。尽管上古三代的境域很局限,但顾颉刚也看到商、周等国与氐、羌系民族存在重要的关系。

1933年在《州与岳的演变》一文中,顾颉刚注意到州与岳是中国历史上重要而复杂的问题。"九州"在西周末年到春秋时,大概等于今天河南省西部和陕西省东南部的地方,是姜姓民族的居住地。"四岳"则是戎族聚居地区的山名,进而演化成姜戎的先祖。[1] 这一时期,顾颉刚看到了古史地域变迁与羌戎民族有关系,从姜戎的"九州""四岳"到华夏大一统的"九州""四岳"有一个"放大"的过程,但并未进一步阐明。

到1937年的《九州之戎与戎禹》一文中,顾颉刚在继续探讨州岳地域演变与民族关系时指出:"由戎居之九州,演化而为天下之代称之九州,更演化而为尧之十二州。由戎之先人所居之四岳,演化而为平分四方之四岳,更演化而为汉武帝之五岳。"[2] 在此,顾颉刚打破了过去认为这种州岳地域观念和传说只是后来人为解释现实而造伪的这一简单论断,揭示了州与岳兴起于戎族之间,通过族群间的迁徙融合而逐渐成了华夏的地域概念。

在这种"州与岳随民族之疆域之扩大而扩大"的背景下,原本属于西方"羌戎"的"禹迹"神话传说又随州与岳之扩大而扩大,从而进入中原华夏大地,造成了遍地禹迹的现象。因此,顾颉刚逐渐认为:"向所视为纯粹之华文化者,而一经探讨,乃胥出于戎文化。且姬姜者向所视为华族中心者也,禹稷伯夷者所视为创造华族文化者也,今日探讨之结果乃无一不出于戎,是则古代戎族文化固自有其粲然可观者也……夫戎与华本处于一家……秦汉以来,此界限早泯矣。凡前此所谓戎族俱混合于华族中矣。"可见所谓传统华夏文化,并非是单一的文化,戎汉人群混合,文化也发生交融;"州岳"作为地域

---

〔1〕 顾颉刚:《宝树园文存》卷四,中华书局,2011年版,第47—74页。
〔2〕 顾颉刚:《宝树园文存》卷四,中华书局,2011年版,第139页

观念，也由小到大，发生变迁，以汉族为主体的中原文明中实际上吸收了不少戎族的文化因子，故他提醒人们"深愿后之人考论华戎毋再牵缠不平等之眼光"[1]。因为历史表明两支族群已渐趋融合，难分彼此。

这种地域观念变化与民族关系，也表现在后来他对"羌戎"与昆仑神话的探讨中。"羌戎"民族的迁徙流布，与华夏的交融不但有一个"线性"的历时过程，同时也存在"不同地域文化以昆仑故事为核心的层层附着"[2]。即随着民族的迁徙流动，神话、传说故事也发生了流动和变化。

（三）边地行走与民族史编纂

身为史家，除了考史、释史外，有亲自撰写一部"历史"的冲动，当是一个优秀历史学家应有的品质，顾颉刚就是这样一位历史学家。在1936年的《禹贡学会募集基金启》中他提出要出版八种图书，第一种为"中国民族史"，其目的在于要彰显"吾族无种族之隘见而惟求文化之扩展，故四表得层层消融以成此庞大之国族……可于艰难图存之中增进吾民族之自信力，亦使吾民族精神得以昭著于世界。"第八种为"中华民族一统志"，该书则是要用通俗的文笔，供给社会应用，最后成为现代人当有的常识。[3]可见在民族危机加剧的背景之下，顾颉刚极力想要彰显"中华民族"作为一个统一国族的身份和形象，力图以历史书写方式着力凝聚"中华民族是一个"。又特别是1938年西北考察之行后，如何撰写一部激发中华各民族"同情心"，和以平等的眼光记载各族历史事实的新式中国通史，成为顾颉刚的学术目标。

1937年9月到1938年9月，顾颉刚以"补助西北教育设计委员"的身份考察游历西北诸省，这期间及此后几年中，陆续发表的系

---

[1] 顾颉刚：《宝树园文存》卷四，中华书局，2011年版，第139页。
[2] 李政君：《故事的跨地域流布与古史的"层累"造成——试论20世纪前半期顾颉刚古史考辨路径之推进》，《南开学报》，2021年第2期，第128页。
[3] 顾颉刚：《宝树园文存》卷四，中华书局，2011年版，第379–380页。

列文章《回汉问题和目前应有的文化工作》《中华民族的团结》《西北回民应有的觉悟》《边疆教育与边疆文化》《中华民族是一个》等都极力彰显顾颉刚作为一个爱国者，以学术为武器，解决如何"可使中华民族团结起来"的鼓与呼。而这种边地行走不仅影响到顾颉刚对时政论文的写作，更影响到他的民族史编纂。

要编纂一部专门记录中国境内各民族发展衍化的专史——中国民族史——是有困难的。对此，顾颉刚曾感慨道："中国的民族由许多大小种族混合而成，这是无疑的事；可是许多原始的种族当初生长何地，移植何地，如何创造自己的文化，如何吸收他方的文化，又如何与远近诸种族交通联系而建立一个大民族，历史书上空白太多，或者除了一个种族名之外其他全是空白。"[1]史料的缺乏可能是民族史编写中最困难的环节。故在西北考察期间，顾颉刚特别重视史料的搜集，从当时的读书笔记《皋兰读书记》中可以看出他"多记录西倾山一带史地资料"[2]，并且说"耳目之所接触有足为考史之资者，蕴之于心，未暇录也"。到20世纪60年代出版《史林杂识初编》时，顾颉刚将这些读书笔记写成独立的小论文，利用西北考察所得之资料"以彼地风尚证之中原古史"[3]，具有民族考古学研究的雏形。

尽管顾颉刚最终也没有完成这一宏大的中国通史和中国民族史的写作，但他在边疆游历和文献爬梳的基础上完成的《昆仑传说与羌戎文化》则可视为其在这一领域的探索，也代表了他的基本观点。

《昆仑传说与羌戎文化》写作于1950年2月到6月之间，原是为法国巴黎大学汉学研究所而写，因故没有发表，后来这部作品在顾生前和身后陆续以单篇论文面世，《全集》出版时才始见其全貌。从"羌戎"民族史的角度来讲，在这部著作中顾颉刚将"羌戎"民族三千年线性演变的历史和边地游历考察相结合，在揭示其线性发展的基础上，也具有现实感，而贯串始终的则是对中华民族整体性的思考。

---

[1] 顾颉刚：《古史论文集》卷六，中华书局，2010年版，第193页。
[2] 顾颉刚：《读书笔记》卷四，中华书局，2011年版，第3页。
[3] 顾颉刚：《读书笔记》卷十六，中华书局，2011年版，第262页。

在文章的开篇顾颉刚就言:"我觉得,中国正统文化中很多是接受戎文化的,所谓华夏之族也不少由戎族分出,不过其中进握中原政权的已自居为华夏,不肯老实说出他们自己的前面一段历史,而停留在原来地方的则仍成为戎。"而"由很多少数民族融合而为一个大民族,实在是一个漫长的历史发展过程"[1]。那么在这个漫长的过程中,民族关系是如何演变发展的呢?

正如文中标题"三千多年来的羌戎",顾颉刚对"羌戎"历史的归纳探究梳理主要采用了纵横相连的方式:从纵的线性方向来说,主要论述从商到元明"羌戎"民族与华夏帝国之间交流融合的过程。这期间虽然有战争,但走向融合是主要方面。如顾颉刚看到商周时既有姬、姜诸姓人群出自戎的例子,也有东方"华夏"人群变为戎的记载,就是说不同人群会因为各种原因产生分化和重组,因此他说:"该得彻底打消华、戎的成见。"[2] 又如在论述南北朝羌、胡与汉族的融合时,顾颉刚言:"五胡和南北朝的动乱,当时人民的痛苦不言可知,但那时既付出了这极大的代价,自该有很大的收获,这就是许多的种族都混合起来,把中华民族的基础扩大了。"[3] 可以看到,后来隋、唐以降统一的大帝国,都构筑在这种基础之上。

同时,边地的游历与行走让顾颉刚在民族史的写作中具有现实感,强调用考察中所见的民族风俗资料,与古籍史书相参证来研究历史。如在论述羌人"披发覆面"的风俗时,他曾引考察所见,说:"至于青海方面,我曾见同仁县北保安堡的女子现在尚是如此。"[4] 又如顾颉刚对甘青"土人"和历史上"吐谷浑"曾有这样的表述:"现在青海的民和、乐都、互助、大通、门源和甘肃的临夏、永靖等县都有'土人',一般人谓即青海土著,或疑为土司的部民。按这种土人并无族名,其自称则为'土谷家的'或'土户家的','土谷'、

---

[1] 顾颉刚:《古史论文集》卷六,中华书局,2010年版,第194—198页。
[2] 顾颉刚:《古史论文集》卷六,中华书局,2010年版,第217页。
[3] 顾颉刚:《古史论文集》卷六,中华书局,2010年版,第268页。
[4] 顾颉刚:《古史论文集》卷六,中华书局,2010年版,第233页。

'土户'实均为'吐谷浑'一音之转。"[1] 不论是民族风俗的引征，还是通过对族群称谓音韵的推测，都能表现顾颉刚利用游历所见而进行民族史的书写。正是在边疆的游历考察让顾颉刚能将历史和现实相结合，而纵横相连的民族史的书写与建构既具有历史的纵深感又有现实感。

四、结语

以往有观点认为顾颉刚的"中华民族是一个"和"古史辨"是有矛盾的。即前期顾颉刚"古史辨"所作的工作旨在"打破"民族出于一元，而"中华民族是一个"又极力论证民族融合，这反映了顾颉刚前后学术的矛盾所在。本文通过对顾颉刚"羌戎"历史研究的梳理发现，所谓的"打破"和"建构"不过是顾颉刚学术研究的两种方法，在打破伪古史的过程中，顾颉刚即开始建构中华各民族走向融合而成"中华民族"这一国族的过程。他的"羌戎"史研究既是古史辨伪的研究过程，也是其对边疆考察游历的学术凝练和总结。这一时段，他在许多文章中都表达了"汉人里面必然含有很多羌人血统"[2]，"中国正统文化中很多是接受戎文化的，所谓华夏之族也不少由戎族分出"[3] 的观点。如果把顾颉刚与于式玉、任乃强两位同时代、同样有边疆游历与研究经历的知识分子做比较，我们就会发现：不论是于式玉阐释中华民族的"全体大用"，强调在"全体"上发挥各部分的"大用"；[4] 还是任乃强超越"华夷秩序"，以"主位"和"移情"的方法重新审视研究对象，思考"中华国民之一体"[5]，都着重在对中华民族整体性的论述上。而这种相似，虽然有所谓民族危急时刻、知识分子经世情结发挥的一面，但更多的则体现这些学人通过边疆考

---

[1] 顾颉刚：《古史论文集》卷六，中华书局，2010年版，第267页。
[2] 顾颉刚：《宝树园文存》卷四，中华书局，2011年版，第386页。
[3] 顾颉刚：《古史论文集》卷六，中华书局，2010年版，第194页。
[4] 汪洪亮：《于式玉的藏学研究与中华民族整体性追求》，《中国藏学》，2020年第3期，第68-69页。
[5] 李沛容：《"中华国民之一体"：民国时期任乃强的边疆民族观及其嬗变》，《西南民族大学学报》，2020年第11期，第35页。

察，提炼学术观点，思考中华民族的整体性，让研究厚植于边地生活经历。

费孝通先生在提出"中华民族的多元一体格局"理论时指出："汉族以接纳为主而日益壮大的，羌族却以供应为主，壮大了别的民族。很多民族包括汉族在内从羌族中得到血液。"[1] 其实，一个理论的生成与提出，绝对不是"平地惊雷"式的乍现，而是有其生成和酝酿的过程。费孝通中华民族多元一体格局理论的提出和对羌族"输血"地位的强调，在民国时期许多学者的论述中都可以看出其雏形和影子，顾颉刚从历史溯源角度对该理论的形成作出了巨大贡献。顾颉刚对"羌戎"民族史的研究是同中华民族起源问题联系在一起的，所以"羌戎"民族史也是关于中华各族的交通、交融的历史，尽管这期间有纷争和矛盾，但走向融合是大势，而这也为今天铸牢中华民族共同体意识增添了历史的依据。

---

[1] 费孝通：《费孝通学术论著自选集》，北京师范学院出版社，1992年版，第632页。

徐益棠对边疆民族研究的贡献

◎ 钟荣帆　汪洪亮

在民国时期的边疆学术史上，徐益棠（1896—1952）理应具有重要地位和影响。他是"在中国民族学人类学早期学科建设中做出过非常重要贡献的学者"，但却成了一位"被遗忘的学术名师"。[1] 徐益棠是金陵大学边疆民族研究的奠基人，主要致力于边疆考察与民族志，在多个学科领域具有较高的学术成就；同时，他注重团结边疆学人，曾经主持中国民族学会工作和多种学术刊物。他对边疆民族的细致观察及其对边政改良的系列主张，对民国时期边疆学术和民族学发展历史的梳理，为后来学者反复参引。但作为中国民族学人类学本土化进程的重要推动者，徐益棠的人生轨迹和学术历程，却近乎无人梳理。[2] 其曾经活跃的学术身影而今已模糊，曾经有力的呐喊犹如

---

[1] 王建民：《序言：被遗忘的学术名师》，徐益棠著、徐畅整理：《民族学大纲》，辽宁人民出版社，2014年版，"序言"。

[2] 汪洪亮的《民国时期的边政与边政学》（人民出版社2014年）有较多章节涉及徐益棠的学术活动。张宪文主编《金陵大学史》（南京大学出版社2002年）、刘波儿《金陵大学民族边疆事业研究》（南京大学2010年硕士学位论文）、钟荣帆《金陵大学的边疆研究述论》（《云南民族大学学报》2017年第6期）均提及徐益棠对金陵大学边疆研究的重要作用。陈波在《徐益棠的民族学与西康研究》（《西南民族大学学报》2011年第12期）中认为民族志是徐益棠民族研究中成就最高的领域，对其西康研究做了梳理。

"执拗的低音"[1]。鉴于此，本文拟根据相关资料，重构徐益棠的人生轨迹和学术历程，并对其在推动民国边疆学术和民族学学科发展中的贡献略做讨论。

一、徐益棠的边疆学术历程

徐益棠出生于浙江崇德县（今桐乡市崇福镇）。其家族本为县中望族，曾祖父徐宝谦为光绪庚辰进士，历任刑部郎中和安徽庐州知府；祖父徐多谬，国学生，诰封奉政大夫，及至父辈一代渐趋衰落。因家道中落，徐益棠两度失学，曾任崇德县立第二小学教员；中学毕业后，由亲戚介绍前往广州担任非常国会参议院一等书记官。[2] 工作一年后，徐益棠于1920年考上东南大学，攻读教育学；1925年自东南大学毕业，供职于江苏省立第五师范乡村分校，讲授国文，留心调查江苏乡村教育概况。徐益棠先后任职于河南开封第一师范学校、上海持志大学及商务印书馆。徐益棠工作调动频繁，辗转多次，原因待考，但其境况不佳，应可想见。

1928年5月，徐益棠在姑妈、著名教育家徐自华与徐蕴华的共同资助下赴法留学[3]，入读于法国巴黎大学民族研究所，师从法国实地民族学派创始人、"20世纪法国民族学之父"马塞尔·莫斯（Marcel Mauss）。徐益棠留法期间，"为我国青年学子在欧习人类科学最盛之时代"，在法国有杨堃、杨成志、徐益棠，在英国有吴定良、刘咸，在德有陶云逵，共6人，"朋辈好谑，或号为六君子"[4]。此外，他的老友兼学长凌纯声，亦在巴黎大学修习民族学，于1929年以"Recherches Ethnographiques sur les Yao dans les Chine du Sud"

---

[1] 王汎森指出，所谓"执拗的低音"是被近代激烈思想压抑下去的声音，或复写，或不断擦拭后残留的文本，或被暂时淹没的观念。参见王汎森：《执拗的低音：一些历史思考方式的反思》，生活·读书·新知三联书店，2014年版。
[2] 徐畅：《中国民族学研究的先行者——回忆先父徐益棠的治学之路》，《中国民族报》，2010年11月12日，第7版，第1页。
[3] 《徐自华年谱》，徐自华：《徐自华集》，浙江古籍出版社，2014年版，第318页。
[4] 陶云逵：《车里摆夷之生命环》，李文海主编：《民国时期社会调查丛编》（少数民族卷），福建教育出版社，2005年版，第204页，"徐序"。

（《中国南部瑶族之研究》）为博士论文并获得博士学位。另一位好友卫惠林，也于 1927 年在巴黎大学攻读人类学与社会学硕士学位，1929 年毕业。1932 年徐益棠以"Les Trois Grandes Races De La Province Du Yun-nan"（《云南之三大民族》）一文获博士学位。[1]

早在 1931 年，金陵大学文学院即与徐益棠商定，请其博士毕业后到金陵大学工作，并主持中国边疆研究。"因工作未了，遂延迟年余"，徐益棠 1933 年 3 月归国，受聘于金陵大学中国文化研究所。[2] 此后文学院鉴于"我国边疆问题之严重，边疆问题研究机关之缺乏，边务人才之亟待培养"，"决定自二十三年秋季学期起，以边疆研究为本院此后事业之一"。[3]

1934 年秋，文学院院长刘国钧嘱托徐益棠草拟一份边疆史地讲座的计划，并呈请教育部补助经费。教部知其重要，"特加赞许，允予扶助"，并补助文学院经费一万四千元，以此设置边疆问题讲座，由徐益棠担任主讲。[4] 在 1934、1935 两年，徐益棠开设的边疆课程有中国边疆问题研究、中国边疆问题研讨课、中国西南边疆。[5] 徐益棠将是年讲席余款 640 元呈部核准，"指定移作购置边疆问题用品标本之用"，并购买中外边疆史地图书及地图合计 1000 余种。[6] 金陵大学因此积累了开展边疆研究的初步资料。徐益棠还到民族地区调

---

[1] 刘厚：《巴黎大学中国学院概况》，《中法大学月刊》，1933 年第 4 卷第 2 期，第 163 页。

[2] 《中国文化研究所徐益棠由法来校》，《金陵大学校刊》，1933 年 4 月 17 日，第 1 版。

[3] 《金陵大学文学院自二十三年度起至现在工作述要》，中国第二历史档案馆藏：金大档，649/1626。

[4] 《文学院新增边疆问题学程——边疆问题概论》，《金陵大学校刊》，1934 年 9 月 10 日，第 1 版。关于 1934 年教育部补助的经费，据徐益棠回忆为"补助经费年 12000 元"，参见徐益棠：《金陵大学边疆研究事业之经过》，《边疆研究通讯》，1943 年第 2 卷第 2 期，第 1 页。本文暂从校刊之说。

[5] College of Arts，Oct. 28，1935，p. 12，见"亚洲基督教高等教育联合董事会档案"（Archive of the United Board for Christian Higher Education in Asia），Microfilm，Reel 11. Box 201. Folder 3434.

[6] 本段均参见《金陵大学文学院自二十三年度起至现在工作述要》，中国第二历史档案馆藏，金大档，649/1626。

研，搜集民族史志及实物。如1935年夏，徐益棠出席中国科学社和中国地理学会在南宁举行的年会，"一以参观桂省近年来对于傜族实施特种教育之成绩，一以实地考察大籐峡傜山之实况"[1]，为期近三月，搜集民物90余种，照片80余帧。[2] 此次考察之后，徐益棠"对于民族学上种种问题的研究更有兴趣，更继续不断的出外调查，同时现在大学里教学所用材料，并不完全只有提到'埃斯基摩人'和'印第安人'等等外国货了"[3]。在此次考察基础上，徐益棠发表了《广西象平间傜民之生死习俗》《广西象平间傜民之饮食》《广西象平间傜民之疾病与治疗》等系列成果，载于《边政公论》《金陵学报》《学思》等刊物。

徐益棠入职之前，金陵大学的边疆研究仍处原始的积累阶段，尚属薄弱。1934年秋边疆史地讲座的设立标志着金大边疆研究的正式兴起。徐益棠兼具传统史地研究和西方民族学、人类学理论方法的训练，在其中担任了引领者的角色，带动了文学院和中国文化研究所的部分师生参与其中。为了壮大边疆研究人才队伍。整合边疆研究资源，金陵大学文学院遂建议徐益棠"连（联）合历史系政治系等教授共同推进研究"[4]。金陵大学文学院不少师生遂调整研究方向，多人参与从事边疆研究。如中国文化研究所刘继宣教授关于南洋史的研究，王钟麟（古鲁）教授关于海外中国边疆研究成果的译介，李小缘教授关于边疆问题的参考书目等。文学院"边疆问题班同学发起组织边疆学会"，并"聘刘国钧院长、徐益棠、马文焕、王古鲁诸教授为顾问"[5]。

抗战军兴，徐益棠随校西迁至四川成都。金陵大学以徐益棠、卫

---

[1] 徐益棠：《金陵大学边疆研究事业之经过》，《边疆研究通讯》，1943年第2卷第2期，第1页。
[2] 《金陵大学文学院自二十三年度起至现在工作述要》，中国第二历史档案馆藏，金大档，649/1626。
[3] 徐益棠：《初入傜山记》，《学思》，1942年第2卷第11期，第620页。
[4] 《金陵大学文学院自二十三年度起至现在工作述要》，中国第二历史档案馆藏，金大档，649/1626。
[5] 《边疆学会新成立》，《金陵大学校刊》，1934年12月10日，第1版。

惠林为主导,成立了边疆研究的专门机构——边疆社会研究室,并创办《边疆研究通讯》《边疆研究论丛》等刊物,并凭借徐益棠当时实际主持中国民族学会工作的机缘,以学会名义接办《西南边疆》杂志。这一时期,金陵大学也非常注重实地调查研究,尤以康藏地区为主要调研区域。1938年夏,应西康建省委员会委员长刘文辉的邀请,柯象峰、徐益棠等率领西康社会考察团,到康定及周边甘孜、道孚、炉霍、泰宁、泸定、汉源等地考察藏族社会,是为"我国学术团体赴康之第一次工作"[1]。1940年暑假,柯象峰、徐益棠分别担任四川省边区施教团正副团长,率同20余人深入雷波、马边、屏山、峨边等县,对当地经济社会、民情风俗、古迹名胜等作了详细调查,汇编成《雷马屏峨纪略》一书,次年由四川省教育厅出版。考察结束后,徐益棠深入雷波小凉山地区,收集民族文物。在多次实地考察的基础上,他完成了《雷波小凉山之民》《到松潘去》等多种关于凉山彝族地区社会文化研究的论著。他学术视野开阔,论著覆盖历史学、民族学和边疆研究,既注重历史研究和理论研究,也非常关注实地研究和实物搜集,同时非常注重教学。他专门编写了《民族学大纲》作为讲义或教材,讲义成型于抗战时期,可以视为边政理论研究的重大收获。

徐益棠经历多种学科训练而最终选择了民族学,出于其对社会国家建设亟须之认识,将边疆民族研究作为其最主要的学术定位。其学术路向在很大程度上代表了民国时期边疆学者的学术选择。但在抗战形势已经趋于明朗后,徐益棠已敏锐意识到,边疆工作之重要性将不再如抗战时期那般强调。1945年6月26日,徐益棠即向金陵大学校长陈裕光和中国文化研究所所长李小缘提出,拟集中精力于文科研究所史学部之研究工作,"其他行政职务及社会系课程一律取消"。李小缘也表示赞同,并向陈裕光建言,徐益棠历年对社会学系开设有课程,且未中断,而近来对史学部所授之中国历史地理,讲义已集十来

---

[1] 柯象峰:《西康纪行》,《边政公论》,1941年第177页第1卷第3、4期。

册,若专心撰写成专书,将贡献良多。[1] 此后,徐益棠的学术开始转向,渐由民族学转向历史学。

1952年,院系调整后,金陵大学和中央大学合并为南京大学,徐益棠调任南京大学历史系教授。[2] 1952年12月27日,徐益棠在南京逝世,享年56岁。[3]

二、徐益棠的边疆学术贡献

徐益棠的整个学术生涯几乎是在金陵大学渡过,但是他于中国边疆民族研究的贡献,并不局限于金陵大学一校。他自身的学术成就及其担任的学术组织工作,都足以表明他在当时中国边疆民族学界的重要地位与影响。具体而言,主要体现在以下几个方面。

(一)积极引入西方边疆民族研究的相关学科知识和理论方法

徐益棠自幼即受家学熏染,对中国传统学术深有体认,在小学和中学即被师生夸赞具有文学的天赋。[4] 及至青年,留学法国,徐益棠得以汲取西学知识。东西文化碰撞,使其在从事边疆民族研究时,多具世界眼光和比较视野,往往将中国民族学置于世界民族学林之中,注重中外学术会通,寻找中国民族学的发展路径。

徐益棠对西方人类学/民族学成果的引介,可谓旁征博引,并非如杨堃对法国社会学派之介绍,吴文藻对功能学派之推广,系专门译介某一派别的成果和理论并身体力行,具有较为明显的派系选择。在谈及新疆的民族问题时,徐益棠认为这是"一个很麻烦而很有趣的问题",以往不管是中国学者,或者曾经旅行于中亚的欧洲人,皆不能厘清西北的民族分类。徐益棠介绍了英国负有盛名的三位民族学家柴

---

[1]《徐益棠致陈裕光、李小缘信函》(1945, 6.26),中国第二历史档案馆藏,金大档,649/133.
[2] 王觉非:《逝者如斯》,中国青年出版社,2001年版,第277页。
[3] 徐益棠著,徐畅整理:《民族学大纲》,辽宁人民出版社,2014年版,"序言"。
[4] 徐益棠:《农村师范学校国文教学的经验》,《中华教育界》,1926年第16卷第2期,第1页。

泼利加（M. A. Czaplick）、濮克斯登（L. H. Dudley Buxton）及海腾（A. C. Haddon）对此问题的研究，并评说各自之贡献与不足。[1] 此外，徐益棠在论及康藏一妻多夫制时指出，西人洛克希尔（Rockh W. W）以为，康藏之一妻多夫盛行于农区而非牧区，实因康藏耕地少，经济滞后所造就。另一西方学者贝尔（Charles Bell）也谓经济的因子铸就康藏之一妻多夫，国人皆引以为然。徐益棠指出，洛克希尔与贝尔之言属因果倒置，康藏经济之不良实为一妻多夫制之结果而非原因，经济不良之原因在于喇嘛教的盛行。[2] 这对当时国人边疆研究往往借重西人陈说而言是及时的纠偏。

徐益棠还注重搜集西文边疆民族资料，指导学生阅读与翻译西方人类学/民族学成果。徐益棠利用教育部拨付经费购置了不少边疆民族资料，其中就有西文中国边疆史地图书 91 种计 270 册，其中特别重要有 Baddley：Russia, Mongolia, China 2V（巴德利：《俄国·蒙古·中国》第二卷），Stein：ancient kholen 2V（斯坦因：《古代和田》第二卷）、Notes and Queries on China and Japan 3V（《中日释疑》第三卷）。[3] 1941 年底，金陵大学社会学系增开边疆研究课程。1943 年，社会学系学生谢韬选修了徐益棠的民族学一课，受徐影响，谢拟译出博厄斯（Boas）《民族学》中"宗教"一章，计三四万字。徐益棠不时询问进展，并再三鼓励。[4] 此外，一份极有可能是徐益棠所列的《民族学译著目录》共收入 219 种中西方有关民族学著译，共分 14 个类别，包括民族学理论、普通民族学、民族学史 18 种；民族学方法论及实地考察技术 7 种；民族的体质研究及体质与环境研究 17 种；社会文化演进史 10 种；民族文化 36 种；中国民族学及民

---

[1] 徐益棠：《民族学上的新疆民族问题》，《新中华》，1935 年第 3 卷第 9 期，第 29 页。

[2] 徐益棠：《康藏一妻多夫制之又一解释》，《边政公论》，1941 年第 1 卷第 2 期，第 22—23 页。

[3] 《金陵大学文学院自二十三年度起至现在工作述要》，中国第二历史档案馆藏，金大档，649/1626。

[4] 谢韬：《1943：一盆红红的火——谢韬日记选编》，中国社会科学出版社，2011 年版，第 39、101 页。

学方法论 7 种；中国民族体质及体质与环境的研究 11 种；中国语言研究 12 种；中国古人类及民族来源 15 种；中国历史民族研究 42 种；中国社会文化演进史 22 种；中国民族文化之功能研究 13 种；边疆民族与国防 5 种；中国民族志 4 种。[1] 其中译作有 51 种，占总数近四分之一，主要来自美、英、法、德、俄、日等国学者的代表性成果，且各主流学派，如进化论派、传播学派、美国历史学派、法国社会学年刊派、英国功能主义学派皆在其中。此书可做民族学入门进阶，若学生循此目录阅读，可以夯实基础，拓宽视野。

（二）注重培养边疆民族领域的人才

徐益棠 1934 年秋向教育部申请设立边疆史地讲座，就是针对那时"对于全国边疆问题作整个之研究，对于全国边疆服务人才作整个之训练者尚无人注意及之"，试图倡导学生"赴边疆作学术调查，鼓励研究边疆之兴趣"，以"提倡服务边疆之风气"。[2] 徐益棠以边疆史地讲座为基础，进而开设边疆问题概论、边疆问题专题研究、原始社会概论、西南边疆、社会地理等课程，主要有历史与社会两系学生选修，约七八十人。[3] 及至边疆社会组扩充，社会学系开设了一系列必修课程，二年级有民族学、中国人文地理、边疆地理基础，三年级有世界民族志（或体质人类学）、语言学概论、比较语言学、边疆语言，四年级有边区社会组织及行政问题、边区教育问题、边区调查、边区实习服务，另有多种选修课程，其中边区调查与实习服务为边疆社会组学生之根本工作，不及格者不得毕业。[4] 其边疆课程由选修转变为必修，由注重边疆历史地理而延及边区各个方面，清晰可见徐益棠培养边疆人才之苦心孤诣。

---

[1]《民族学译著目录》，中国第二历史档案馆藏，金大档，649/1652。
[2] 徐益棠：《金陵大学边疆研究事业之经过》，《边疆研究通讯》，1943 年第 2 卷第 2 期，第 1、2 页。
[3]《金陵大学文学院自二十三年度起至现在工作述要》，中国第二历史档案馆藏，金大档，649/1626。
[4]《私立金陵大学文学院社会学系边疆社会组扩充计划》，中国第二历史档案馆藏，教育部档，5/13172。

徐益棠还注重引领学生实地考察。1935年3月22日，徐益棠带领"中国民族通论"专业的同学赴中央研究院人类学组参观，由其老同学、人类学组主任吴定良招待，并由助理研究员芮逸夫讲解，参观了非、澳、北美民族及中国鄂温克、苗、彝、高山族之各种生活应用器具与艺术作品，"同学倍感兴趣，发文甚多"[1]。在成都办学期间，金陵大学"为谋华西坝各大学注意，边疆社会之同学认识西康文物起见"，拟举行西康文物摄影展览会三天。[2] 12月29日上午，展览会举行，"中西士女参观甚众"。此次展会共展出西康"番民"文物十二类，包括衣服、装饰、宗教、贸易运输、嗜好品、医药植物、食用、炊事用具、娱乐、文具、防护、金矿类。[3] 展览会陈列的各种西康文物材料，就是徐益棠等人赴川康考察时所搜集的。徐益棠早在考察广西徭民时，即有意识地搜集边区民物标本，并编列目录和说明卡片，藏诸玻璃橱柜，陈列于金陵大学图书馆走廊。刘国钧曾与徐益棠谈及，"拟以广西徭民之文化标本为基础，由此而渐扩充成一小型之边区民物博物馆"，及至抗战西迁，此项工作也一直延续进行，各种边区民物亦完好保存。[4] 迄今这些边疆民族文物仍保存在南京大学博物馆。

（三）积极办理边疆民族研究团体和期刊

1934年，徐益棠与何子星、黄文山、孙本文、商承祖、凌纯声等发起组织中国民族学会，并函请蔡元培、刘咸、欧阳翥、卢于道、吴文藻、杨堃、顾颉刚等加入，于12月16日在中央大学中山院举行成立大会，徐益棠担任学会理事。1941年秋，中国民族学会移至成都华西坝，通信处设在金陵大学，由徐益棠担任书记。在形势极为艰苦的情况下，中国民族学会在抗战时期成员数量增加很快，1942年

---

[1]《中国民族通论班参观记》，《金陵大学校刊》，1935年4月8日，第2版。
[2]《校闻二则》，《金陵大学校刊》，1938年12月26日，第2版。
[3]《西康番民文物展览》，《金陵大学校刊》，1939年1月9日，第2版。
[4] 徐益棠：《金陵大学边疆研究事业之经过》，《边疆研究通讯》，1943年第2卷第2期，第2页。

会员33人，1946年达到91人，民族学界及历史学界知名学者大多都在其中。徐益棠在其间的组织和凝聚作用不容忽视。徐益棠、柯象峰、刘铭恕等还参与了中国边疆学会（成都）的筹备工作。柯象峰、徐益棠还参加了中国边政学会筹备工作，担任学会理事，并作为该学会机关刊物《边政公论》的特约撰稿人。据笔者统计，徐益棠在该刊发表论文多达13篇，为该刊发文最多之作者。《边政公论》有一批学有专攻、相对稳定的作者队伍。这些人大部分具有丰厚学养，在学界或相关行业有一定影响。仅从这个数据来看，徐益棠在那时的中国民族学和边疆研究领域的活跃程度可见一斑。此外，徐氏还是中国地理学会会员、中国社会学社社员。

徐益棠非常注重刊物编辑工作。1936年，中国民族学会举行第二届年会，决定出版《民族学报》，徐益棠担任编辑。[1] 为了征集稿件，徐益棠积极奔走，各方函询。1937年4月12日，徐益棠去信刘咸，表示"学会《民族学报》待稿孔亟，务乞即日赐寄大著，不胜感幸"，6月再致信刘咸，表示"学报经费已有眉目，急待文字，大著早日赐寄，至盼至盼"。[2] 但因抗战爆发，会员四散，该计划搁置。1938年创刊于云南的《西南边疆》，自1941年第13期起，由昆明迁往成都发刊。[3] 据中国民族学会启事，"西南边疆月刊，为本会同志所经营，已有相当历史，敢请本会诸同志，公共努力，加以爱护，俾得发荣滋长，逐渐发展，成为本会永久之会刊"[4]。此后《西南边疆》实际上成了中国民族学会的会刊，由徐益棠负责编辑、联络，成员间"渐通声气"，"本会会员颇有主张重复旧规，继承前业者"。[5] 1941年，徐益棠编辑《边疆研究论丛》，由金陵大学中国文化研究所编印，仅出版三期，分别于1941、1944、1949年印行，共刊21篇学

---

[1] 徐益棠：《七年来之中国民族学会》，《西南边疆》，1942年第15期，第57页。
[2] 周桂发、杨家润、张剑编注：《中国科学社档案整理与研究 书信选编》，上海科学技术出版社，2015年版，第188、189页。
[3] 《本刊启事》，《西南边疆》，1941年第13期，第1页。
[4] 《中国民族学会启事》，《西南边疆》，1941年第13期，第1页。
[5] 徐益棠：《七年来之中国民族学会》，《西南边疆》，1942年第15期，第57页。

术论文。该校另有《边疆研究通讯》,由卫惠林编辑,旨在互通边疆民族领域之原始材料与学术消息。此外,徐益棠还积极参与金陵大学、齐鲁大学、华西大学合编《中国文化研究汇刊》的工作,亦以书评形式大力推介《民族学研究集刊》等边疆研究类刊物。

(四)努力推进中国边疆民族研究的本土化

徐益棠曾言:"我国边疆民族之研究,创始于外国之传教士、商人、领事、军事家、自然科学家,而尤以法国之天主教徒及英国之基督教徒为最有贡献。"[1] 中国边疆学术传统实际上源远流长,徐益棠此言是指用现代学科理论与方法来研究边疆的情况。徐益棠梳理了中国近代边疆民族研究的源流与走向,认为1931年之前夕为民族学萌芽阶段,国人之边疆研究以自然科学为主,多为纯粹的学术性著作,尚未注意边疆的实际问题;1931至1937年为民族的科学研究之开展阶段,政学两界注意培养边疆人才,专业性的边疆著作逐渐显现,开始注重边疆的民族研究;1937至1941年为民族学科学地位之确立阶段,边疆考察风起云涌,各科学者参与边疆研究领域;1941年之后为边疆建设与民族研究密切联系阶段,边疆建设纳入国家施政纲要,民族研究成为边疆建设之重要参考。民族学在中国"科学地位"之确立时间是否如此之晚,尚可讨论,但民族学在中国的发展,确与边疆问题及边政演进有着密切关联,当无疑义。正如徐益棠所言:"我国忝居人后,藉席丰履厚之余荫,复加以悠久之文化,广大之边疆,繁伙复杂之民族,研究机会之良适,为任何国家所不及,且处此重要时代,边民生活亟待改进,边疆富源亟待开发,而建设边疆政治,提高边疆文化,又刻不容缓,凡此种种,均须应用民族学之知识与方法以解决之。"[2]

徐益棠注意到学术共同体对于民族学学科本土化的促进作用,

---

[1] 徐益棠:《十年来中国边疆民族研究之回顾与前瞻》,《边政公论》,1942年第1卷第5—6期,第61页。

[2] 徐益棠:《十年来中国边疆民族研究之回顾与前瞻》,《边政公论》,1942年第1卷第5—6期,第61页。

法、美、英等国的民族学会均有百年历史,尤以法国最早,中国民族学会却仅有7年历程,"此七龄之幼童,诞生于国难严重之际,自哺乳以至提携抱负,确已煞费苦心,而社会迄未加以注意","今者有志之士,竟注意于边疆建设,民族研究亦渐为学术界所重视,同人呼号奔走,惨淡经营,至今日始稍获精神上之慰藉"[1]。他根据民族学之学理及中国边疆民族之实际,撰成授课讲义《民族学大纲》,举凡民族学定义与意义、民族概念与分类、边疆问题产生之原因与解决途径、开发与建设边疆之原则与方法,皆有详细阐释。而其所征引之材料,大部分为国人实地调查而得。该书虽名为"大纲",但在民族学本土化建设方面仍具有重要学术价值。

三、徐益棠的学术地位与影响

徐益棠作为20世纪三四十年代中国边疆民族研究的重要参与者,在民族学、人类学的贡献与成就,在当时即有重要影响。1941年,徐益棠获得教育部部聘教授资格,也是对其民族学研究成果与水平的高度认可。1942年,卫惠林评价他:"对中国民族学上的成长,颇著劳绩。"[2] 黄文山认为,徐益棠与凌纯声、杨成志、何联奎、林惠祥等,在民族志方面乃"卓然有所成就者"[3]。孙本文在《当代中国社会学》一书中指出,徐益棠与卫惠林、凌纯声、芮逸夫、何联奎诸氏"对于文化实际研究,均有相当贡献,惟彼等似偏重民族学的研究,为国内有数的民族学者"[4]。反观当今学界,他却犹如"执拗的低音",鲜有踪迹。从根本上讲,此乃学科史书写中的形象遮蔽效应所致。学科史书写常见形象叠加与形象遮蔽的现象,很多历史上具有重要影响的人物及其思想,可能会被后世的书写者有意或无意的忽略,

---

[1] 徐益棠:《七年来之中国民族学会》,《西南边疆》,1942年第15期,第55页。
[2] 卫惠林:《边疆研究论丛(民国卅年)》,《边疆研究通讯》,1942年第1卷第2期,第10页。
[3] 黄文山:《民族学与中国民族研究》,《民族学研究集刊》,第1期,第21页。
[4] 孙本文:《当代中国社会学》,《民国丛书》第1编第15卷,上海书店出版社,1989年版,第250页。

反之亦有可能被放大或拔高。不少在民国民族学界曾经影响很大的学者，在现今的学术史论著中，大多寂静无声，默默无闻。随便列举一下，这个名单就可以拉得很长：凌纯声、柯象峰、徐益棠、芮逸夫、卫惠林、吴泽霖、梁瓯第、江应樑、李有义、吴定良、岑家梧、胡耐安、胡鉴民、张少微、蒋旨昂，等等。他们中的大多数，至今仍消隐在那些泛黄发脆的纸页中。费孝通与林耀华是个例外，"文化大革命"结束后，他们才60余岁，身体尚好，在学术上正处盛年，再因处于首都，名校云集，专业、学科建设及学位授权点很快恢复常态，指导大批学生，很快枝繁叶茂，其学术成就及其思想广泛传播，也就理所当然。而徐益棠1952年即殁，仅活至56岁。其学术生涯过早结束，民族学、社会学等学科长达30年的血脉中断，使他逐步为后学所淡忘。

或因为此，既有的民族学、人类学的学派论述中，一般也未提及徐益棠。民国时期，中国人类学界即有"北吴南杨"说：北方以燕京大学吴文藻为首，主张运用功能学派理论，南方以中山大学杨成志为代表，强调历史学派理论。[1] 1972年李亦园指出："我国人类学可分为两个派别：一个是以北方的燕京大学社会学系为代表，一个是以南方的中央研究院为代表。"[2] 随后唐美君、黄应贵、黄淑娉、黄树民、宋蜀华、杨圣敏、张有隽等，基本都赞同南北派的划分。[3] 2007年，李绍明提出，南北派之外，还存在华西学派，该派以华西

---

[1] 容观夐：《中山大学人类学教学和研究述略》，《广西民族学院学报》，2001年第5期，第27页。

[2] 李亦园：《廿年来我国人类学的发展与展望》，李亦园：《人类学与现代社会》，水牛出版社，1984年版，第289页。

[3] 唐美君：《人类学在中国》，《人类与文化》，1976年第6期，第9页；黄应贵：《光复后台湾地区人类学研究的发展》，《民族学研究所集刊》，1983年第55期，第109页；黄淑娉、龚佩华：《文化人类学理论方法研究》，广东高等教育出版社，1996年版，第424页；黄树民：《人类学与民族学百年学术发展》，台湾政治大学主编：《中华民国发展史·学术发展》（上册），联经出版公司，2011年版，第181页；宋蜀华：《中国民族学理论探索与实践》，中央民族大学出版社，1999年版，第43页；杨圣敏：《中国民族学的百年回顾与新时代的总结》，《西北民族研究》，2009年第2期，第20页；张有隽：《张有隽人类学民族学文集》（上），民族出版社，2011年版，第119-120页。

大学为主，兼及抗战时期内迁华西坝的燕京、齐鲁、金陵等6所大专院校和四川大学，葛维汉、李安宅、徐益棠等应是其中的主要人物。[1] 龙平平从民族学理论源流和研究目的分类，将20世纪上半期的民族学学派分为三派：一是主张借用民族学方法重建中华民族文化历史，主要有蔡元培、凌纯声、芮逸夫、卫惠林、林惠祥等；二是综采欧美民族学各派之专长，创建中国民族学，代表人物有黄文山、孙本文、李济、岑家梧、陶云逵、徐益棠、何联奎、古道济等；三是以国外某一学派观点和方法为借鉴，探索民族学中国化道路，代表人物有吴文藻、费孝通、林耀华等。[2] 王建民也不赞成南北派的划分，主张以民族学理论和方法为依据。他认为吴文藻、李安宅、费孝通、林耀华等属于功能学派，"强调民族学的应用特质"，"将民族学和社会学结合起来进行研究"；黄文山、孙本文、陈序经等属于文化学派，"重视对学科体系的构筑，主要从理论上进行规划"；凌纯声、陶云逵、卫惠林、芮逸夫、马长寿、林惠祥、杨成志、杨堃、徐益棠等属于历史学派，"强调运用民族学的各种理论和方法解释中国的材料，解决中华民族文化历史的难题……对法国民族学派收集资料的方法有较多的利用，吸纳了美国文化历史学派的研究框架和步骤"[3]。

南北两分，或许为学科书写者提供了便利，但无法反映民国时期中国民族学的学术风貌。认同南北两派之说者，一般都不会提到徐益棠。龙、王之说，更能体现民国民族学诸家并存之状况，但二人划分不尽一致，徐益棠之学派似在游移之中。徐益棠长期在金陵大学工作，作为中国民族学会发起人及抗战时期的负责人，其学术成就及地位不容置疑，但其与后来"南杨北吴"及其子弟关联不多，则是事实。吴文藻弟子有林耀华、费孝通、瞿同祖、李有义、陈永龄等，杨

---

[1] 李绍明：《略论中国人类学的华西学派》，《广西民族研究》，2007年第3期，第45—49页。

[2] 龙平平：《旧中国民族学的理论流派》，和龚、张山主编：《中国民族历史与文化》，中央民族学院出版社，1988年版，第192—206页。

[3] 王建民：《中国民族学史》（上卷），云南教育出版社，1997年版，第146—156页。

成志弟子有江应樑、王兴瑞、梁钊韬、戴裔煊、容观夐等，李方桂弟子有邢公畹、马学良等；方国瑜弟子有尤中、木芹、何耀华、林超民等；马长寿弟子有王宗维、周伟洲等；冯汉骥弟子有张勋燎、童恩正、李绍明等。与他们相比，徐益棠并无门生"绕膝"。其学问承袭者少，其思想传播者寡，在后来的学术书写中相对边缘也在情理之中。但基于重返"历史现场"的立场，他不应缺位于我们的学术史书写中。

1949年以前中国边疆地区的重要考古发现与文物研究

◎ 何沁冰

2020年底，习近平总书记在《建设中国特色中国风格中国气派的考古学 更好认识源远流长博大精深的中华文明》一文中指出："我国是世界四大文明古国之一，中华民族有着悠久的历史和灿烂的文化，为人类文明进步作出了巨大贡献。纵观历史，中华文明具有独特文化基因和自身发展历程，植根于中华大地，同世界其他文明相互交流，与时代共进步，有着旺盛生命力。"[1] 在通过考古发现实证我国百万年的人类史、一万年的文化史、五千多年的文明史，以及具有中国特色中国风格中国气派的文物中国史书写中，除了需要大量发现于中原大地的重要考古遗址和出土文物，也离不开发现于在今天中国内陆边境和东部沿海地区出土的考古成果。这些考古发现和出土文物，既是各民族交流交往交融的实物佐证，也是中华文明与世界其他文明通达往来的人类文化遗产。要更好地"展示和构建中华民族历史、中华文明瑰宝"[2]，构建中华民族多元一体的历史演进脉络，铸牢中华

---

〔1〕 习近平：《建设中国特色中国风格中国气派的考古学 更好认识源远流长博大精深的中华文明》，《求是》，2020年第23期，第4页。

〔2〕 习近平：《建设中国特色中国风格中国气派的考古学 更好认识源远流长博大精深的中华文明》，《求是》，2020年第23期，第4页。

民族共同体意识，离不开百年中国考古发现和学术研究，离不开边疆地区考古发现和边疆考古学文化区系特征的整体建构。

一、"边疆"与"边疆考古"

"边疆考古（Frontier Archaeology）"是当今中国考古学热门且重要的分支学科之一，其中具有代表性的事件是2021年中国考古学会边疆考古专业委员会在内蒙古呼和浩特正式成立，这标志着边疆考古学术研究已成为当今中国考古研究的重要组成部分。在世界考古学研究中，Frontier Archaeology可译为"边疆考古""边境考古""边地考古"，在探究国族边疆考古发现与区域文化特征时被广泛运用。

自新石器时代开始，在这片广袤的中华大地上，受不同地域不同自然环境的影响，形成了不同的考古学区域文化。我国著名考古学家苏秉琦先生在对考古学文化分区和文化区系理论基础上，将中华文明的起源比喻为满天星斗式。[1]在不同的考古学区域文化脉络演变发展和国家民族概念逐步形成的过程中，早期"边疆""边域""边境""边地"概念逐步产生，与之伴随的，则是"中心"与"边缘"、"中央"与"边陲"等边疆地域划分和民族认同、地域认同观念的产生。因此，中国边疆考古的研究范围不仅包括当今国际行政区划周围的边疆地区，也包括作为统一多民族国家在五千年文明历史乃至更长的时间里不断变化的"边疆"地带。

二、现代中国考古学的诞生与发展

作为一门科学的现代考古学是在19世纪末20世纪初随着西方列强用坚船大炮叩开中国大门而逐步传入的。在"千年未有之大变局"时代下，面临初传中国时内忧外患的国内环境和疑古辨伪的学术思潮，现代考古学不同于中国传统史学的学科属性和基于科学考古发掘以及实物实证主义的研究方法，与从信古走入疑古的国内史学风潮不

---

[1] 苏秉琦：《中国文明起源新探》，生活·读书·新知三联书店，2019年版，第89页。

谋而合，逐步在国内史学界和思想界掀起时代的巨浪。[1]

正如俞伟超先生在《考古学是什么》一书中所指出的那样："寻找一种新的认识人类社会基本原理的需要，是世界各国产生考古学的基本原因。我国的考古学发生于本世纪二十年代，而这也正是类似于欧洲十九世纪中叶那样，人们正在到处冲破传统的旧的世界观。"[2] 正是在这种纷繁复杂的国际环境和激荡冲突的时代思潮之下，考古学与中国史学交叉融合，逐步走上一条从信古、疑古，继而考古，最终承担起重构中国古代历史、探源中华文明、重建中华文化自信的时代使命的道路。[3]

从1921年仰韶文化考古发掘伊始，中国考古学已逾百年。1918年，来自瑞典的学者安特生在河南省渑池县仰韶村调查时发现了许多石器和动物遗存，并于1921年开始考古发掘，标志着中国考古学的正式诞生。而后在1926年，被誉为"中国考古学之父"的李济主持了山西夏县西阴村遗址的发掘工作。1928年，中央研究院历史语言研究所考古组成立不久，由董作宾、李济、梁思永等第一代中国考古学家开始主持并断续进行了长达十数年的河南安阳殷墟遗址考古发掘工作。尽管张光直曾经做过如下假设："假如这个第一个大规模的由国家执行的持续发掘，是对一个史前的遗址，那么一个主要以社会科学为取向的考古学的独立分支，就可能在中国诞生。"[4] 无论如何，

---

[1] 顾颉刚在《古史辨》第一册《自序》中写道："我知道要建设真实的古史，只有从实物上着手的一条路是大路，我的现在的研究仅仅在破坏伪古史的系统上面致力罢了。我很愿意向这一方面做些工作，使得破坏之后得有新建设，同时也可以用了建设的材料做破坏的工具。"顾颉刚：《古史辨》，上海古籍出版社，1982年版，第一册《自序》第50页。

[2] 俞伟超：《考古学是什么——俞伟超考古学理论文选》，中国社会科学出版社，1996年版，第150页。

[3] 近代中国学术思想史的"疑古辨伪"思潮同样是为了重建古史，在这样的时代大背景下，建立在现代科学考古发掘和实物实证史料基础上的考古学在中国逐步传播并被诸多近代学人所接纳。正如余英时先生评价顾颉刚先生的"疑古辨伪"学术思想一样："其实顾先生除了辨伪之外还有求真的一面，而且辨伪正是为了求真。"余英时：《文史传统与文化重建》，生活·读书·新知三联书店，2004年版，第413页。

[4] 张光直著，陈星灿译：《考古学和中国历史学》，《考古与文物》，1995年第3期，第8页。

不可否认的是，正是这一次影响深远、几占中华人民共和国成立以前中国考古学半壁江山的安阳殷墟考古发掘，奠定了作为科学的现代中国考古学在灰坑、房址、地层、墓葬辨识方法等方面的基础，并培养了一大批具有中国考古理论和发掘知识的本土人才。

三、1949年以前的中国边疆考古调查与研究

无可否认，在1949年以前的中国考古学界，安阳殷墟考古发掘持续时间最久，出土文物最多，影响也最为深广。但是除了在中原地区安阳殷墟的考古发掘之外，当时依然存在对边疆民族地区的考古调查、发掘及文物研究。在安阳殷墟遗址发掘的考古"主流"之外，我们也不可忽视边疆民族地区考古调查与发掘的"支流"。

我国长达5万余公里的边境线和边境地带丰富的民族历史文化遗产一直以来都吸引着大批的西方学者，尽管他们来自不同的国家地区，受不同基金资助，披挂传教、外交、探险等不尽相同的各种身份外衣。

回顾我国早期西北地区的考古文物发现和研究历史，有一位不得不提的重要人物，就是Aurel Stein，直译为奥莱尔·斯坦因。陈星灿在回顾我国近代简牍文书发现与早期研究的时候指出："西方学者在我国西北地区发现的简牍，多被运至国外，并被西方学者研究。"[1] 这些"西方学者"之中就有英国探险家斯坦因和法国学者沙碗[2]、伯希和等。英国驻华公使窦纳乐爵士（克劳德·麦克唐纳爵士，Claude Macdonald）于1899年代表斯坦因，在北京向清政府总理各国事务衙门申请中国护照。总理衙门接到窦纳乐的照会后随即为斯坦因发放了中国护照。此后在长达三十年的时间里，斯坦因数次进入中国新疆、甘肃等地的尼雅遗址、楼兰遗址等，并通过低价购买、盗掘、切割等多种非正常手段带走了大批敦煌文书和壁画。随后沙

---

[1] 陈星灿：《中国古代金石学及其向近代考古学的过渡》，《河南师范大学学报》，1992年第3期，第40页。

[2] 又译作沙畹。

碗、伯希和听闻斯坦因发现敦煌文书的消息,又从藏经洞中带走大量敦煌文书写本精粹。

新疆是近代西方学者在中国进行考古探险和文物掠夺最多且最重要的地区。大批西方学者在新疆地区进行的考古探险和文物发现信息流散开之后,不仅在国际学术界掀起轩然大波,让国际考古学界重新审视丰富灿烂的多元中华文明,同时也激起了大批近代知识分子和历史学家、考古学家、政治家的爱国主义情怀,他们纷纷开始抵制和谴责对中国文物的盗掘掠夺行径,也促使近代中国历史学者开始从传统文献史学、金石学的研究框架中逐步突破,将考古文物与传统史学研究相结合,其中的代表人物是王国维和罗振玉二位先生。"1913年法国学者沙碗对斯坦因1906—1908年第二次探险所发掘的简牍进行研究,出版了《斯坦因中亚所获中国古简与古文书》,以出土地点分为三编,共收集简牍及文书991件。罗振玉和王国维选择了其中588片又作详考,次年出版了《流沙坠简》,这是中国学者第一次对近代发掘资料进行整理和研究,著作者虽没有参加发掘,但其受到近代考古学思想的影响是没有疑问的。"[1]

除以斯坦因为代表的西方学者长驻中国从事边疆考古和文物调查研究,还有发现楼兰古城和丹丹乌里克遗址的瑞典籍学者斯文·赫定(Sven Hedin, 1865—1952),揭示小河墓地与居延汉简的瑞典考古学家沃尔克·贝格曼(Warlock Bergman, 1902—1946),以及法国学者沙碗等均在19世纪末20世纪初年多次进入敦煌、罗布泊等地。

提到楼兰古城,世人首先想到的是瑞典籍学者斯文·赫定。受导师李希霍芬的影响,斯文·赫定在20世纪初期曾两次进入中国西部新疆地区进行考古探险和文物调查,但是第一次探险历程却因为不熟悉沙漠地势地貌而以失败告终,第二次在新疆塔克拉玛干沙漠猎人奥尔德克的帮助下发现了举世震惊的楼兰古城。不仅如此,最早发现小河墓地的也是这位成长生活在新疆塔克拉玛干大沙漠中的当地居民。

---

[1] 陈星灿:《中国古代金石学及其向近代考古学的过渡》,《河南师范大学学报》,1992年第3期,第40页。

在瑞典学者斯文·赫定离开楼兰古城之后，奥尔德克偶然间在月亮河旁发现了竖立着高大胡杨木的大片墓葬，并将之介绍给1934年进入新疆的另一位瑞典考古学家沃尔克·贝格曼。如果说斯文·赫定只是一位探险家和调查者，沃尔克·贝格曼则有着考古学的专业学科背景，沃尔克·贝格曼将这片在月亮河边沉睡数千年的古代墓葬群命名为小河墓地，并在此发掘了12座墓葬，出土近200件遗物，撰写成相关论文以西文形式在西方国家出版发行。从此，小河墓地走入世人视野，震惊世界。[1] 此后小河墓地再次从世人的视角中消失，直到21世纪初中国考古学家才再次发掘。

值得一提的是，沃尔克·贝格曼在1927年至1935年的近十年时间里，数次往返中国甘肃、新疆等地，与中国考古学家黄文弼一起发现了举世瞩目的居延汉简。

另一位代表人物是法国著名地质学家、考古学家保罗·埃米尔·黎桑（Paul Emile Licent，1876—1952），他有一个更为国人所熟知的名字——桑志华。来到中国后，为了收集和探究中国中西部旧石器时代早期文明，桑志华在中国旅居25年之久，曾联合巴黎自然历史博物馆德日进组成"法国古生物考察团"，其足迹遍布中国北部和西部边疆，收集了大量的考古学、体质人类学、动物学、植物学、地质学的文物标本，其创办的北疆博物院，即今天天津自然博物馆的前身。[2] 1928年，布勒、步日耶、桑志华、德日进合著的《中国的旧石器时代》一书出版，书中对甘肃、宁夏和内蒙古的水洞沟、萨拉乌苏旧石器时代遗存进行了综合比较研究，是中国考古学史上第一次对

---

[1] 杨雅洁：《小河墓地与新疆青铜时代考古的发端》，《大众考古》，2020年第1期，第23页。

[2] "（桑志华在中国）长达25年（1914—1938）之久的田野考察和考古调查。在中国期间，他对北京、河北、山西、陕西、宁夏、甘肃、内蒙、外蒙、黑龙江、辽宁、山东和西藏等地进行了考察，遍及黄河、渭河、桑干河、白河、滦河和辽河等流域。依靠耶稣会的大力支持，他的足迹遍及北方各省，总行程超过4.5万公里，采集的地质学、矿物学、岩石学、古生物学、地史学、植物学、动物学、人种学和考古学等研究标本多达20万件，这些标本中的绝大部分最终被保存在他一手创建的北疆博物院。"周静、李文：《桑志华：中国旧石器时代考古的揭幕人》，《大众考古》，2022年第5期，第20页。

北部边疆和西部边疆地区旧石器时代遗存进行整理收录的综合性著作，也是关于中国旧石器时代考古学第一本学术专著。[1]

在1949年以前，关于边疆考古文物的研究还有很多。例如广州地区1916年对东山庙龟岗大墓的考古发掘，以及以黄花考古学院为中心的一批早期考古学人杨成志、蔡守、朱庭祜等对东山猫儿岗汉墓、西村大刀山墓葬的考古发掘，构成田野考古对南越文化的早期探索。[2] 由于对龟岗大墓进行科学考古发掘和出土文物研究时经验不足，学者们只能根据墓中出土带"甫"字刻木进行分析判断："其字画方整，间有参差，不作俯仰姿势，纯为西汉隶法。其五七九字尚沿篆体甫字，且有沿篆体作草头者。该冢虽铭志无存而有此木匠记号遗字者，知其时必未有楷书，又必在由篆变隶之始，已足表示其为汉初南越古迹。铭志盛于东汉，有此伟大古冢而无铭志，亦其西汉以前遗迹之一证。"[3] 从而判断这是一座西汉时期的古代墓葬，并根据墓葬规格判断是一座较高等级墓葬。然"甫"虽能断定年代，却初不解其意"初未能解甫为何义，后询悉此种刻字木为冢堂铺地木条，乃知甫为铺之古字"[4]。此后，在王国维、罗振玉等先生的推广下，广州龟岗大墓考古发现逐步走入时人视野，后仰赖王国维先生根据墓葬前室所见"上下四旁，用坚厚香楠密布，木外护以木炭"的木椁构筑方式正是汉代文献中提到的黄肠题凑。从这里也可以看出，早期近代考古学在初传中国的历史进程中，是与金石学紧密相连的，正如安阳殷墟遗址也是从最初的以发掘甲骨为目的而逐步拓展开的。

早在19世纪晚期，伴随着西方列强坚船利炮叩开中国国门，大量海外势力以传教、调查、科研、外交、探险等各种名义在华西边疆

---

[1] 布勒、步日耶、桑志华、德日进：《中国的旧石器时代》，李英华、邢路达译，科学出版社，2013年版。

[2] 徐坚：《作为南越国考古学起点的龟岗和猫儿岗：发现与方法》，《历史人类学刊》，2011年第9卷第1期，第1页。

[3] 彭仲辉、侯丽蓉：《民初谭镳关于发掘南越古冢的报告》，《岭南文史》，1996年第3期，第34页。

[4] 彭仲辉、侯丽蓉：《民初谭镳关于发掘南越古冢的报告》，《岭南文史》，1996年第3期，第34页。

地区开展考古发掘、文物收集和民族研究。例如英国学者贝德禄（E. Colborne Baber，1843—1890）、美国学者陶然士（T. Torrance，1871—1959）和葛维汉（David Crockett Graham，1882—1961）、法国学者色迦兰（或译为谢阁兰，Victor Segalen，1878—1919）、日本学者鸟居龙藏（1870—1953）等对华西边疆的调查研究和考古发掘。

另一项中华人民共和国成立以前引起学界广泛关注的考古发现是在位于四川盆地成都平原边缘地带的广汉鸭子河边发现的三星堆遗址。三星堆的考古发掘经历了一个漫长的过程。首次发现是在1929年，居住在广汉南兴镇月亮湾的农民燕道诚和其子燕青在进行农田活动时偶然发现了一坑玉石器，消息传开之后，英国传教士董宜笃（Vyvyan Henry Donnithorne）偕同好友戴谦和（Daniel Sheets Dye）（时任职于华西协合大学的美籍考古学家）闻风而至。在敏锐判断出这批玉石器的独特价值后，董宜笃开始以一己之力大量收购。1931年，董宜笃将买到的一部分玉石器交给时任华西协合大学博物馆馆长的美籍考古学家、人类学家葛维汉（David Crockett Graham）进行鉴定，葛维汉看到以后非常震惊，就派他的中国助手林名钧到现场勘察，得知这些都是在地下挖掘出土的文物，葛维汉开始谋划进行一次专业的考古发掘，并在此基础上整理出第一篇有关三星堆遗址及古蜀文化的考古发掘报告《汉州发掘简报》，刊于《华西边疆研究学会会志》第6卷，为中华人民共和国成立以后三星堆遗址的数次发掘奠定了良好的基础。

崖墓，当地民众口头称呼为"蛮子洞"或"獠洞"。其中"獠洞"的称呼曾出现在四川宋代文人苏轼的文集中："新居在军城南，极湫隘，粗有竹树，烟雨蒙晦，真蜒坞獠洞也。"[1] 在明代以后的地方志、古籍、诗词中也常常将此称呼为"蛮子洞""蛮洞"或者"獠洞"，例如《乐山县志》嘉庆十七年刻本记载："獠洞，凿岩为洞，山谷间往往有之，阔数丈，深至数十丈者，传是晋宋间獠人所凿

---

[1] 苏轼：《苏轼文集》卷55，中华书局，1986年版，第1628页。

也。"[1]曾供职翰林院的明代诗人王恭在《经甘蔗州赠朱山人》一诗中写道："北风吹长林，林下白日晓。黄茅獠洞少人行，万碛千峰绝飞鸟。腊尽山中霜正繁，长裾短策扣君门。棕榈巷里人烟僻，蔗叶篱中鸡犬喧。君家结搆连云起，楼上青山下溪水。"

早期在中国西南四川、重庆、云南、贵州一带进行崖墓考察的主要是外国学者，其中贝德禄最先以西文形式刊发崖墓的调查报告，随后色迦兰、鸟居龙藏、陶然士等人也先后进入四川地区，对川西崖墓进行考古调查和研究，并指出此种崖墓葬制乃是汉代中国极具特色的一种丧葬制度。时任华西协合大学博物馆馆长的美国学者葛维汉和陶然士对中国西南边疆民族地区独特的丧葬形制和文物收集研究贡献最大，葛维汉不仅主持了重庆崖墓的发掘，现今华西协合大学博物馆也就是今天的四川大学博物馆收藏的很多汉代崖墓遗物都来自二人的考古发掘和调查收集，陶然士更是对中国南方民族地区崖墓的分布区域做出了大致不误的判断，对井崖墓中发现的诸多非汉系文化因素和各民族文化交流进行了初步的分析。

与此同时，早期云南博物馆、广西省立博物馆、营造学社川康古迹调查团等在云南、广西、四川、贵州地区也进行了考古调查和文物研究，开始有意识地关注当地的不同于中原汉地的风土民情和独具地域特色的民族文物，对部分重要古代遗址展开调查和试掘。[2]以梁思成、刘敦桢为代表的营造学社会员在西迁宜宾李庄期间曾对川康古迹进行了大量考古调查、古建测绘和研究。梁思成先生在国外游学时曾言："日本学术界已经开始注意中国，如著名学者大村西崖、常盘大定、关野贞等都对中国建筑艺术有一定研究。我相信如果我们不整理自己的建筑史，那么早晚这块领地会被日本学术界占领。作为一个中国建筑师，我不能容忍这样的事情发生。"[3]这体现出梁思成深厚的爱国主义情怀和高度的历史责任感。其中发掘规模较大、发掘过程

---

[1]《乐山县志》卷二《古迹》，嘉庆十七年刻本。
[2]《广西省立博物馆近况及过去的工作》，《中国博物馆协会会报》，1936年第1卷第4期。
[3] 林洙：《梁思成、林徽因与我》，清华大学出版社，2004年版，第36页。

科学完备的要数营造学社川康古迹考察团对四川彭山汉代崖墓的考古发掘和科学测绘。[1] 这是1949年以前诸多国内外学者对崖墓调查研究最全面、最科学的一次崖墓资料收集研究，考古发掘由曾昭燏主持，并制作了相当完备和当时首屈一指的墓葬考古平面图、剖面图，遗憾的是受限于当时颠沛动荡的时局环境，很多手稿资料已经遗失。

不仅如此，葛维汉在川南山峦之间走访调研时，还关注到位于珙县等地的悬棺遗存，只是限于当时对中国西南民族地区葬制葬俗认识的局限性，葛维汉将之定名为"White Men's Graves"[2]，学术界直译为"白人坟"。直到1948年，从耶鲁大学学成归国的中央研究院芮逸夫教授才将其定名为悬棺葬[3]，语出顾野王："地仙之宅，半岩有悬棺数千。"[4]

四、继往开来的中国"边疆考古"

早期近代考古学在19世纪末20世纪初传入中国之时，近代西方学者对中国边疆古迹文物的考古发掘和调查收集，对中国自宋代开始鼎盛的传统金石学研究形成了强大的冲击，但是考古学并没有抛弃金石学，相反二者确是紧密相连、携手并进，正如安阳殷墟考古遗址最初发掘的时候也是从发掘甲骨为目的中逐步拓展而来。陈星灿在回忆中国近代史前考古学史时指出："随着西方近代考古学思想的传播以及自上世纪末到本世纪初外国学者在中国考古活动的开展，清朝自乾隆以来的在研究范围方面大大拓宽了的金石学又向前推进了一步，由金石学而古器物学而考古学，金石学最终汇入考古学中，成为近代科

---

[1] 南京博物院：《四川彭山汉代崖墓》，文物出版社，1991年版。

[2] Graham D C. Ancient White Men's Graves in Szechwan. *JWCBRS*，1932，(5)：75–78. Graham D C. The "White Men's Graves" in South Szechwan. *JWCBRS*，1935，(7)：84–89.

[3] 芮逸夫：《僚（獠）为仡佬（犵狫）试证》，《历史语言研究所集刊》第20本，1948年。

[4] [宋]李昉：《太平御览》第47卷"武夷山"条，中华书局，1960年版，第230页。

学考古学的一部分。"[1] 这个论断放在早期中国历史时期考古发掘和学术研究活动也是适用的。其中最具有代表性也最为后世国人所熟知的就是王国维先生提出的二重证据法，正是基于早期中国考古学出土地下材料作为新兴学术资料而提出的。[2] 随后一批批诞生在中国的考古学家们继往开来，将边疆考古文物资料与民族历史文化研究相结合，推动着具有中国特色中国风格中国气派考古学不断前进。[3]

20世纪80年代，著名考古学家童恩正发表在《文物与考古论集》上的考古论文《试论我国从东北至西南的边地半月形文化传播带》，首先提出了中国边疆考古研究中的"半月形文化传播带"，指出在中国从东北到西南存在一条绵延万里的"半月形文化带"，从新石器后期到青铜时代，受较为接近的自然环境影响，活跃在这个地区的各民族交流交往交融，留下若干共同的物质文化。其虑深远、其文示范，被认为是我国边疆考古学研究的开山之作也毫不夸张。

斗转星移、时移事易，前代考古学人的研究范式和学术成果也许会被更多更新更全面的考古文物资料所修正，但其研究方法、研究精神和对相关领域的开拓之功却是历史性的。

---

[1] 陈星灿：《中国古代金石学及其向近代考古学的过渡》，《河南师范大学学报》，1992年第3期，第37页。

[2] 王国维在《流沙坠简·后序》中说："余与罗叔言参事考释流沙坠简，属校于癸丑风杪，及甲寅正月，粗具梗概。二月以后，从事写定，始得读斯坦因博士纪行之书，乃知沙氏书中每简首所加符号，皆纪其出土之地，其次自西而来，自墩一墩二迄于墩三十四，大抵具斯氏图中，思欲加以考释中，写定已过半矣，乃为图一表一，列烽燧之次及其所出诸简，附于书后，并举其要如此。"

[3] 1949年以后的中国考古发掘与研究，其中有相当部分是在边疆地区进行，也出现了一大批进行边疆考古发掘、文物研究和民族交流交往交融的研究成果。例如著名的"五星出东方利中国"织锦护膊和"诛南羌"织锦残片，就是1995年出土于新疆民丰县尼雅遗址的一座夫妻合葬墓，被誉为20世纪最伟大的考古发现之一，是中原文化经丝绸之路与西域诸国政治文化交流的有力证据。黄锦前：《"五星出东方利中国"与汉代思想在西域的传播》，《中国社会科学报》，2022-09-28。王文毅：《"五星出东方利中国"织锦护膊图案再考》，《中国美术研究》，2021年第3期，第175页。

中国边疆研究学术共同体巡检述略

◎ 孙 勇 孙昭亮

当西方国家的科学研究进展到一定程度的时候，科学哲学家们对现代世界知识体系的形成，做了元科学理论发生过程的探究，指出了科学共同体（scientific community）的作用。有学者特地指出："无形学院在科学文献中有它的对应物，这就是科学论文作者互相引证网络中有紧密联系的结节的集簇。虽然这些集簇很少有明显的区分并且常常以复杂的方式交叠，然而它们是非常真实的集合，这些集合关系通常反映着他们的成员之间的社会互动。"[1] 由此引申的学术共同体（academic community）也符合这种镜像似的学术描述形态，亦即阐明学术的行动可以通过某个共同体放大到社会领域并成为公共知识；其中，借助于研究者们的"社会互动"而形成学派（门派）是理所当然的。而更进一步的研究者认为，这些学术研究的共同体无论由什么原因产生，都在研究科学的发展模式上成为一门学科的逻辑起点。从这个意义上讲，一种研究范式与这个学术共同体的出现有着逻辑上的

---

[1] [英] 约翰·齐曼：《元科学导论》，刘珺珺等译，湖南人民出版社，1988年版，第111页。

等价关系，也由此出现传承关系。[1] 换言之，正因为学术共同体的产生，导致了某个学科研究通过研究者们的共同努力使其产生范式且逐渐成形，并产生了对学科建构的影响力以及代际的学术思想传递。

其实，科学共同体或学术共同体现象，在中国也是存在的。林坚教授曾经对此发表过意见，并对"学术共同体"的内涵和形态进行了探究。[2] 仅就中国边疆研究而言，百十来年所出现的三次研究高潮[3]，都有"学术共同体"在其中起着推波助澜的作用，对中国边疆现象研究和边疆理论研究产生了深远的影响。笔者不揣简陋，对中国三次边疆研究高潮中所出现的学术共同体现象做一巡检。限于眼界及篇幅，挂一漏万的述略难以展说周全，不妥之处望方家指正。

一、近代中国边疆研究出现的学术共同体雏形

近代中国丧权辱国的历史大逆转，是中国边疆问题研究的起点，中国边疆问题研究在边疆的诸多问题的实际演变中展开。鸦片战争前后，一批爱国学者和官员致力于边疆史地研究，形成中国近代第一次研究边疆问题的高潮。

清代官学都有地理研究的偏好，早在康熙年间，陈元龙奉敕编纂《历代赋汇》时便专辟"地理类"，收录了自汉迄明的"地理"赋369篇。[4] 延自晚清，地理研究者不少人加入边疆研究之中，可粗分为世界（中国）史地和中国西北边疆史地两派，其代表人物是近代最初关注和研究海疆陆疆问题的林则徐、龚自珍、魏源等人，他们的边疆研究在当时眼界开阔，宏论通达于国内外。

---

[1] 1962年，美国科学哲学家托马斯·库恩（T. Kuhn）在《科学革命的结构》中对这一概念做了专门论述，指出："科学共同体是由一些学有专长的实际工作者所组成的。他们由所受教育和训练中的共同因素结合在一起，他们自认为也被人认为专门探索一些共同的目标，也包括培养自己的接班人。"

[2] 林坚：《学术共同体与学术规范》，全国高校学术规范与学风建设论坛，2009年1月，第52页。

[3] 厉声：《改革开放30年来中国边疆史地研究学科的繁荣与发展——兼述中国边疆史地研究的第三次研究高潮》，《中国边疆史地研究》，2008年第4期，第1页。

[4] 李军：《清代边疆舆地赋的征实性——以〈西藏等三边赋〉为例》，《辽东学院学报》，2013年第1期，第32页。

此三人可视为这个方面研究的核心人物。林则徐的代表作有《四洲志》《华事夷言》《滑达尔各国律例》[1]等，林则徐根据他对西方国家的了解和中国状况，主张学习西方先进技术，发展民族工商业，整备军事以抵御外侵。林则徐向国内介绍西方国家的情况，包括地理、历史和政治（含国际法）状况。

龚自珍有《上国史馆总裁提调总纂书》《西域置行省议》等书刊出，透露了其经学中的边疆结构与边疆战略的视野，在"万马齐喑"[2]的年代，提出了西北边疆与东南海疆在国家空间中的互动观点，不啻为19世纪上半叶至中叶中国地缘政治最为深刻的洞见者。龚自珍的中国边疆观中的西北包括北塞和西塞，即东三省、蒙古地区、新疆和西藏，东南则为沿海疆域，他深知西北边疆与东南海疆的互动结构。[3]因而龚自珍对边疆的研究，被有的学者认为是"天地东南西北"舆地学。[4]这个影响悠远，直至今天。

魏源的代表作为《圣武记》《海国图志》等，其中《海国图志》50卷，后经修订、增补，到1852年（咸丰二年）成为百卷本，囊括了世界地理、历史、政制、经济、宗教、历法、文化、物产等，对强国御侮、匡正时弊，振兴国脉之路进行积极的探索，提出"以夷攻夷""以夷款夷"和"师夷之长技以制夷"的观点。

与魏源的《海国图志》一同为中国较早介绍世界地理情况的还有《瀛寰志略》，此书是在19世纪中叶由徐继畬所编纂。同期前后还有萧令裕的《记英吉利》、叶钟进的《英吉利国夷情记略》、梁廷楠的《海国四说》等。那个时代还有张穆所著《蒙古游牧记》《俄罗斯补辑》《魏延昌地形志》等书。何秋涛著《北徼汇编》6卷，后复详订

---

[1] 陆玉芹：《林则徐与〈滑尔达各国律例〉》，《盐城师范大学学报》，2006年第3期，第11—15页。

[2] 语出龚自珍的古诗作品《己亥杂诗》，原诗为"九州生气恃风雷，万马齐喑究可哀。我劝天公重抖擞，不拘一格降人才"。

[3] 王鹏辉：《龚自珍和魏源的舆地学研究》，《历史研究》，2014年第3期，第79页。

[4] 王鹏辉：《龚自珍和魏源的舆地学研究》，《历史研究》，2014年第3期，第74页。

图说,汇集蒙古、新疆、东北及早期中俄关系史料,记述自汉、晋至道光时期的史况,增为80卷,清咸丰帝阅后赐名《朔方备乘》,学术价值很高。

当时的曹廷杰、邹代钧等人也以研究边疆地理见长。曹廷杰著有《东北边防辑要》《西伯利亚东偏纪要》和《东三省舆地图说》,为中国东北史地研究做出了很大贡献。邹代钧被称为中国清末地图学家,中国近代地图学的倡导者和奠基人之一,他为国家处理边疆问题设谋,后人多有称道。[1]

晚清时期,仅在舆地学(新地学)方面,就集结了包括各个民族成员的有名学者近80人,另外见诸文字记录的外国传教士也有23人。[2] 有的官员与文人介入相关研究很深很广,例如黄遵宪身为外交官员,搜集200多种资料,耗时多年撰写了《日本国志》,详论该国变革经过及其得失,借以提出作者的主张,是为政界人士做研究的范例。王韬游历东西洋,在国家现代性与文化传播上颇有见地,也密切关注中外关系与边疆问题,政议中屡见边疆评论。[3]

严复是中国近代思想史与学术史上划时代的人物,其大量的译作对国人的思想启蒙影响巨大,也是较早接触与传播马汉海权论者,并形成自己的海权思想供最高决策者参考。[4] 另一个著名思想家康有为,在"戊戌变法"时期认识到了海军的重要性,提出了一系列海防建设的措施。[5] 梁启超同康有为等人力主维新变法,梁氏在哲学、

---

〔1〕 周艳红:《邹代钧与中国地理学的发展》,《华南农业大学学报》,2002年第1期,第25页。

〔2〕 罗见今、王淼:《晚清舆地学者与新地学的兴起》,《哈尔滨工业大学学报》,2008年第2期,第19—20页。该文专门列表统计了晚清舆地学的学者,在表前有文字说明,"晚清舆地学者",指在晚清至少生活、工作十年左右且有成果的学者。文中所收集到的外国人均有名字和生卒年份。

〔3〕 马艺:《论王韬新闻言论的思想内容及特征》,《天津大学学报》,2003年第1期,第83页。

〔4〕 王荣国:《严复海权思想初探》,《厦门大学学报》,2004年第3期,第40—48页。

〔5〕 陈旭楠:《康有为海防建设思想研究——以戊戌政变前为中心》,《苏州教育学院学报》,2014年第1期,第67—69页。

文学、史学、经学、法学、伦理学、宗教学等领域均有大建树，以史学研究成绩最显著。当时受其影响的人遍及全国，学界附和者甚多，乃至孙中山等政要也从其主张中择善而用之。

梁氏首提"中华民族"概念，在边疆研究中把边疆、民族与近代国家的构建联系在一起研究。其在近代国家建构思考下研究中国的边疆问题，清楚地认识到不能使少数民族地区自外于中国。梁启超依据地理科学知识，洞察东南诸省与西北腹地的国家疆域空间结构，提出挽救中国危亡的民族国家建国方略。[1] 梁氏学说对边疆研究的高度在那个时代就达于国家建构的理论之中，这是中国学界很多从事边疆以及民族研究的学者一直达不到的境界，或者说梁启超提出了国内很多研究者和决策者一直未能思考到位的重要命题，对今人在此方面的深度研究也有着很大的启迪。[2]

由上以观，在近代中国边疆研究之中，确实产生或出现过"学术共同体"现象，如林则徐、魏源、龚自珍、曹廷杰、邹代钧等，包括梁启超、康有为、严复、黄遵宪、黄韬，他们以不同于那个时代庸碌学者的治学范式，将眼光置于国家命运的视域，全然不同于当时那些官宦利益共同体和学腐命运共同体的短视。

当时的边疆学术研究把不同职业的研究者联系在一起，突出地显示出了这些研究者所具有的共同信念、共同价值，乃至于遵守共同的学术规范，明显地区别于那个时代的一般社会学术群体。清末民初中国的边疆问题，由沿海影响到内陆，又由内陆影响到陆地边疆，整个国家陷于巨大危机之中。

在这种情况下，中国的仁人志士或者说清醒的官员及文人都认识到这是国家衰败落后所致，由此从改变国家政治、经济、军事等方面入手，以拯救整个民族。但可惜的是囿于自身被困都不能从实质上改

---

[1] 梁启超强调无论何种国体，必须考虑"今者建设伊始，当刻刻以蒙、回、藏、疆为念，务使不自屏于中国之外，而不然者，则对内成功奏凯之时，即对外一败涂地之时也"。参见梁启超《新中国建设》，《饮冰室合集》文集之二七。

[2] 王鹏辉：《边疆、民族与梁启超"新中国"的建构》，《人文杂志》，2014年11期，第73—81页。

变国家的命运，边疆问题也无法得以完全解决，而且危机越来越深重。本文所述略的那个时代各个阶段有识之士拯救国家的主张，应属于广义的边疆研究。

前些年有学者应用统计方法选其交集，遴选出影响较大的清代著名地理学家12人，即：顾炎武、顾祖禹、图理琛、齐召南、戴震、李兆洛、徐松、魏源、何秋涛、杨守敬、曹廷杰、邹代钧。[1] 即使是在今天，有12名学者的群体与著述，也足以支撑起一个主流学派的学术大厦。

需要指出的是，在中国近代第一次边疆研究高潮中所产生的"学术共同体"还是初级状态的，在共同性和学术范式的交集上不太紧密，也缺乏专门的刊物登载同类文章，有"君子同而不党"之风，可谓之学术共同体雏形。但这些人的学术观点很快成为公共知识，影响到了本国的各个阶层尤其是知识分子阶层，进而也影响到邻国的学界、军界、政界，例如魏源的《海国图志》对日本的影响远大于中国。[2]

对这些人的学说影响作进一步考察，可以很明显地看出思想的代际传递现象，即自20世纪到21世纪的中国边疆研究者都受到了他们的影响。有的学者认为，中国今天的边疆研究之源皆可溯于他们的著述[3]，沿用史地、舆地考证以及追踪外国成果等方式的后续研究者，至今遍布于中国学界。

二、在救亡图存背景下的中国边疆研究学术共同体

20世纪30、40年代，中国边疆危机达到了空前严峻的程度。在"救亡图存"的历史背景下，中国学界再次兴起了边疆问题研究热潮，

---

[1] 罗见今、王淼：《晚清舆地学者与新地学的兴起》，《哈尔滨工业大学学报》，2008年第2期，第20页。

[2] 李存朴：《魏源的〈海国图志〉与日本的〈海图国志〉时代》，《安徽史学》，2002年第2期，第34—35页。

[3] 四川大学社会发展与西部开发研究院2016年春季边疆学术研讨会前，王鹏辉等人特地指明了这一点。

在民国年间，出现了许多面向全国的边疆机构和刊物。[1]据有些研究者不大完全的统计，民国时期全国涉及边疆研究的刊物多达几十种[2]，从事边疆研究的人员多不胜数，产生的学者如满天星斗。其间，中国各大党派成员介入边疆研究之中的也不在少数。可见时局巨变的因素和国家兴衰的命题，是当时中国学界、政界乃至军界进行边疆研究的动力。

民国时期，学界对"边疆"的含义加深了领会和理解。20世纪30、40年代中国出现的边疆研究热，受"西学"的影响很大。1920年代以后，人类学/民族学、宗教学、社会学、地理学、植物学、地质学、气象学等"西学"在中国发展起来，为现代意义的边疆研究提供了学理和方法层面的支撑。

受"西学"影响，学界重视运用新知识研究边疆地区的政治、经济、自然、文化、民族、宗教以及社会结构等。同时，学界接受了西方"民族国家"的理论，主张构建多民族的统一的"民族国家"。但中国学界受当时外国学者（尤其是在华传教士学者）的影响[3]，确定以少数民族地区为边疆的观点以至于滥觞，即把少数民族居住地等同于边疆，无论是处于腹心地区还是边缘地带，都谓之以"边"。但大陆濒临的海疆不算边疆，鲜有学者将边疆研究的视域置于海疆。从

---

[1] 据林恩显的著述介绍，当时国民政府在内地办有中国边政学会（设有边政公论社）、中国边疆学会、中国边疆问题研究会、边事研究社、中国边疆文化促进会、中国边疆学术讨论研究会、中国边疆建设协会等机构，这些机构受政府补助。参见林恩显：《边政通论》（华泰图书文物公司，1989年），第17—18页、第252页。

[2] 房建昌：《简述民国年间有关中国边疆的机构与刊物》，《中国边疆史地研究》，1997年第2期，第93页。

[3] 例如澳大利亚人叶长青（J. H. Edgar）是中国内地会的外籍传教士，他在20世纪初来到华西地区活动，曾多次前往康定、理塘、巴塘等地考察，将这些地方视作中国的边疆。1922年3月，一群来自英、美等国的基督教传教士，在中国成都华西协合大学成立了华西边疆研究学会（West China Border ResearchSociety），史称"华西边疆学派"，对后来的国内学者影响很大。1930年代初学会开始吸纳中国学者加入，开启学会本土化进程。40年代中国学者成为学会学术研究及组织机构中的主力，展示了学会本土化发展趋势。著名学者李安宅、任乃强、谢国安、刘立千、于式玉、玉文华等人是"华西边疆学派"后期的代表人物。参见周蜀蓉：《基督教与华西边疆研究中的本土化进程——以华西边疆研究学会为例》，《四川大学学报》，2012年第4期，第54页。

国家发展形态看,其时学界基本确定了建立包括少数民族在内的民族国家是中国国家的发展前景,却还理不清各个民族居住地与边疆地区的关系。[1] 从这种情况看,当时学界在对中国的民族和国家的认识上还存在局限性。

20世纪30、40年代,中国边疆研究已不是单纯对边疆问题的研究,而是与民族、国家的前途命运结合在一起的探讨。尽管那个年代学界多数人对边疆的认识大多是从民族、宗教、文化角度进行的,但也有学者对此提出了质疑,并从政治意义上提出了"边疆"的定义,以对侧重于社会文化角度的研究予以纠偏,对于边疆研究有着现实意义。

吴文藻、柯象峰、徐益棠、李安宅、胡耐安、顾颉刚、陈寅恪等人都发文主张边疆研究的目的是经世致用。[2] 例如,陈寅恪指出:"西北史地以较为朴学之故,似不及今文经学流被之深广。惟默察当今大势,吾国将来必循汉唐之轨辙,倾其全力经营西北,则可以无疑。"[3] 吴文藻认为:"建设一个民族国家,是我们现阶段的理想,而如何促成民族国家的组织,此种伟大事业,一部分就有赖于边政学的贡献。"[4] 概略地看,这个时期的中国边疆研究,大体上也有学术共同体或产生了学术共同体现象。

李安宅身居华西高校致力于边疆研究,以其社会学的功底奠基,广泛涉猎和钻研人类学/民族学、文化学、宗教学、语言学等学科,

---

[1] 受朝贡体系传统观点的影响,当时的学者比较通行地将一些地方称之为"苗疆""回疆","藏边""川边""滇边",其视域被"主体民族文化之外的地区皆为边疆"的理论所限,难以与现代边疆理论接轨。时至今日,仍然有学者受此影响,在论文中使用这些词汇和观念。

[2] 例如,柯象峰认为:我国边疆之研究,已较英法俄日等国人士落后数十年,故吾人对于我国本身之边疆状况,其认识程度且不逮远甚。故希望"急起直追",并须在"时间上以及人力物力上着想,通力合作"。柯象峰:《中国边疆研究计划与方法之商榷》,《边政公论》,1941年第1期,第47页。

[3] 陈寅恪:《朱延丰突厥通考序》,《读书通讯》,1943年1月第58期,第64页。

[4] 吴文藻:《边政学发凡》,《边政公论》,1942年第1期。转引自汪洪亮:《中国边疆研究的近代转型:20世纪30—40年代边政学的兴起》,《四川师范大学学报》,2010年第5期,第140页。

尤以人类学的研究见长。由于他的声望和组织带动,"冯汉骥、蒋旨昂、任乃强、谢国安、刘立千、于式玉、玉文华等都投入了对康藏地区的实地田野考察"[1]。人类学是他们作研究的底蕴,并杂之以其他学科的知识和方法。这种由学术研究把不同专业的研究人员联系在一起,具有共同信念、共同价值,遵守共同规范的形式,形成了"华西边疆学派"学术共同体。该学派有学术刊物《华西边疆研究学会杂志》,经常召开学术会议,是那个时代"西学"影响下边疆研究本土化的典型事例。[2]这个学术共同体的后期重要成员任乃强、谢国安、刘立千等人在新中国解放西藏的过程中,撰写进军参考图文,出谋划策,业绩卓著。[3]

顾颉刚多方游历讲学,治学贯通各科,作为历史学家,他所做的边疆史地研究颇负盛名。顾颉刚与谭其骧发起成立的禹贡学会,聚集了钱穆、冯家升、唐兰、王庸、徐炳昶等知名学者和大量会员。"当时学会的主要工作任务有:撰写中国地理沿革史;绘制科学的中国历史地图集;编纂内容精详的历史地名词典;详备地整理历代地理志;辑录各种有关经济、移民等历史活动地理特性的资料,进行专题研究等等。"[4]禹贡学会是那个年代在历史地理领域中贡献巨大的学术团体,其成员们也呈现出"共同信念、共同价值,遵守共同规范"的形式,创办的学术刊物《禹贡》在学术界影响深远。学界将这个学术共同体称之为"禹贡学派",并认为这个学派的出现是中国传统舆地之学向现代历史地理学转变的重要标志之一。[5]

在近代,还有一个以张其昀为核心的历史地理学的"史地学派",

---

[1] 汪洪亮:《建设科学理论与寻求"活的人生"——李安宅的人生轨迹与学术历程》,《民族学刊》,2010年第1期,第158页。

[2] 周蜀蓉:《传教士与华西边疆研究——以华西边疆研究学会为例》,《宗教学研究》,2011年第1期,第132页。

[3] 祝启源:《和平解放西藏是西藏历史发展的必然归宿》,《民族研究》,1991年第3期,第42页。

[4] 陈其泰:《新历史考证学的学术路向及其宝贵启示》,《天津社会科学》,2014年第5期,第134页。

[5] 李久昌:《中国历史地理学由传统向近代转化的若干特点》,《陕西师范大学学报》,2005年第4期,第72页。

在理论创建与学术研究方面也有建树。其学会、刊物和大学的系科强调"史地合一""自然与人文并重"等。中国近现代的史地研究因他们当中的谭其骧、史念海、侯仁之等人,在中华人民共和国成立后共同努力,建立起现代学科意义上的中国历史地理学。

方国瑜专意扎根故乡做边疆研究,是民国时期西南边疆研究的翘楚、西南边疆史地研究的奠基人。[1] 其早年从事音韵学、文字学、汉语学、语言学研究,因痛感清季外交丧权辱国,愤而在报刊发表文章疾呼救国。后以滇缅南段未定界务中国委员随员身份,参加过界务交涉。从此转向西南史地研究,与向达、凌纯声、楚图南等人发起主办了《西南边疆》杂志,对西南地区的历史与现状进行研究。在方国瑜的引导下,同道者对中国西南历史文献的研究与整理、西南历史地理研究以及民族史研究乃至涉外等方面的研究,异军突起,贡献巨大。[2] 由此也可见西南边疆研究当时有着一个"相同或相近的价值取向、文化生活、内在精神和具有特殊专业技能的人,为了共同的价值理念或兴趣目标,并且遵循一定的行为规范而构成的群体"[3]。

吴文藻、杨成志远距神交堪为佳话,他们所倡导的边政学研究,打破了自清代后期以来出现的边疆研究的"传统学术"格局,即仅局限于边疆史地(舆地)的研究范围,转向研究边疆地区的实际状况,包括政治、经济、文化、民族、宗教、历史、社会、军事等很多方面。边政学综合了人类学和政治学为主体的多学科理论和方法。吴文藻对边政学作了界定:"边政学就是研究边疆政治的专门学问。"[4] 无独有偶,杨成志发表的《边政研究导论——十个应先认识的基本名词与意义》一文,对边政研究的内容及方法作了精到阐述。边政学理

---

[1] 百科学术—知网空间:方国瑜。http://wiki.cnki.com.cn/HotWord/1620754.htm。

[2] 林超民、秦树才:《方国瑜与中国西南对外关系史研究》,《中国边疆史地研究》,2008年第4期,第117页。

[3] 360百科:"学术共同体"。http://baike.so.com/doc/5243068-5476105.html。

[4] 吴文藻:《边政学发凡》,《边政公论》,1942年第1卷,第8页。转引自汪洪亮:《中国边疆研究的近代转型:20世纪30—40年代边政学的兴起》,《四川师范大学学报》,2010年第5期,第137页。

论提出后，受到国人和南京政府的普遍重视，关于边政工作人员的培训应注意的相关原理与事项，也成为当时研究边疆问题学者们关注的内容之一。梁钊韬认为在边政训练中，应将民族学与政治学结合起来作为边政人员的指示疆界，边政人员的业务演习是一种"应用民族学"的田野实习。[1]

此外，还有一些学者研究了边疆社会建设、边疆文化建设区站制度等内容，如吴泽霖、卫惠林等，他们拟定了边疆文化建设区站制度大纲与文化建设区站工作纲领。[2] 边政学的研究主体和载体后来也越发宽泛，包括职业化的学者群体、大学的学科和专业、专门研究机构、新式学会、图书馆、学术期刊、报纸等。例如，顾颉刚等学者和禹贡学会成员，以及《禹贡》学刊也与边政学的研究产生过交集。而民国政府对边政学的重视程度很高，在一些学校开设边政学，培养了一批批的学生。[3] 如果没有边政学的学术共同体，这是不可想象的。民国时期的边政学研究成为边疆研究的一个主流学派，所涉者皆为忧国忧民人士，无论是学者还是政府官员[4]都以边疆政务的建立为要，是以共同的目的为核心而形成的"学派"，其成员具有大致相同的目标、信念、观点和方法。这个学术共同体所开创的边疆政治研究的学风以及范式，影响至今。

不可忽略的是，当时中共领导下的地区也有边疆问题研究，有过系统的边疆民族问题调查，以利于开展陕、甘、宁、青、绥包括新疆、内蒙古各地的民族工作。开展边疆民族调研工作的倡议和推动者有李维汉、牙含章等。"1941年延安建立民族学院，培养民族干部并

---

[1] 梁钊韬：《边政业务演习的理论与实践》，《边政公论》，第三卷第12期，1945年，第11页。

[2] 卫惠林：《边疆文化建设区站制度拟议》，《边政公论》，第二卷第1、2合期，1943年，第10—14页。

[3] 段金生：《民国政府的边政内容与边政特点——以南京国民政府为中心》，《思想战线》，2011年第1期，第89页。

[4] 民国时期的两任蒙藏委员会委员长黄慕松、吴忠信皆对边政学有研究，并支持在高校开办边政学。见段金生：《30年来南京国民政府边政研究综述》，《中国边疆史地研究》，2010年第3期，第143页；汪洪亮：《过渡时代的边疆学术：民国时期边政学研究引论》，《四川师范大学学报》，2012年第2期，第154页。

进行边疆民族研究。先后出版《回回民族问题提纲》《回回民族问题》《蒙古民族问题提纲》等。进入新疆的中共干部掌握了《新疆日报》《反帝战线》等刊物，调查报道边疆时事，宣传抗日救国。"[1] 从宽泛的意义上讲，这也是"学术共同体"，所遵守的研究范式是中共当时的民族理论和政策。李维汉在延安时期对边疆民族的研究以及之后进一步的思考，奠定了中共民族区域自治理论和实践的思想基础，其意义巨大和深远，对中华人民共和国的民族区域自治实践产生了决定性的影响。[2]

三、第三次边疆研究高潮中的中国学术共同体大观

随着始于20世纪80年代的改革开放不断地推进，中国大陆学界[3]的边疆研究重新起步并不断扩大和深入，源流衍生，蔚为壮观。边疆史地研究、边疆民族研究、边疆社会研究、边疆文化研究、边疆战略研究、边疆安全研究、边疆经济研究、边疆发展研究、边疆地缘政治研究、边疆政策及制度供给研究乃至中外边疆学术对比研究等方面的学术著述迭出，刊物数量和发表的相关论文与日俱增。众多学者加之政界、军界研究人员的探讨，将中国大陆的边疆研究不断推向新阶段和新高度。

进入21世纪之后，边疆研究在中国大陆学界逐渐产生出建构边疆学学科的趋势。无论是内地或边疆的院校和研究机构，均有学者倡议构建边疆学。事实上，无论是否将"中国"冠名以论边疆学或提出何种范式才能称为"边疆学"，似乎无关紧要，边疆学作为一个对边疆现象研究的总称，已经被中国大陆学界普遍采用。[4]

笔者认为，边疆词汇和语境的产生以及逐步丰富起来的边疆研

---

[1] 韦清风:《近代中国边疆研究的第二次高潮与国防战略》,《中国边疆史地研究》,1996年第3期,第104页。

[2] 陈凤林:《李维汉民族思想与解决民族问题的中国特色道路》,《中共银川市委党校学报》,2013年第1期,第13页。

[3] 本文中的"中国大陆学界"限定词,意在不包括新中国成立之后的中国台湾地区学界和香港特区学界。

[4] 孙勇:《边疆学导论》绪论初稿,课题组内部传阅件。

究，是到了出现国家实体的时段才形成的理性和由理性衍生出来的概念、理念以及学说。在目前，中国大陆学界的"中国边疆学"如何建构的讨论还在进行之中，以至于"边疆学"成为一种将所有考察报告、史地研究、边疆学说分析、边疆社会文化调查、地理边疆治理、周边国家关系、边疆学建构探讨等论文和著述包罗起来的"隐学"。其中，近些年边疆研究学术共同体现象早已凸显，对于如何构建"中国边疆学"或"一般边疆学"的探讨，其实都与这些学术共同体的主张关联在一起。我们试析述略如下：

一是以边疆史地研究为载体构建"中国边疆学"的主张。边疆史地研究是在中国影响很广的一种学术方法，亦是一种广泛覆盖于大陆各个学校和研究机构的学术流派。如前已述，其可溯源到中国第一次和第二次边疆研究高潮，因源头远、领域广，且大师辈出，边疆史地研究的展翼之下云集了各个相关学科，又经大师们的多年孵化，似有可以进行交叉研究或跨学科研究的广阔空间，几位主流学者又较早倡议构筑"中国边疆学"[1]，并提出要进行跨学科研究[2]，在建构边疆学的学术呼声之中几占优势地位。

近十多年的代表人物有马大正、厉声、方铁、邢广程等人，他们的主张影响相当广泛，而从南到北各省市的学者浸淫于史地研究的为数众多，马大正、厉声、方铁等学者的研究范式已经为研究者们熟悉并多有运用，国内多种学刊尤其是《中国边疆史地研究》所发相关论文甚多，近年来尤其强调"中国边疆学"的构筑支撑在于史地研究[3]，可以说"边疆史地研究"的学术共同体事实上是存在的。中国社科院边疆研究所陆续出版的《中国边疆学》（邢广程主编）在国内颇有影响，虽仍然是边疆研究的资料汇集，与边疆学学科形式的专

---

[1] 马大正：《边疆研究者的历史责任：构筑中国边疆学》，《云南师范大学学报》，2008年第5期，第3页。

[2] 方铁：《试论中国边疆学的研究方法》，《云南师范大学学报》，2008年第5期，第16页。

[3] 马大正：《关于中国边疆学构筑的几个问题》，《东北史地》，2011年第6期，第4—5页。

著不同，可视为中国边疆研究的学术状态之总称。由于边疆史地研究源远流长，依托与历史和地理等学科的研究成果易于受到承认，马大正、方铁等学者的主张，拥趸者很多。但到目前，这个学术共同体的核心成员尚未出版一部冠名为"边疆学"的学科性质的专著。需要提及的是，边疆考古研究虽属于史地研究范围且成果丰硕，但这方面的专家学者一直对构筑边疆学不置可否，也未见倡议建构边疆考古学的，原因尚待探查。[1]

二是以民族学/人类学研究为载体的建构"中国边疆学"的实践。如前已述，在中国边疆研究的第二次高潮之中，由于西学渐进包括受来华外国学者的影响，很多中国学者接受了西方传入中国的文科知识体系，将能够阐释考察之中发现问题的学科活学活用，尤以民族学/人类学、文化学、社会学等亲缘学科为工具，取得了丰硕成果，"路径依赖"[2]已经产生；更由于新中国成立之后，党的民族理论和政策支持下，多位民族学功底甚厚的知名学者推出了一系列成果。早期的《民族学研究》《民族学通论》作者林耀华，是民国时期和新中国的知名学者，该类书多以边疆为视界，其影响广泛；后周伟洲、徐黎丽、张植荣等学者同为这一领域的建树者，周伟洲的《中国中世西北民族关系研究》《西北民族史研究》奠定了将民族学视为边疆学载体的主张。徐黎丽的《中国西北少数民族通史（当代卷）》，是将民族问题视为边疆问题的诠释之作。张植荣的《中国边疆与民族问题》其主题将民族问题置于边疆研究的大头，同时又关注海疆问题。[3]周伟

---

[1] 中国的考古研究其实是有学术共同体的，有较多的专门研究机构，也有专门的学术刊物，定期召开学术会议，近年来的考古成果对于阐释中国国家认同、中华民族认同做出了不可忽视的贡献。

[2] 路径依赖（Path Dependence），又译为路径依赖性，它的特定含义是指人类社会中的技术演进或制度变迁均有类似于物理学中的惯性，即一旦进入某一路径（无论是"好"还是"坏"）就可能对这种路径产生依赖。第一个使"路径依赖"理论声名远播的是道格拉斯·诺思（Douglass North），由于用"路径依赖"理论成功地阐释了经济制度的演进，道格拉斯·诺思于1993年获得诺贝尔经济学奖。

[3] 张植荣是近年来国内著书时把内陆边疆民族问题与海疆同时叙述的学者之一。

洲也主张"中国边疆学"要作跨学科研究[1],但其底蕴仍然是民族学的。

中国西北省区学者受早期舆地派研究的影响,将民族研究置于边疆研究之首位,这也是思维逻辑之使然。事实上,这也是一个具有学术共同体现象的群体,只是由于旗手不多而比较松散,在一定的范围内(例如陕西师范大学)存在着学术共同体的集簇。不可否认的是,国内大部分高校在讲授民族学时,几乎没有不与边疆问题相联系的,众多学者也将民族问题视作边疆问题的关键。由于这个原因,以民族学建构边疆学的建议在大陆学界有较多的附和者,这种情形在近些年国内的各种边疆论坛中十分常见,有着学术共同体的现象。[2]

三是边政学或边疆政治为载体构建学科体系的实际成果。如前已述,在中国第二次边疆研究高潮之中,边政学是边疆政治学的代称,边政学的首倡者为当时的著名学者,所议所说正合当时的国家之急需,响应者众多,有的学校开设边政学课程后为其后留下了学术火种。到第三次边疆研究高潮时,自然有学者或多或少受到启发,将其基本方法和范式贯入"中国边疆学"之中。

近年来,从政治学角度研究边疆现象(边疆问题)的论文逐渐增多,由于这个角度有亲缘学科的公共管理学、政治经济学、地缘政治学(政治地理学)以及政策学乃至国防学、边防学等做支撑,目前,学界在这个方面的探讨似较为成熟,《中国边政学新论》是2006年出版的专著,其内容对边政学的框架多有替换,但仍然推崇边政学的理念;而2012年出版的《中国边疆学概论》(郑汕著)可视为新时期边疆政治学即新边政学的集大成者,名曰"中国边疆学概论",实为边政学新解,从主线与框架都可以看出边政学的学术基因;而2005年

---

[1] 周伟洲:《世纪之交中国边疆史地研究的回顾与展望》,《中国边疆史地研究》,2001年第1期,第13—14页。

[2] 笔者近年来所参加国内边疆学论坛,多见专家学者探讨边疆民族的诸多问题,将民族问题视作边疆问题的关键,有的学者认为边疆问题的实质就是民族问题。

和 2015 年出版的两部《中国边疆政治学》[1]，更显示出以边政学即边疆政治学为载体的建议有着合理性与可行性的佐证。毋庸讳言，这个方面的学术共同体事实上也是存在的，只不过较为松散，其代表人物有吴楚克、周平、郑汕等。[2] 他们的影响面在边疆研究之中比较广泛，且以专著形式对这一研究的范式进行了诠释，立著为证，将建构边疆学的实践付诸现实行动。公允地说，这都还不是边疆学或"中国边疆学"层面的展示，只能视为边疆学分支子学科的研究成果，因为疏通了学科建构的管道，步入其中的研究者也不少。[3]

四是以边疆经济为视野的边疆学学科建构的实践与探讨。其实，在第一、二次的中国边疆研究高潮之中，对经济各个方面的研究络绎不绝，不过皆从属于当时研究者的偏好而未能独立出来。在第三次边疆研究高潮中，边疆经济研究领域群贤往至，倡议构建边疆经济学的学者陆续发文，以推进这个方面的研究。[4] 1986 年徐晓光发表了边疆经济学初探，分量比较重。与之同时，王慎之撰文提出建立边疆经济学，认为边疆经济学是限定含义的区域经济学，也是研究边疆区域生产方式运动规律的科学。1994 年牛德林发表了《边疆经济学的基本理论与实践意义》，是一篇比较重要的论文；此前，其编撰出版的《中国边疆经济发展概略》内容丰富，但仍是一部经济史学或类志书似的著作，主要以介绍和综述为主，距相对完整的学科著作还有较大差距。郑长德著有《中国少数民族地区的经济发展：实证分析与对策研究》一书，对边疆经济学的研究有自己独到的看法。

中国西部省区有些学校在为学生讲授经济学时，也编写过不少的边疆经济研究的教材，广泛地将国内外涉及边疆经济运行、边疆经济发展的具体问题，以及边疆经济史的若干档案，还有边疆地区政府的

---

[1] 吴楚克教授在 2005 年出版了《中国边疆政治学》，时隔 10 年，周平教授在 2015 年出版了《中国边疆政治学》。

[2] 这三人分布于北京和云南，郑汕是军界人士。

[3] 例如周平教授的《中国边疆政治学》一书各章节的撰写者数人，分布于不同的研究机构。

[4] 孙勇：《亟待建立的边疆经济学》，《中国图书评论》，2015 年第 12 期，第 11—13 页。

经济政策等都纳入其中，教材题目一般也冠上"边疆经济学"字样。

2009年，梁双陆出版了国内的第一部边疆经济学专著《边疆经济学：国际区域经济一体化与中国边疆经济发展》，有可能是中国大陆学界第一次将边疆经济学作为一门学科著书立说。

四川大学于2016年开设边疆学，公布了考研大纲。该校学者杨明洪是建构边疆经济学的实践者和推动者，有数篇论文已经发表。目前的"边疆经济学"可以说是一门在新创的学科探讨，从已有的基础看还很薄弱，尚未有现成的成熟著作尤其是教科书。公允地说，边疆经济学也还不是边疆学或"中国边疆学"层面的展示，只能视为边疆学分支子学科的研究成果。因而，这个角度所出现的学术共同体更为松散，有学术共同体的现象而尚未产生真正意义上的学术共同体。

五是以边疆战略研究为蕴含的边疆研究的学术实践和展示。从战略的角度开展边疆研究，是第三次边疆研究高潮中学界、政界等领域研究人员的一个新视域。可分为一般性的边疆发展战略和安全战略两大方面理论，以及对策性的基本理论和实践研究等。

从互联网检索所见，从事边疆战略的研究人员可谓众多，皆与"问题导向、国家急需、前瞻重大"的主客观需求有关，综观近几十年来边疆战略的研究成果，多数研究者横跨学界、政界等，个中底蕴可想而知。有学者认为："战略边疆指的是一国影响力所能实际控制的战略空间。"[1] 此与地理边疆的一般性定语极为相近。从这个角度衍生的边疆战略研究，多与政治学、国际关系政治学、地缘政治学（政治地理学）有着亲缘的学术基因，同时又包含了经济、社会、民族、宗教、地理、历史、文化、安全、军事、外交、法学以及地缘政治学的交叉与综合，切入边疆研究有着许多相关学科作支撑，最重要的是，此类研究都具有战略的眼界以及战略学的依据。[2]

---

[1] 陈迎春：《战略边疆与中国和平发展》，《太平洋学报》，2011年第5期，第43页。

[2] "战略"一词在三十来年的中国已经泛滥到各个领域和层级，以至于每个县乡或企业都在制订"战略"，然而真正的战略研究人员对战略的概念、内涵和延伸的实践，都有严格的把握。

在边疆战略或地缘政治战略研究上，近些年的领军人物或产生重大影响的人物有张文木、王仲春、乔良、徐光裕、时殷弘、王缉思、温铁军、何新、张瑞、石家铸、于逢春、肖自强、王鼎杰、张世平、李国强、刘从德、丁力、杨恕、朱听昌、李星、胡波、余潇枫等，从他们研究的领域看，几乎覆盖了以上所述的各个方面。

多年来，有关边疆发展战略、边疆安全战略乃至于边疆人财物政策等方面的战略研究著述层出不穷，所涉边疆战略的研究也在不断深入。张文木在边疆战略研究上可谓首屈一指，其涉及的方面，包括边疆地缘战略、战略地理分析、战略哲学思考、边疆历史的延伸等；王仲春对战略全局的内涵以及边疆战略的实践有着很深的研究，对边疆战略研究极有启迪；乔良、徐光裕等研究者将边疆含义进行了拓展，视野不局限于地理边疆、文化边疆等传统"边疆"理念上，将金融、网络、外太空等形式的"边疆"做了揭示；张瑞、石家铸、张世平、李国强、胡波等对海疆的研究，成为近些年边疆战略研究的亮点；时殷弘、朱听昌、丁力、王缉思、刘从德等在地缘政治和战略的角度上对中国周边形势做了深度分析；肖自强、王鼎杰等从全球化以及国家边疆划分的视野做了边疆战略的解读；于逢春、杨恕等作为高校专职学者，在边疆战略的研究上影响较大，（不能忽略的是学者于沛、孙宏年等人从国外边疆理论研究中提炼的边疆战略观点，提供了边疆研究的参照）；李星的边防学研究可称独树一帜；余潇枫等人的边疆安全学研究别开生面；温铁军、何新等人是横跨诸多学科的研究者，也对战略问题提出了自己的观点。包括笔者也认为大边疆战略是研究国家战略问题的一个出发点。[1] 限于篇幅，本文只能蜻蜓点水似的做一介绍。

从这个方面我们看到了一个新的学术共同体现象，即在战略视域中边疆研究的人数大幅增加，集簇现象也较多，即使是同一个领域也存在以学校或行业为圈子的学术共同体，以及可以划分出类型的研究

---

〔1〕孙勇主编《国家战略下的大边疆战略研究》一书已于2017年由四川大学出版社出版。

群体，其各家的学术研究家国情怀甚浓，有着共同的目标追求，也具有以战略学为底蕴的研究范式，视域和问题域都指向边疆研究或与边疆有关的战略研究。

六是新型综合研究在边疆学建构上的探索。近些年来，中国大陆学界所有的边疆研究流派，越是往前走越是能够感受到学科建构的问题。从近年来的一些边疆学论坛的内容看，关于如何建构边疆学（无论是"中国边疆学"或是一般边疆学）的命题，都有学者发表意见和建议。对此问题最为敏感的学者集中在中央民族大学、四川大学、云南大学以及西藏社科院，有的学者对已有的"定论"提出了质疑。

杨明洪、王春焕、袁剑、朱金春以及孙勇等人对此多有思考。首先，他们提出是否有国别边疆学？其次，缺乏边疆学的一般性研究能否将边疆研究引向深入？再次，他们对边疆学学科体系的依托提出异议，认为史地研究、民族研究都很难成为边疆学的载体。[1] 这些认识其实源于四川大学出版社2014年出版的《华西边疆评论》第一辑的有关论文，其中，笔者在对自己2008年中标的国家社科基金重大课题[2]之中已经产生的观点做了进一步的研究，同时也正在将一些同行引向对这个问题的深度思考。同时，张世明、袁剑等对边疆研究的一些著述，暗含了我们所提出的一些问题。[3]

从已有的研究来看，"边疆"由陆地边疆延伸到多维的"边疆"，已从平面的陆地边疆概念发展到立体的陆海空疆和外太空边疆，今天和未来则进一步从地理的边界边疆发展到各种具有边疆现象的领域，产生了学界广泛关注的"利益边疆""文化边疆""信息边疆"以及"战略边疆"等概念，这些"边疆"值得综合地进行研究。有关的认识和研究我们将在今后陆续推出，在此不做赘述。

---

[1] 孙勇、王春焕、朱金春：《边疆学学科构建的困境及其指向》，《云南师范大学学报》，2016年第2期，第16页。

[2] 孙勇：《维护西藏地区社会稳定对策研究》，西藏人民出版社，2015年版，第1—4页。

[3] 张世明：《空间、法律与学术话语：西方边疆理论经典文献》，黑龙江教育出版社，2014年版，第1—56页。

我们认为：学术共同体之所以能够产生，最重要的是几个研究者发现问题的专业基质，以及在发现问题之后将问题引向深入研究的能力。在某个学术共同体之中，仅有共同兴趣还不够，还要有在共同的目标追求之中能够为同行提供学科逻辑化的形式，以此作为一种内部的约定，为共同体在研究中提供学术逻辑的起点。从这个意义上讲，新型综合研究的学术共同体已经产生。尽管目前人数还很少，但有理由期待着它的成长和壮大。

余论

美国学者李克特（Maurice N. Richter, Jr.）指出，学术共同体活动中存在两种交换系统：第一种是内部的交换系统，即共同体成员的内部交流；第二种是共同体与外界之间的交换系统，只有学术共同体成员同时遵循这两类交流系统的规则，共同体内运行规范与其外在社会规范才能较好地统一。[1]

从中国三次边疆研究的高潮看，学术共同体都具有李克特指出的这种系统，实际中要产生学术权威与导师，也会产生不同学派以及学派中的门派，这必然要形成研究的集簇状态，也要依托于一个期刊为阵地发表成果——由此，学术共同体成员的行动才能对社会产生一定影响。与此同时，每个学术共同体所在的历史阶段、国度与社会乃至于所处的地域或研究单位（学校、机构），所有的政治、经济、社会、文化等因素都会对学术研究人员产生各种影响，有的影响有时会对某个学术共同体的兴衰产生决定性的作用。因此，边疆研究和边疆研究学术共同体皆是因时应运而生的。

我们认为，当中国共产党提出"哲学社会科学要推进学科体系、学术观点、科研方法创新，着力推出代表国家水准、具有世界影响、经得起实践和历史检验的优秀成果"等目标之后[2]，借助国家级的

---

〔1〕［美〕小摩里斯·N·李克特：《科学是一种文化过程》，顾昕，张小天译，生活·读书·新知三联书店，1989年版，第142—144页。

〔2〕新华网：中国共产党第十七届中央委员会第六次全体会议公报。http://news.xinhuanet.com/politics/2011-10/18/c_111105580.htm。

协同创新工程[1]等，边疆学的建构问题愈显重要，如果没有一两个乃至若干个学术共同体的作为，将是一个不可能靠几个专家学者独自努力就能够完成的任务。

托马斯·库恩（Thomas Samuel Kuhn）在《科学革命的结构》中提出了学术共同体的"范式"（paradigm）的理念，对科技学界和人文科学界都有着很大的影响，其"范式"的提出和影响，使得研究人员开始注意构建成体系的理论，以解决单个论点虽然有道理但在论战中比较脆弱的问题，同时希望建立各种类型的"科学共同体"，遵守相约的"范式"或一同创新转换旧的"范式"。[2] 在各个研究领域，许多学者对范式的运用大加引申，以至于从自然科学到人文科学都在使用"范式"概念，大到每一个科学发展阶段内在结构的模式研讨，小到每一个学科的基本规则的制定，都被纳入范式的范畴。[3] 中国大陆学界今天谈范式，有着多达近二十余种的解释，在此不一一述评。

我们赞同"范式的一个基本特征是整体性。离开整体性，范式便无法理解，也不能存在"的观点。[4] 为此，我们的倾向性意见是任何科学的研究都始于"问题意识"和"解决问题意识"，人类正是在发现问题、解决问题的过程中实现知识的增长，也将知识性的问题在深度研究之后生长为学识的。能够坚持这一原则的边疆研究，通过哲学思维的指导，确立系统分析的方法，将明晰的逻辑主线做出规定，不超越问题研究的边界，同时又能开放性地阐释边疆现象，又要遵循学术一般性的规范，遵守文本写作的基本方式，即是我们主张的边疆学研究范式。

---

[1] 协同创新工程即高等学校创新能力提升计划，也称"2011计划"，是继"985工程""211工程"之后，中华人民共和国国务院在高等教育系统启动的第三项国家工程。

[2] 郭丽莎、谈新敏：《作为范式的库恩的"范式理论"》，《安徽文学》（下半月），2011年第2期，第275页。

[3] 郑杭生、李霞：《关于库恩的范式——一种科学哲学与社会学交叉的视角》，《广东社会科学》，2004年第2期，第119-126页。

[4] 黄家裕、陈巍：《论范式不可通约性的根源》，《河南师范大学学报》，2011年第3期，第28页。

结语

在国内，无论现有的哪一种边疆研究学术共同体，在更大的视域上看，都可称之为中国大陆学界边疆研究学术共同体。学术共同体的功能主要如下：能形成持续的研究能力，对科研成果进行同行评议，为研究者提供更多的学术交流的机会，推进和实现学科的创新等。学术共同体的社会作用，是通过作出重大贡献的代表人物，以及研究工作的实际社会效果体现出来的。这对于中国的哲学社会科学的系统创新，产生一流的学科等具有十分重要的现实意义。如何培植边疆研究学术共同体，以促进建构边疆学，已成为中国大陆学界乃至决策层各方面都应关注和重视的一个命题。

下篇 政治与社会

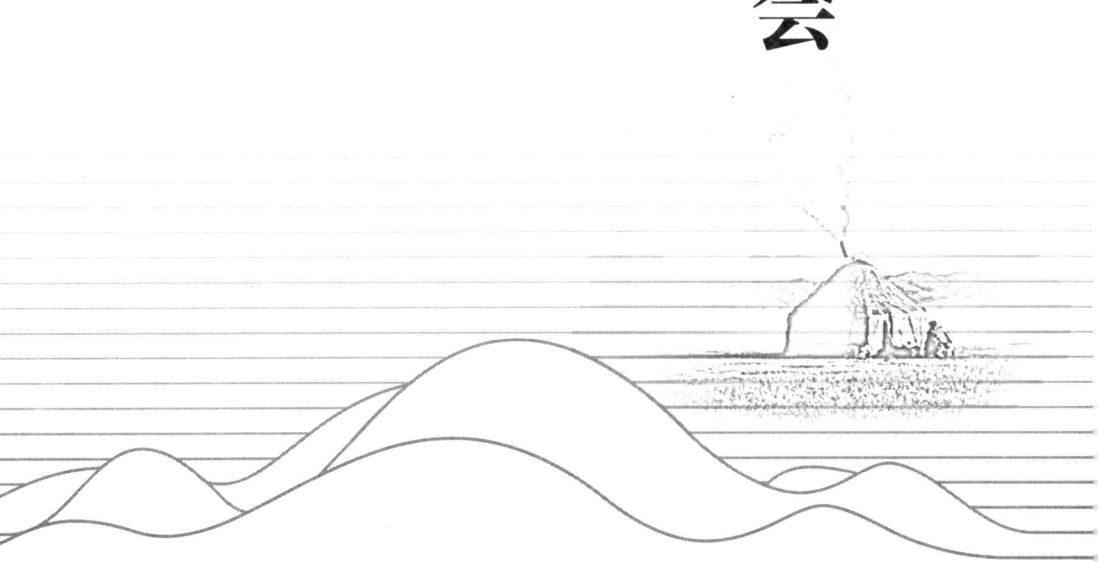

郡县初立:"邛都夷"社会发展与"南方丝绸之路"的关系

◎龚 伟

"西南夷"[1]社会发展最剧烈的时期当时在秦、汉时期[2],即秦、汉政权在这一地区逐渐设立郡县制度。这一时期的"西南夷"社会转型发展,可以看作是"西南夷"社会跨越式迈向国家化进程。学者认为在汉文化强劲影响下,"西南夷"自身文明演进进程被打断,成为中国文明重要的亚文明区之一。[3]这层关系昭示着"西南夷"虽作为相对独立的地理单元和文化区,其社会发展仍与中原王朝的国家进程息息相关。20世纪以来,在考古学、古史、文化人类学等领域对于中国早期国家起源及进程有过不同程度的讨论。[4]目前共识

---

[1] 关于"西南夷"本文主要是指《史记·西南夷列传》所言"西南夷",指的是不包含巴蜀在内的"西南夷"族群及其区域。按照学人的解释,"西南夷"一词概念在先秦至汉晋时期有几次变化,大致如秦灭巴蜀前的"西南夷"包含巴蜀,秦灭巴蜀后至西汉的"西南夷"指"巴蜀西南外蛮夷"。

[2] 秦汉时期,指战国秦国至汉王朝时期。

[3] 段渝:《西南酋邦与中国早期文明》,商务印书馆,2015年版,第7页。

[4] 早期国家的研究有三种取向:一派是从考古入手去寻找中国早期国家及文明起源,这一研究路径可追溯至中国现代考古学的兴起;一派是马克思主义史学角度,按照阶级斗争的方法去寻找中国国家产生的源起;还有一派产生于改革开放后,突破马克思主义史学理论,积极吸收文化人类学和考古学知识来探寻中国早期国家及文明情况。

如下：一，中国早期国家指夏、商、周三代时期[1]；二，早期国家进程是指古代社会向成熟国家迈进的历程。当一个地区较早进入到成熟国家时期，其拥有对这一地区的"合法化"权力，并利用这种权力对周边地区产生重要影响。也就是先进国家对后进文化人群发展的路向有改变作用。[2] "西南夷"是处在中国早期国家发展中的边缘地区，文化上粗显落后，不可避免地要受到邻近的古蜀及中原王朝的影响。这层关系，可借用谢维扬先生对中国国家进程多元化中少数民族（地区）的社会发展的阐述："迄至汉朝，中国境内的国家化进程主要还是以中原汉族王朝运用武力……使之纳入到中原国家的进程的范围。"[3]

"西南夷"地区的国家化进程指"西南夷"社会自身的国家化发展。关于这一层含义的研究，段渝先生《西南酋邦社会与中国早期文明》一书可谓有着精深的研究，对于"西南夷"文明自身发展道路做了详尽而又丰富的论述，落实到本文具体讨论的"邛都夷"，其自商代中期至战国前期已经步入简单酋邦社会。[4] 一般而言，"西南夷"独自国家化进程并没有最终完成，受到古蜀及秦、汉先进国家政权的强力干预，到秦灭蜀后"西南夷"渐被纳入中原国家化进程范围。这是本文重点探讨的部分，其年代早可追溯至古蜀早期国家时期，降至战国晚期，先进国家政权在整个"西南夷"地区开启了新一轮的国家化进程。至秦汉时期，国家政权在"西南夷"推行"大一统"的政策，其表现之一即设立边郡制度，将边缘地区纳入新国家政权的控制范围。

---

[1] "夏代"是否被纳入中国早期国家研究范畴，仍有学者持异议，如何兹全认为中国早期国家只可谈到盘庚迁殷时，参考何兹全：《中国的早期文明和国家起源》，《中国史研究》，1995年第2期，第4页。

[2] 关于中国早期国家研究中一些概念问题的理解及应用，谢维扬先生著文专门探讨过，参考谢维扬：《中国早期国家研究中一些概念意义的理解问题》，《中原文化研究》2013年第4期，第8页。

[3] 谢维扬：《中国早期国家》，浙江人民出版社，1995年版，第507—509页。

[4] 段渝：《西南酋邦与中国早期文明》，商务印书馆，2015年版，第199页。

一、"南方丝绸之路"交通体系及相关

先秦时期西南地区的交通体系主要指"南方丝绸之路","南方丝绸之路"是从古蜀经"西南夷"通往滇、缅、印诸地的古代商贸交通线路。按照《史记·西南夷列传》的记述,"南方丝绸之路"实际上有两条:一是"西夷道",从成都经雅安(临邛)、荥经(严道)、汉源、越西至西昌、云南。二是"南夷道",从成都南下乐山、宜宾(僰道)沿五尺道入滇(入滇后分两路,一路南下经红河入中南半岛,一路西向与西夷道相汇一道抵达缅、印);或沿五尺道经黔西北,南下黔中、由牂牁江入南越。

晚近学术界将"南方丝绸之路"的走向划分为东、中、西三条干线:东线就是文献所载的"南夷道"入南越一线(沿五尺道入牂牁江,可前往黔中、南越);中线就是文献所载"南夷道"入滇一线(沿五尺道入滇后,渡红河进入中南半岛);西线就是文献所载的"西夷道"入缅、印一线。[1]"南方丝绸之路"的年代最早可追溯至商代中晚期,如段渝先生已撰文系统地将三星堆文明中的青铜器物、海贝、象牙等文化集结与南亚、中亚文明梳理比较,指出在商代古蜀便与南亚和近东文明存在密切的交流。[2] 商代中期以降,"南方丝绸之路"便一直起着沟通西南地区不同族群间互相交流、贸易的作用。

自三星堆文化二期到秦灭巴蜀时,古蜀国历经鱼凫时期、杜宇时期、开明时期,这是古蜀的早期国家时期。古蜀早期国家与中原早期国家之间联系不断,古蜀国对"西南夷"地区的控制和管理也代有承袭。降至战国晚期、秦汉之际,古蜀王国被并入秦王朝,古蜀与"西南夷"被纳入新的大一统国家政权中。对"西南夷"而言,还要适应从古蜀王国管理区转变为大一统国家政权的边缘区。秦汉国家政权开始在"西南夷"推行国家化管理的边郡制度。这就使原本复杂的"西

---

〔1〕 段渝、刘弘:《论三星堆与南方丝绸之路青铜文化的关系》,《学术探索》,2011年第4期,第115页。

〔2〕 段渝:《论商代长江上游川西平原青铜文化与华北和世界文明的关系》,《东南文化》,1993年第2期,第1—20页。

南夷"关系愈加复杂,特别是面对新的国家政权管理,有的能够与国家政权很好的融合,有的在这一过程中表现出顽强的抵制策略。这也就是司马相如所说的"流风犹微"现象:

> 而夷狄殊俗之国,辽绝异党之地,舟舆不通,人迹罕至,政教未加,流风犹微。内之则犯义侵礼于边境,外之则邪行横作,放弑其上。[1]

这里的"辽绝异党之地,舟舆不通,人迹罕至"反映汉政权与"西南夷"的交通阻隔艰险一面,由此影响"西南夷"边郡的治理。

"邛都夷"在"西南夷"中的位置特殊,大致"邛都夷"处于蜀与"西夷""南夷"的过渡地带,"邛都夷"以西为"西夷"诸族,自"邛都夷"而南可通滇。由此可见,南方丝绸之路的交通体系中,"邛都夷"处于"西夷道"必经路段,且自"邛都夷"往东可通"僰道",从而形成"南方丝绸之路"重要的一条东西向支线。"邛都夷"是"西南夷"中较早加入边郡制体系,完成跳跃式迈入国家组织的地方。可知"邛都夷"在"西南夷"中具有特殊地位,以"邛都夷"为主体考察其迈入国家组织的进程及其特点,有助于深入理解同期"西南夷"转向郡县体系的历史过程。

二、"邛都夷"社会跨越发展中的交通要素

(一)"邛都夷"与"南方丝绸之路"的关系

"南方丝绸之路"是蜀郡通往域外的重要交通贸易路线,其"西夷道"就是从古蜀南下至邛都(西昌)继而至滇,也可西至筰、昆明。"邛都夷"是"南方丝绸之路"西线的重要枢纽,"邛都夷"对"南方丝绸之路"的开通和维持主要有如下三点突出贡献。

(1)"邛都夷"为"南方丝绸之路"开通与维持提供了必备的人

---

[1] [汉]司马迁:《史记》,中华书局,2014年版,第3697页。

力资源。有学者认为,"西南夷"既是"南方丝绸之路"最初的开辟者也是主要的受益者。[1] 根据大石墓考古反映的历史情况,可知早在战国时期,邛人就已经在安宁河河谷地区形成聚邑中心。而蜀郡通往"邛都夷"的"西夷道"(或称"旄牛道")的交通道路更已通达。如《华阳国志·蜀志》记载:

> 严道县……秦开邛来道,置邮传,属临邛。[2]

> 临邛县,本有邛民。秦始皇徙上郡民实之。[3]

由此可见,战国时期临邛、严道之间的交通状况已十分发达。秦灭蜀后,在"西南夷"施行"开邛来道,置邮传"。文献所言"开邛来道"应指从蜀郡越"邛来山"抵达"邛都夷""笮都"的交通路线。对此,《华阳国志·佚文》说:

> (严道县)道至险,有长岭、若栋、八渡之难,杨母阁之峻。……邛来山本名邛笮……山岩阻峻,回曲九折,乃至山上。[4]

对这则史料,任乃强先生据《水经注》增补:"道通邛笮,至险……"[5] 若任氏不误,则"邛笮"之间虽有天然的交通屏障,但两族群之间仍交流互动不断。以上史实说明早在秦灭巴蜀之前,"邛民"就早已形成一个适宜自身的交通网络。

(2)"邛都夷"有丰富的物产资源,为"南方丝绸之路"贸易作

---

[1] 霍巍:《"西南夷"与南方丝绸之路》,《中华文化论坛》,2008年第2期,第117页。
[2] 任乃强校注:《华阳国志校补图注》,上海古籍出版社,1987年版,第198页。
[3] 任乃强校注:《华阳国志校补图注》,上海古籍出版社,1987年版,第157页。
[4] 刘琳校注:《华阳国志校注》,巴蜀书社,1984年版,第965页。
[5] 任乃强校注:《华阳国志校补图注》,上海古籍出版社,1987年版,第199页。

出了积极的贡献。贸易交流是"南方丝绸之路"最重要的一个功能。就风格而言，安宁河河谷大石墓考古出土许多小件饰品（西郊 M1、轱辘桥 M1、阿荣 M3 等），与盐源盆地小件饰品（老龙头墓地 M6、M11）相似。两地墓葬中都出土绿松石珠、玛瑙珠，和滇文化区考古出土的琉璃珠、绿松石珠（江川李家山 M22、M24，晋宁石寨山 M7、M13 等）相似。对此，张增祺先生研究之后，认为这些东西很有可能是从古代西亚地区输入的。这就告诉我们，"邛都夷"在战国时期就和滇、域外有双向贸易关系。《史记·大宛列传》记载：

> （张）骞曰："臣在大夏时，见邛竹杖、蜀布。"……大夏国人曰："吾贾人往市之身毒。身毒在大夏东南可数千里……其人民乘象以战。其国临大水焉。"[1]

学界对"邛竹杖"尚有不同的观点。如李绍明先生认为，"邛竹杖"应是"邛人"所居地方产出的竹杖，不必拘泥于某一特定地区。张骞在大夏所见的"邛竹杖"不能确定其产地是今邛崃山（大相岭）或小凉山地区；[2] 任乃强先生认为，"邛竹杖"是由热带常绿棕榈科省藤所制。这种植物生长在我国海南岛及云南南部。自周秦之世，邛竹杖行销"西南夷"地区，又自邛国输入蜀巴，远达中原。古人以其似竹，来自邛，故称为"邛竹杖"。但邛、蜀其实并无此物，随商贾漫称之为邛竹杖而已。[3] 虽然二者观点不同，但对于"邛商"在输送贸易物品中的纽带作用的看法相近。不可否认，"邛竹杖"一定与"邛民"有关系，这种关系也可指实"邛民（商）"善于利用"南方丝绸之路"进行贸易活动，将"竹杖"一物远销内外。这同邛人大石墓中出土了来自西亚域外的绿松石珠、玛瑙珠等物现象也吻合。

（3）"邛都夷"对"南方丝绸之路"的维持、管理有重要贡献。

---

[1] [汉] 司马迁：《史记》，中华书局，2014年版，第3843页。
[2] 李绍明：《说邛与邛竹杖》，《四川文物》，2002年第1期，第24页。
[3] 任乃强校注：《华阳国志校补图注》，上海古籍出版社，1987年版，第327页。

《史记·西南夷列传》载：

> 秦时常頞略通五尺道，诸此国颇置吏焉。十余岁，秦灭。及汉兴，皆弃此国而开蜀故徼。[1]

秦灭后"（诸此国）皆弃此国"当指"西南夷"都不愿和汉国家政权交往，关闭了原来通蜀郡的关隘。由此推知，原来"西夷"族群在各自的交通路线上都设有关隘，以管理和维护交通贸易。如汉武帝元狩初年遣汉使者求通"身毒道"时，"西夷"族群的表现如下：

> 天子欣然，以骞言为然，乃令骞因蜀犍为发间使，四道并出：出駹，出冉，出徙，出邛、僰，皆各行一二千里。其北方闭氐、筰，南方闭嶲、昆明。[2]

这一次通"身毒道"的失败，实由氐、筰等族群把控这交通路线的重要关隘，不放行汉使者所致。

"邛都夷"域在设置越嶲郡前，对于域内的交通贸易也常设险隘关口。如《华阳国志》载：

> （严道县）道至险，有长岭、若栋、八渡之难，杨母阁之峻。……邛来。山本名邛筰……山岩阻峻，回曲九折，乃至山上。[3]

这里涉及的"长岭、若栋、八渡、杨母阁"就是蜀郡通往"邛都夷"的重要关隘，在秦灭巴蜀后之设越嶲郡前实由"邛都夷"掌控。

---

[1] 段渝先生认为："开蜀故徼"释读为"关蜀故徼"，繁体字"開"乃"關"笔误。参见段渝：《五尺道的开通及其相关问题》，《四川师范大学学报》，2013年第4期，第157页。
[2] ［汉］司马迁：《史记》，中华书局，2014年版，第3844页。
[3] 刘琳校注：《华阳国志校注》，巴蜀书社，1984年版，第965页。

（二）"邛都夷"迈入国家组织进程中的交通情况

战国至西汉前期是"邛都夷"迈入国家组织进程的重要时期，"邛都夷"在《史记·西南夷列传》中是一个"皆魋结，耕田，有邑聚"的族群，西汉武帝派军征伐南越时，并杀邛、筰君长。西汉前期"邛都夷"还有君长，反映其社会组织状态还是一个较原始的部落族群。从安宁河流域大石墓葬发掘材料来看，邛人的社会组织也远未达到国家（文明）水平。而战国至西汉前期这段时期内，"邛都夷"历经古蜀王国、秦、汉三个国家政权，直到西汉武帝元鼎六年在"邛都"设置越嶲郡，表明"邛都夷"在外界势力的干预下跳跃式迈入先进文化国家组织中。

古蜀杜宇、开明王朝时期，开明王三世保子帝对南夷有大规模的征伐，"保子帝攻青衣，雄张獠、僰"。杜宇王朝古蜀国疆域：以褒斜为前门，熊耳、灵关为后户，江、绵、潜、洛为池泽，峨眉为城郭，以汶山为畜牧，南中为园苑。其中"熊耳、灵关"就是西汉越嶲郡范围，也就是战国时期"邛都夷"的范围。而这些范围一般都认为是古蜀杜宇王朝时期的王国疆域，说明古蜀开明王朝对"邛都夷"的控制已经非常深入，也有学者通过"蜀曰邛"讨论古蜀与邛的关系，认为"邛都夷"可能就是原蜀国居民重要构成之一。[1]

秦灭蜀后，秦对"西南夷"地区的治理多有承袭古蜀的经验。但是秦不仅仅是因袭不改，在一定程度上还将秦国成熟的郡县制度适当向"西南夷"地区推行。如《史记·司马相如列传》："相如曰：'邛、筰、冉、駹者近蜀，道亦易通，秦时尝通为郡县。'"[2]《史记·西南夷列传》："秦时常頞略通五尺道，诸此国颇置吏焉。"[3]。秦对"西南夷"地区推行国家治理是很成功的，并没有使用大规模的武力征伐，并且很好地维持了国家政权和"西南夷"之间的关系。因为政策

---

[1] 石硕：《古蜀国的邛人及相关问题探讨》，《中华文化论坛》，2008年第4期，第90页。

[2] [汉]司马迁：《史记》，中华书局，2014年版，第3692页。

[3] [汉]司马迁：《史记》，中华书局，2014年版，第3627页。

的适宜，使得秦在"西南夷"推行国家化管理的郡县制度时几乎没遇到太大的阻力。

汉兴后，虽然继承了秦朝许多国家制度，但在郡县制度上反而走了一个迂回的郡国并行道路。加之国家政权一直注重关中地区，故对地处巴蜀之外"西南夷"地区情况相当陌生；甚至连秦时期在这一地区设置郡县都不太知晓，反而要询问生活在蜀地的司马相如等人。西汉武帝时期国家权力逐渐向四极扩充，实行大一统政策；加之西北匈奴之患和南方赵越之患，西汉对"西南夷"开始逐渐重视起来。这一时期，国家政权更多是以武力征伐来拓展控制势力范围，故而造成"西南夷"与西汉之间复杂而紧张的关系。西汉武帝数次征伐西南夷，大致是从起初尝试恢复秦设置之郡县，到初步设置"西南夷"边郡，再到最终建立西南七郡的初步规模。元鼎六年，在巴蜀外"邛都夷"设置了越嶲郡，标志着"邛都夷"正式被纳入西汉国家机制内。

越嶲郡建郡之前，"邛都夷"的交通贸易基本上由国家政权"浅层控制"[1]，"邛都夷"自身有一定掌控权；汉武帝设置越嶲郡之后，"邛都夷"才渐被国家政权完全掌控。在汉文化的强劲干预下，"邛都夷"的交通逐渐被纳入官方用道上。但是因地理阻隔或因文化隔阂，"邛都夷"的准官道交通很不稳定，对整个秦汉政权来说，这已是打通"西南夷"实质性的一步。这一时期"邛都夷"交通发达，四个方向都可以辐射"西南夷"地区。

（1）"邛都"往北通往蜀郡的交通路线，是"邛都夷"与蜀的交通要道。大致自临邛，经徙县（始阳）、严道（荥经）、杨母阁，翻越"邛来山"至阑县、台登达邛都（西昌）。这条线也是"南方丝绸之路"之"西夷道"的一部分，到达邛都后，继续往南。沿安宁河谷地带南下经会无县、三逢县，或自会无县至大莋，渡金沙江进入滇西北

---

[1] 谢维扬先生《中国早期国家》写道："浅层控制模式……在基本不改变当地土著固有的前国家制度的情况下，使这些地区在不同程度上处于中原王朝或国家的控制。"（浙江人民出版社，1995年版，498页），实际上在西汉"越嶲郡"建立之前，"邛都夷"与秦、汉国家政权的关系大致处于这种"浅层控制"关系，其间"邛都夷"的交通贸易自然也是受秦、汉国家政权的"浅层控制"。

地区。这条路线是"南方丝绸之路"干线"西夷道"的一部分，以"邛都"为中心连接蜀和滇。

（2）"邛都"往东的路线是一条水路、陆路相间的路线，也是"南方丝绸之路"的一条支线，这条支道连接"南方丝绸之路"东线干道"南夷道"。从"邛都"往东经安上（昭觉）、美姑、马湖县，自马湖走水路（金沙江）抵达"僰道"，"僰道"就是东线"五尺道"的重要枢纽。"邛都"往东这条路线也是秦、汉国家政权控制最稳固的要道。如汉末"西夷道闭绝"，这条路线便成了通往越嶲郡（"邛都夷"）的要道；三国时期诸葛亮南征南中就是走这条路线。

（3）"邛都"往西是"邛都夷"与"筰"之间的重要交通要道。西向支线大致自邛都向西渡雅砻江至定筰（盐源），这条道路也是重要的一条盐道。或邛都南下至会无向西渡雅砻江至大莋（攀枝花一带），进入"筰"范围。会无县古代有丰富的铜矿资源，是筰（大莋）势力范围，汉武帝设置越嶲郡后，将会无县从"筰"范围纳入新的越嶲郡（邛）范围。会无县的隶属变化，反映了国家政权在"邛都夷"推进国家化过程中，改变了"西南夷"族群间关系。

（4）西向北支线也是"邛、筰"之间的要道，西向北支线这条路线至迟在汉代就已经形成，在汉代称为"牦牛道"。"牦牛道"指从古蜀（成都）经临邛（雅安）、严道（荥经）、越邛筰山到筰都，自筰都往南经阑县、零关道，抵达邛都。或"到汉源后，过飞越岭、化林坪至沈村，渡大渡河，经磨西，至木雅草原（今康定市新都桥、塔公一带，当时是牦牛王部中心）"[1]。在唐代自今汉源往西入藏的这条古道也是川茶入藏的干道"黎州路"。牦牛王部落与筰都有着密切的联系，自木雅草原可南达定筰（盐源）。这条古道连接着古蜀、邛（临邛、邛都）和筰（筰都、定筰）。在古蜀王国时期，这条古道沿线重要据点"临邛""严道"都是受蜀国控制的，在这一地区发现大量战国至汉代的古蜀青铜兵器和巴蜀印章，可以印证古蜀国对这一地区的

---

[1] 任新建：《"茶马古道"与松潘》，四川省社科院民族宗教研究所、松潘县政府编：《松潘历史文化研究文集》，四川人民出版社，2014年版，第185页。

国家化管理加速了少数民族地区的国家化进程。

总之,"邛都夷"迈入国家组织的进程,是以"邛都"设置越巂郡为标志。设郡前的邛交通线路及功能代有承袭,如新国家政权会利用"邛都夷"自身及古蜀国家治理的经验,对"西夷道"沿线的维持和治理相当用心,并取得了不错的效果。如司马相如在"西夷"设置一都尉十余县,为而后的越巂郡设置做好铺垫。设置越巂郡后,新国家政权可以利用"西夷道"对沿线的丰富资源进行攫取,并改变了相应族群关系。如汉政权将"会无县"从"筰"势力范围划入越巂郡,对"会无县"的铜矿资源及"定筰"的盐资源都设法占有。

三、"临邛"对"邛都夷"社会发展进程的影响

"临邛"历来因其重要的地理位置,及其丰富的物产资源而成为"南方丝绸之路"门户和贸易枢纽。无论是古蜀王国,还是秦、汉政权,他们都非常重视这座"南方丝绸之路"的枢纽门户。"西南夷"能被纳入国家政权管理中,"临邛"发挥了重要作用。

《华阳国志·蜀志》记载:

> 临邛……从布濮水来合(火)文井江。有火井……井有二水,取井火煮之,一斛水得五斗盐。……有古石山,有石矿,大如蒜子。火合烧之,成流支铁,甚刚。……汉文帝时,以铁铜(山)赐侍郎邓通。[1]

古代临邛有丰富的盐矿、铁矿、铜资源。又:"临邛县,本有邛民。秦始皇徙上郡民实之。""本有邛民"说明在秦灭蜀之前,邛人在这一地区生活过的。秦灭蜀后很快就控制了临邛,张仪在临邛很快就筑造城池。

《华阳国志·蜀志》载:

---

[1] 任乃强校注:《华阳国志校补图注》,上海古籍出版社,1987年版,第157页。

临邛城，周回六里，高五丈。造作下仓，上皆有屋。而置观楼，射栏。[1]

秦国家政权如此重视"临邛"，除了交通位置的重要性外，其丰富的矿藏资源更是国家政权所看重的。

"临邛"的地理位置也很重要。任乃强先生解释"临邛"为"临近邛筰山"[2]，邛筰山就是今大相岭（又称泥巴山）。"临邛"以北是成都平原，临邛正好处在成都平原与川西山地的地理分界线上；"临邛"以西南是"筰"活动区域；以南临近"邛都夷"；以北就是古蜀、秦汉蜀郡。《华阳国志·蜀志》记载："临邛县，本有邛民。"古代临邛县，大致包括今蒲江、邛崃、大邑等地。秦灭巴蜀之前的"临邛"曾是邛人活动的北界。"邛都夷""筰都夷"与蜀郡三者在"临邛"交汇，形成一个古代西南地区贸易枢纽。

"临邛"在秦灭蜀之前和"邛都夷"的关系极密切，随后被秦汉设置的蜀郡纳入，"临邛"和"邛都夷"的联系也一直不断，"临邛"作为"邛都夷"北部的重要交通出口，连接着"邛都夷"与蜀之间的贸易交流。古蜀与秦、汉政权对"邛都夷"的"流风"政治活动具体如何，可以从"临邛"地位变化中窥知一二。

安宁河流域大石墓葬反映了古代"邛都夷"生活状况，其早期出土器物中包含了北方草原青铜文化、川西青铜文化、滇西和滇文化等文化因素。但却极少见到有巴蜀文化因素，这是一种奇异的文化现象。反映出这一时期"邛都夷"与古蜀文化之间的交流少，这种现象，应当是蜀与邛之间竞争关系所致。《华阳国志·蜀志》："保子帝攻青衣，雄张獠、僰。"保子帝是开明三世，青衣指的是今青衣江流域的芦山县、宝兴县、泸定县与金川县。[3] 可见保子帝时蜀有一股强势南下的军事活动；"临邛"很有可能就是在开明王朝时期就已经

---

[1] 任乃强校注：《华阳国志校补图注》，上海古籍出版社，1987年版，第128页。
[2] 任乃强校注：《华阳国志校补图注》，上海古籍出版社，1987年版，第160页。
[3] 任乃强校注：《华阳国志校补图注》，上海古籍出版社，1987年版，第124页。

被蜀占据，邛也极有可能就是在开明王朝时期就南退，不在邛笮山以北活动了。

邛人由邛笮山以北退至以南，与开明时期蜀向南有强势的军事活动有关。邛人退入"邛笮山"以南后，与蜀的交流就少了。一方面蜀占据了"临邛"，掌握了原来邛人的盐、铁、铜等资源；另一方面蜀人把"邛都夷"人逼到"邛笮山"以南，蜀、邛相仇，交流自然稀疏。

秦灭蜀后，张仪筑"临邛"城，秦、汉国家政权历来重视"临邛"的重要地位。如秦灭蜀后，希望自南向东对楚实行战略包抄，而打通"西南夷"必须先要控制"临邛"。汉替秦后，汉王朝也极力在"西南夷"地区开疆辟土，自蜀南下"西南夷"地区必经"临邛"。秦汉时期安宁河流域考古出土发现越来越多的中原文化因素，如大石墓拉克四合 M8 出土铁指环、"四铢半两"钱和印章等，据学者研究将这一时期断为西汉末期。[1] 秦汉国家政权在"西南夷"地区反复经营，"西南夷"与国家政权之间的联系越加密切，使"南方丝绸之路"的战略地位越来越重要，作为"南方丝绸之路"的重要门户，"临邛"之地位自不待言。

四、结论

中国早期国家进程中，"西南夷"虽一直都是处在边缘位置，其自身走向文明社会的道路也不可避免受到中原或邻近地区先进文化的影响，事实也证明"西南夷"社会发展始终与中原王朝息息相关。秦、汉国家政权在"西南夷"地区推行边郡制度是早期国家化向外扩充的重要历史阶段，"南方丝绸之路"在这一历史阶段中有着重要纽带作用。战国至西汉前期，"西南夷"渐被纳入先进国家组织，这一历史进程中"邛都夷"如其他少数族群一样，在不同阶段与新国家政权的关系起伏不定，这种反复变化的边区关系可用司马相如言"政教

---

[1] 左志强：《安宁河流域大石墓遗存分期研究刍议》，《安宁河流域古文化调查与研究》，科学出版社，2012年版，第403页。

未加、流风犹微"来概括之。"邛都夷"在"西南夷"区位重要，且在"南方丝绸之路"的交通中地位特殊，使得"邛都夷"在迈入先进文化的进程中表现出一些特点。如"邛都夷"因在战国至秦汉时期对"南方丝绸之路"的维持、治理经验，使得"邛都夷"在与先进文化的接触中占得先机。并且"邛都夷"交通是在整个"南方丝绸之路"交通体系下形成的东、南、西、北四个方向上的辐射网，如此更能很好地替先进文化联络"西夷""南夷"地区。相应地"邛都夷"在"西南夷"转向郡县体系的国家组织进程中，成为重要的前方基地，其政治和经济地位愈加显著。

国家在场与文昌信仰：明清时期岷江上游地区文昌信仰的考察

◎ 杨荣涛　丁利娟

岷江上游地区[1]属川西民族走廊[2]之一，历史上就是藏、羌、汉、回等族群迁徙和流动的通道，是"川西民族走廊中一个独具特点并相对独立的地理和文化单元"[3]。就区域内的宗教文化而言，"儒、释、道、伊四教及民间信仰、少数民族传统宗教多元共生之地，可谓是元明清以来中国社会宗教文化交融的典型"[4]。研究者注意到岷江上游地区多元宗教的传播与茶马古道的开通有着密切关系，更明确指出："在中华民族多元一体的政治格局之下，中原的儒释道三教在当

---

〔1〕 本文的岷江上游地区泛指岷江流域中自都江堰以上至岷江发源地松潘弓杠岭，以及黑水河、热务沟、杂谷脑河、草坡河、寿溪河等数十条大小河流经的区域，主要含今阿坝藏族羌族自治州的松潘、黑水、茂县、理县、汶川等县。

〔2〕 因横断山区主体位于四川西部，故横断山区民族走廊又被称为川西民族走廊，具体包括自西向东依次并列的四条河谷走廊——金沙江走廊、雅砻江走廊、大渡河走廊和岷江上游走廊。近些年在费孝通先生"藏彝走廊"基础上提出的"藏羌彝走廊"，即指川西民族走廊。

〔3〕 石硕：《川西民族走廊的历史变迁与特点》，《天府新论》，2000年第S1期，第91页。

〔4〕 张泽洪：《岷江上游茶马古道多元宗教研究》，《青海民族研究》，2015年第4期，第188页。

地有深入影响，儒家的礼仪制度亦渗入当地社会。"[1] 据此可知，岷江上游地区多元宗教的并存与交融受到国家制度的影响。正因为有了国家层面的制度保障，中原的儒家礼仪制度才得以植入岷江上游社会。

"国家在场"理论探讨国家与社会的关系，这一理论被引入中国学术界以后，学者运用此理论框架来诠释中国的社会文化现象，研究内容主要包括对国家、社会等有关概念的讨论以及对国家政权建设与乡村社会、国家与民间信仰、国家与宗族等互动关系的探析。[2] 文昌信仰从一种地方性信仰发展为全国性信仰，其"正统性"正是源于王朝国家的认可，尤其是得到历代统治者的肯定与推广。[3] 学界对

---

[1] 张泽洪：《岷江上游茶马古道多元宗教研究》，《青海民族研究》，2015年第4期，第188页。

[2] 崔榕：《"国家在场"理论在中国的运用及发展》，《理论月刊》，2010年第9期，第42页。

[3] 文昌信仰的两大源头皆为地方性信仰，即楚地的文昌星神崇拜和巴蜀地区的梓潼神崇拜。经过历代帝王的封赐，文昌神的神格不断提高，祭祀仪制也不断提升。五胡十六国变乱时期，传说羌人姚苌在前秦建元十二年（376）于梓潼七曲山得梓潼神显灵点化，"至据秦称帝，即其地立张相公庙祠之"。（[清]汤球辑补：《十六国春秋辑补》卷五十，杨家骆主编：《新校本晋书并附编六种》，鼎文书局，1983年版，第6册第379页。）唐天宝十五年（756），唐玄宗避安史之乱入蜀，经七曲山时亲自祭祀梓潼神并封张亚子为"左丞相"。唐广明二年（881），唐僖宗避黄巢之乱入蜀，行至七曲山梓潼神祠，封张亚子为"顺济王"。北宋咸平四年（1001），宋真宗敕封张亚子为"英显王"。南宋绍兴十年（1140），高宗敕修七曲山梓潼庙并赐庙额"灵应祠"。宋光宗追封张亚子为"忠文仁武孝德圣烈王"。宋理宗追封张亚子为"神文圣武孝德忠仁王"。元仁宗皇帝设科取士，延祐三年（1316）春，"中书因太常定议，改封庙号，榜曰佑文成化之祠。是年秋，特颁诏旨，褒封辅元开化文昌司禄宏仁帝君。"（《清河内传》，《道藏》，文物出版社、上海书店出版社、天津古籍出版社，1988年版，第3册第288页。）明景泰五年（1454），京师北安门外文昌庙修建完工，"赐文昌宫额，岁以二月初三为帝君诞生之辰，遣官致祭。"（[明]孙旬辑：《皇明疏钞》，《续修四库全书》，上海古籍出版社，2002年版，第464册第363页。）清嘉庆六年（1801），文昌帝君被纳入清朝的国家祀典，"朕本日虔申展谒行九叩礼，敬恩文昌帝君主持文运，福国佑民，崇正教，辟邪说，灵迹最著，海内崇奉，与关圣大帝相同，允宜列入祀典"。（中国第一历史档案馆编：《嘉庆道光两朝上谕档》，广西师范大学出版社，2000年版，第6册第178页。）清咸丰六年（1856），文昌帝君升入中祀，"一切礼节祭品，均与关帝庙同，见在关圣帝君已升入中祀，文昌帝君应一体升入中祀，以昭诚敬"。（[清]昆冈、李鸿章编纂：《钦定大清会典事例》，《续修四库全书》，上海古籍出版社，2013年版，第438册第25页。）

岷江上游地区民间信仰、教育的探讨涉及文昌信仰的某些侧面。[1] 鉴于此，本文拟从"国家在场"的视域考察明清时期岷江上游地区的文昌信仰，以揭示明清王朝国家力量对文昌信仰传播的影响。

一、国家权力的象征符号：明清时期岷江上游地区的文昌祠庙

文昌祠庙是崇祀文昌帝君的宗教场所，岷江上游地区地方志中的《祠庙》《坛庙》《祀典》《典礼》等卷帙条目中有文昌祠、文昌宫、文昌庙、文昌楼等不同称谓的记载。岷江上游地区的文昌祠庙是文昌信仰传播生根的标记，也是国家权力的象征符号。通过梳理明清时期岷江上游地区文昌祠庙的分布情况，可以窥见明清时期岷江上游地区文昌信仰的传播范围。据笔者目前所见志书资料，明清时期岷江上游地区文昌祠庙的修建情况制表详列如下（见表1）。

表1　明清时期岷江上游地区文昌祠庙分布情况统计表

序号	名称	所在厅、州、县	具体位置	修建情况	资料来源
1	文昌宫（文昌祠）[2]	汶川县	县城南	清康熙元年，知县张耀祖重建	清嘉庆《汶志纪略》、民国《汶川县志》《古今图书集成》
2	文昌宫	汶川县	汶川书院中堂	清乾隆三十年，知县李天骏迁文昌宫于书院中堂	清嘉庆《汶志纪略》

---

[1] 相关论点可参见王康、李鉴踪、汪青玉：《神秘的白石崇拜——羌族的信仰和礼俗》，四川民族出版社，1992年；邓宏烈：《羌族民间道教信仰浅析》，《贵州民族研究》，2007年第3期，第146—152页；潘显一、汪志斌：《黄龙地区宗教文化初探》，《西南民族大学学报》，2009年第2期，第232—237页；孔又专：《略谈道教与古羌民族宗教文化的汲取与融合》，《四川民族学院学报》，2010年第6期，第54—57页；吴明冉：《明清时期四川羌族教育研究》，《长春教育学院学报》，2015年第9期，第56—61页；罗尔波、段红云：《中国古代民族地区的多元文化教育——以清代羌族地区为中心》，《西北民族大学学报》，2017年第1期，第166—172页。

[2] 因不同年代所修志书对其称谓不同，实则指同一处文昌祠庙。以下情况同，不再注明。

（续表）

序号	名称	所在厅、州、县	具体位置	修建情况	资料来源
3	文昌宫（文昌庙）	直隶理番厅	厅治西北隅后山	旧建文昌宫，并立二碉。后殿崇祀三代	同治《直隶理番厅志》
4	文昌宫	保县[1]	治南玉垒山	清乾隆四十年，知县张起沬新建	清乾隆《保县志》
5	文昌祠	威州[2]	东城楼上		《古今图书集成》
6	文昌祠	威州	文庙侧		《古今图书集成》
7	文昌宫（文昌祠）	茂州	城内文庙西	明知州陈敏建，肖像以祀，并于楼下肖朱子像；清顺治己亥年，兵备程翔凤重修；清乾隆二十七年，吏目宋峻德重修；清乾隆四十八年，贡生张廷祥修置大门、墙垣；清道光五年，建立后殿	雍正《四川通志》、乾隆《茂州志》、嘉庆《四川通志》、道光《茂州志》、《古今图书集成》
8	文昌宫	茂州	护林东灵祐宫右	清康熙二十四年，州民王承舟新建；乾隆三十年，州人重修并肖神像祀文昌于内	乾隆《茂州志》、《古今图书集成》
9	文昌宫	松潘县	治城东街	明正德时建，同治间同知刘廷恕重建	民国《松潘县志》
10	文昌宫	松潘县	县属南区靖夷堡		民国《松潘县志》
11	文昌宫	松潘县	县属平番城内		民国《松潘县志》

[1] 明洪武六年（1373）置，治今理县薛城镇。清雍正五年（1727）徙治今汶川县威州镇。清嘉庆六年（1801）废，入理番厅。

[2] 明洪武二十四年（1391），威州治所自今理县薛城迁至坝州（今龙溪乡东门口），后又迁至凤坪坡底（今郭竹铺凤坪坝）；明宣德三年（1428）又迁至保子关，宣德七年（1432）再迁威州治所至岷江东岸南沟左侧古城坪（今姜维城）。清雍正五年（1727）废威州，以保县（今理县薛城）移住，故又有新保县之称。

(续表)

序号	名称	所在厅、州、县	具体位置	修建情况	资料来源
12	文昌宫	松潘县	县属平番城靖夷堡	—	民国《松潘县志》
13	文昌宫	松潘县	县属漳腊城东门外玻璃泉上	明神宗时建，清光绪初官绅捐资重建	民国《松潘县志》
14	文昌宫	松潘县	县属南坪[1]城内东南隅	正殿三间，抱厦三间，左厢房三间，右仓房三间，中建魁星楼一座，外山门三间	民国《松潘县志》、民国《新纂南坪乡土志》
15	文昌楼	松潘县	县属南坪上街北关	清光绪十二年建	民国《新纂南坪乡土志》

纵观表1所示明清时期岷江上游地区文昌祠庙的修建，具有如下一些特点：

（1）从时间上考察，岷江上游地区文昌祠庙修建的发端期为明代，高峰期在清朝。岷江上游地区明代以前没有文昌祠庙的记载，明代有文昌祠庙3处，而清朝新建、重修的文昌祠庙达15处。[2] 明清时期，全国修建了大量文昌祠庙，其中清朝修建文昌祠庙的数量多于明代修建文昌祠庙的数量，因为清朝文昌帝君"不仅位列全国通祀神明，也在咸丰年间秩比关帝，升格中祀，成为名副其实的中国大神"[3]，出现文昌祠庙修建的高峰期。由此观之，明清时期岷江上游地区文昌祠庙的修建与全国其他地区文昌祠庙的修建是大致相应的。

（2）从地域上考察，明清时期岷江上游地区文昌祠庙主要分布于县（厅）治所在地和军事要塞。岷江上游地区的县（厅）治所是国家行政管理机构的所在地，县（厅）治所的设置昭示王朝国家权力的深

---

〔1〕 南坪，古称羊峒。清雍正时设南坪营，隶松潘厅。

〔2〕 难以考证其修建年代但志书明确记载为明清时期岷江上游地区文昌祠庙有7处，其中有3处见于清代所修志书，4处见于民国时期所修志书。

〔3〕 王见川、皮庆生：《中国近世民间信仰：宋元明清》，上海人民出版社，2010年版，第260页。

入。明清时期，汶川县、直隶理番厅、保县、威州、茂州、松潘县等地治所的文昌祠庙，伴随国家权力的组织机构的设置而修建。明代至清朝前期，政府在岷江上游地区实行卫所制度，设置堡、关、墩、台等军事要塞，并委派武将重兵把守。即使清中叶后"改土归流"以及卫所归并入州县或改设为州县等政策的推行与完成，政府仍在岷江上游地区加强武备。这些措施在实现国家对岷江上游社会有效军事管控的同时，也为开展文治教化提供了制度保障。松潘境内，清政府在城中设左中右三营，城外设漳腊、南坪、小河、平番四营，并置参将一员，统领漳腊、小河两营。[1]清朝松潘就有7处文昌祠庙，占清朝岷江上游地区文昌祠庙总数的近50%。

（3）从修建者角度考察，明清时期岷江上游地区的文昌祠庙多由地方官修建。地方官是国家权力在地方的直接代表和执行者。明清时期，中央王朝在岷江上游地区推行国家祭祀制度，是维护统一多民族国家的重要方略。对于守土者而言，治民事神是其职责所在，故地方重要庙宇的修建受到在地官员的重视。文昌帝君以其"尤孜孜于忠君孝亲，扶植斯文，化束民心为任"[2]的神格得到地方官的认同，故地方官多主导或倡议修建文昌祠庙。茂州知州陈敏在文昌祠立文昌帝君神像，并在楼下塑朱子像以祀，将儒道的神灵共祀于茂州文昌祠，是倡行文治的举措。任松潘直隶厅同知的刘廷恕，作为松潘直隶厅的副职，有抚绥民夷事务的职责。张起洙为直隶正白旗汉军拔贡，清乾隆三十六年（1771）担任保县知县。张耀祖于清顺治初年担任汶川知县，《汶川县志》卷二《职官·知县》载其"在汶凡二十一年"[3]。明清时期，岷江上游地区地方官修建文昌祠庙，旨在教化当地少数民族，促进了文昌信仰在少数民族地区的传播发展。

---

[1] 民国四川省政府民政厅主编，康兴隆编述：《松理茂懋靖汶边务鸟瞰》第四章《历代治夷方略》，民国二十九年（1940）十二月出版。

[2]《清河内传》，《道藏》，文物出版社、上海书店出版社、天津古籍出版社，1988年版，第3册第289页。

[3] 祝世德纂修：[民国]《汶川县志》，民国三十四年铅印本。

二、国家祭祀礼仪的展演：明清时期岷江上游地区地方官举行的文昌祭祀仪式

神灵被列入"祀典"，说明得到了官方的认可，成为官方祭祀体系的一部分。民国《新纂南坪乡土志》之《学校志·祀典》载："祀典之设，所以报本反始也。久已奉行，著为公令。故历代首重祀典。凡各直省、府厅、州县地方，先以大成至圣孔子先师庙为尊，次则武圣、文昌、先农坛、社稷坛、龙王、火官、城隍等庙，莫不先定典礼，遣地方官春秋致祭，以享圣神而昭感格，礼至隆而典至重也。"[1] 岷江上游地区建构起崇祀孔子以及关帝、文昌帝君等神灵的典礼制度，体现出国家祭祀制度的有效推行。官方祭祀文昌帝君活动有完备的礼制，不论是祭祀时间、祭祀人员、祭品规格及其陈设，还是祭祀中使用的仪注、乐舞、祭文，皆为中央朝廷所规定，岷江上游文昌祭祀仪式亦按照朝廷礼制执行。

清嘉庆六年（1801），朝廷诏令各地每年春秋仲月祭祀文昌帝君，春祭于二月初三圣诞日举行，秋祭则择吉日举行。清朝春秋祭祀文昌帝君的礼制，从岷江上游地区地方志所见得到有效的推行。清同治《直隶理番厅志》卷三《学校志·祀典》载文昌庙："嘉庆六年，诏列入祀典，岁春秋仲月致祭。春二月三日，秋诹吉日。"[2] 民国《松潘县志》卷二《学校·附典礼》载文昌宫："嘉庆六年，诏列入祀典，岁春秋仲月致祭。春二月三日，秋诹吉日"[3]。民国《汶川县志》卷五《祀典》载文昌祠："春秋二祭。"[4] 祭祀仪制仿照关帝并崇祀其三代。清同治《直隶理番厅志》卷三《学校志·祀典》载文昌庙："祭品、仪注均如祭武庙之仪。"[5] 民国《松潘县志》卷二《学校·

---

〔1〕［清］马秉忠编：［民国］《新纂南坪乡土志》，民国四年抄本。
〔2〕［清］吴羹梅修，周祚峰纂：［同治］《直隶理番厅志》，清同治五年刻本。
〔3〕张典修，徐湘纂：［民国］《松潘县志》，民国十三年刻本。
〔4〕祝世德纂修：［民国］《汶川县志》，民国三十四年铅印本。
〔5〕［清］吴羹梅修，周祚峰纂：［同治］《直隶理番厅志》，清同治五年刻本。

附典礼》载文昌宫："祭品、仪注均如武庙之礼。"[1] 民国《汶川县志》卷五《祀典》载文昌祠："嘉庆七年，奉增添祭祀银两，用九叩礼，并修启圣宫，以祀其三代。"[2]

清咸丰六年（1856），文昌帝君升入中祀，祭祀仪制提高。清王朝以文昌帝君主持文运、福国佑民的功能，将文昌帝君与关帝都升格为中祀。岷江上游地方志反映了这一祭祀仪格的变化。清同治《直隶理番厅志》卷三《学校志·祀典·文昌庙》载："咸丰六年内阁奉谕旨，现在关圣帝君已升入中祀，文昌帝君应一体升入中祀，以昭诚敬，一切典礼著该衙门妥议具奏，钦此。所有春秋二祭，俱著卜吉举行……悉照关帝庙办理。"[3]

文昌祭祀仪式中祭品和祭器的规格、数量、颜色及其陈设遵礼部规定。民国《新纂南坪乡土志》之《学校志·典礼·钦颁文昌帝君典礼》载："文昌正殿位前陈设笾豆案一、爵垫一、爵三、登三、铏二、簠二、簋二、笾十、豆十，俎共一，内陈牛一、羊一、豕一。前设香案一、炉一、镫二。正殿中设案一，少西北向，供祝版。"[4] 民国《汶川县志》卷五《祀典》载春秋二祭前殿祭品："帛一（白色）、牛一、羊一、豕一、笾十、豆十。"[5] 民国《汶川县志》卷五《祀典》载春秋二祭后殿祭品："帛一（白色）、羊各一、豕各一、笾豆各一。"[6]

文昌帝君祭祀前、祭祀当天所用仪注遵照国家定制。清同治《直隶理番厅志》卷三《学校志·祀典·文昌庙》载："二月初三日圣诞，即照关帝圣诞点香礼节，并无庸禁止屠宰。"[7] 民国《新纂南坪乡土志》之《学校志·典礼·钦颁文昌帝君典礼》载："文武官于致祭之

---

[1] 张典修，徐湘纂：[民国]《松潘县志》，民国十三年刻本。
[2] 祝世德纂修：[民国]《汶川县志》，民国三十四年铅印本。
[3] [清]吴羹梅修，周祚峄纂：[同治]《直隶理番厅志》，清同治五年刻本。
[4] [清]马秉忠编：[民国]《新纂南坪乡土志》，民国四年抄本
[5] 祝世德纂修：[民国]《汶川县志》，民国三十四年铅印本。
[6] 祝世德纂修：[民国]《汶川县志》，民国三十四年铅印本。
[7] [清]吴羹梅修，周祚峄纂：[同治]《直隶理番厅志》，清同治五年刻本。

前，斋戒三日，然后行三献三跪九叩礼。"[1] 民国《汶川县志》卷五《祀典》载前殿仪注："如文庙礼。"[2] 后殿仪注："行二跪六叩头礼，承祭官诣三代之案前行献礼。余同前殿。"[3]

清咸丰七年（1857）礼部颁文昌帝君祭祀的专用乐章。民国《新纂南坪乡土志》之《学校志·典礼·钦颁文昌帝君典礼》载："查关帝庙乐章六奏，用平字迎神一成，初献一成，亚献一成，终献一成，彻馔一成，送神一成，凡六成。如遇皇帝亲祭，和声署照例奏导迎乐。今文昌庙乐章，应请悉照办理。"[4] 清同治《直隶理番厅志》卷三《学校志·祀典·文昌庙》载文昌帝君庙乐章："春夹钟清均，倍应钟起调；秋南吕清均，仲吕起调。"[5] 具体乐章内容如下：

迎神　丕平

秉气兮灵躔，翊文运兮赫中天。蜿旌兮戾止。雕俎兮告虔。迓神庥兮，于万斯年。

奠帛初献　俶平

神之来兮笾篚式陈，神之格兮九筵式亲。极昭彰兮灵贶，致蠲洁兮明禋。升香兮伊始，居歆兮佑我人民。

亚献　焕平

再酌兮瑶觥，灿烂兮庭燎之光。申虔祷兮神座，俨陟降兮帝旁。粢醴洁兮斋遫将，绥景运兮灵长。

终献　煜平

礼成三献兮乐奏三终，覃敷元化兮繄神功。馨香达兮胙蠁通，歆明德兮昭察寅衷。

彻馔　懿平

备物兮惟时，告彻兮终礼仪。神悦怿兮鉴在兹，重鸿佑兮累

---

〔1〕[清]马秉忠编：[民国]《新纂南坪乡土志》，民国四年抄本。
〔2〕祝世德纂修：[民国]《汶川县志》，民国三十四年铅印本。
〔3〕祝世德纂修：[民国]《汶川县志》，民国三十四年铅印本。
〔4〕[清]马秉忠编：[民国]《新纂南坪乡土志》，民国四年抄本。
〔5〕[清]吴羹梅修，周祚峄纂：[同治]《直隶理番厅志》，清同治五年刻本。

洽重熙。

送神　蔚平

云骈驾兮凤旗招，神之归兮天路遥。瞻翠葆兮企丹霄，愿回灵眷兮福我朝。

望燎

烟煴降兮元气和，神光烛兮梓潼之阿。化成者定兮櫜弓戢戈，文治光兮受福则那。

文昌帝君升入中祀，礼部规定祭用六佾文舞。民国《新纂南坪乡土志》之《学校志·典礼·钦颁文昌帝君典礼》载："查例载先师孔子庙文舞八佾。今文昌庙佾舞，应请用文舞六佾。"[1] 参与的乐生、舞生、歌童称为"执事"，"俱于本学生员中派任，先令演习其数量焉。用乐生（五十二人），舞生（四十八人），歌童（四名，俱在本地童生中选择，选教习，岁给优免）"[2]。

祭文和祝文是祭祀仪式中使用的祝祷性文字。清嘉庆六年（1801），文昌帝君进入国家祀典，礼部颁文昌庙前殿、后殿春秋祭文。民国《汶川县志》卷五《祀典》载文昌庙前殿的祭文为：

致祭于文昌帝君之神曰：维神迹著西垣，枢环北极。六匡丽曜，协昌运之光华；累代垂灵，为人文之主宰。扶正久彰夫感召，荐馨宜致其尊崇。兹当仲春（秋），用昭时祀，尚其歆格，鉴此精虔。尚飨。[3]

文昌庙后殿的祭文为：

致祭于文昌三代之神曰：祭引先河之义，礼崇返本之思。矧

---

[1] [清] 马秉忠编：[民国]《新纂南坪乡土志》，民国四年抄本。
[2] [清] 马秉忠编：[民国]《新纂南坪乡土志》，民国四年抄本。
[3] 祝世德纂修：[民国]《汶川县志》，民国三十四年铅印本。

夫世德弥光，延赏斯及，祥钟累代，炯列宿之精灵；化被千秋，纬人文之主宰。是尊后殿，用答前麻。兹值仲春（秋），肃将时祀。用申告洁，神其格歆。尚飨。[1]

清咸丰六年（1856）文昌帝君升入中祀，礼部于清咸丰七年（1857）颁文昌庙祝文、祭文。清同治《直隶理番厅志》卷三《学校志·祀典·文昌庙》载：

文昌帝君庙春秋二祭祝文

惟神道阐苞符，性敦孝友。并行并盲，德侔天地以同流；乃圣乃神，教炳日星而大显。仰鉴观之有赫，示明德之惟馨。兹当仲（春秋），用昭时享。惟祈歆格，克鉴精虔。

文昌帝君庙二月初三日告祭祝文

维神功参橐籥，撰合乾坤。溯诞降之灵辰，三台纪瑞；度中和之令节，九宇承晖。若日月之有光明，阐大文于孝友；如天地无不覆载，感治至于馨香。爰举上仪，敬陈芳荐。精禋罔致，神鉴式昭。尚飨。

文昌帝君庙后殿二月初三日告祭祝文

维文昌帝君道备中和，神超亭毒。禀诒谋而允绍，钦毓圣之有基。云汉昭回，际岳降崧生之会；馨香感格，兴水源木本之思。式肇明禋，用光彝典。尚祈神鉴，享此清芬。

文昌帝君升入中祀告祭文

教严彰瘅，敷经天纬地之文；典重揄扬，显福国佑民之化。俎豆聿隆于往昔，声灵并著于寰区。爰命秩宗，时崇祀享。维神天资孝友，灏气仁慈。统四德而称元，赞三才而立极。阐化启天人之奥，正教宏开；黜邪照日月之晖，人文蔚起。溯尊崇之告备礼以明虔，惟神圣之垂麻，道皆同揆，敬稽茂典，载陟明禋。彰文治于重光，肃升馨于中祀。练日奏六成之乐，声协锵鸾；调风

---

[1] 祝世德纂修：[民国]《汶川县志》，民国三十四年铅印本。

陈万舞之仪，诚通肸蠁。洁苾芬而式荐，申向往以维虔。于戏！功荡荡乎无名，声教久孚于六幕；神洋洋其如在，馨香用报以千秋。敬举上仪，尚祈昭格。

文昌帝君升入中祀后殿告祭文

教诒式榖，垂抑邪扶正之规；礼重升馨，著崇德报功之典。载稽谱牒，祇肃苾芬。维文昌帝君学裕本源，道参位育。缅馨香之至治，久极尊崇；申报享之隆文，宜昭诚敬。聿升中祀，式举上仪。于戏！德迪前光，十七世仁慈普洽；庆余积善，亿万年文运长新。敬布明禋，尚祈昭鉴[1]。

以上文昌祭祀乐章、祭文等被载入岷江上游地方志，体现出地方志纂修者对中央朝廷颁定之蓝本的认同。岷江上游地区文昌祭祀仪式中奏演乐舞，不仅塑造了神圣氛围，更烘托出祭祀过程的国家意志；文昌庙祭文、祝文的宣读，既展现官员所辖之职的合法性和神圣性，又明确其权力的国家渊源。

三、国家神道设教政策的执行：明清时期岷江上游地区文治教化与文昌崇祀

岷江上游地区多元族群与多元文化共存，区域内教育发展也呈现出多元化的特点。[2]明清时期，官方主导的儒学教育在岷江上游地区传播，对区域文化发展和国家认同产生重要影响。明清时期的府州县学作为地方官学，是传播儒学的主要方式，也是古时国家教育的典型模式。府州县学设教授、学正、教谕、训导进行教学和管理。府州县的学校，一般都设在孔庙里。孔庙一般由棂星门、泮池、宫墙、大成殿、东西庑、明伦堂、崇圣祠、名宦祠、乡贤祠、尊经阁等构成，集教育、祭祀、藏书于一体。值得注意的是，孔庙旁建文昌祠庙的现

---

[1] [清]吴羹梅修，周祚峄纂：[同治]《直隶理番厅志》，清同治五年刻本。
[2] 归结起来，具体包括儒学教育、民俗禁忌教育、佛道寺观教育、经堂教育、教会学校教育等方面。

象在明清时期各地较为普遍,即出现"文昌信仰袝祀庙学"的场景。在神道设教的中国封建社会,文昌信仰袝祀庙学可以刺激因儒学不兴、科举荒废而导致的缺乏人才的教育的发展。[1]

清光绪《茂州乡土志》之《古迹·祠庙》载文昌宫在"文庙前侧"[2]。茂州的孔庙原位于南明门外,清"同治七年,署知州傅翼深通堪舆,与学正彭光焯及阖学人等筹议,禀请各宪,将文庙、文昌宫改修内城东南隅,即道署遗址为之,立癸丁向"[3]。民国《新纂南坪乡土志》之《舆地志·祠庙寺观》载:"文昌宫,在城内东南隅。"[4] 从堪舆学看,东南处巽位,建孔庙、文昌祠庙于此向,有兴文运出人才的含义。民国《新纂南坪乡土志》之《舆地志·祠庙寺观》载文昌宫:"正殿三间,抱厦三间,左厢房三间,右仓房三间,中建魁星楼一座,外山门三间。因无文庙,孔圣先师圣位供奉其中,春秋祭祀皆在宫中。"[5] 这样的设置,使得儒生的学习空间与信仰空间相协调,促进了儒学教育的发展。

清朝乡试,每三年一次,因于农历八月举行,故又称"秋闱"。秀才在赴省城乡试前,要参加地方官员举行的宴送会,即所谓的"宾兴礼"。宾兴礼中的"酬魁"与文昌信仰相关。清同治《直隶理番厅志》卷三《学校志·祀典·宾兴》载:

> 乡试岁之七月,同知蠲吉具启,遍告科举诸生,云:谨占某日行宾兴礼。其启用俪体,每科举一名,启一通,送儒学转致。至期诸生齐集明伦堂,同知具公服继至,以鼓吹导诸生谒文昌中魁星,行四拜礼,酬以酒,名曰"酬魁"。[6]

---

[1] 白娴棠:《信仰与教化之间:元明清文昌神附祀庙学的原因》,《云南社会科学》,2016年第6期,第137页。
[2] [清] 谢恩鸿编辑:[光绪]《茂州乡土志》,光绪末年修抄本。
[3] [清] 谢恩鸿编辑:[光绪]《茂州乡土志》,光绪末年修抄本。
[4] [清] 马秉忠:[民国]《新纂南坪乡土志》,民国四年抄本。
[5] [清] 马秉忠:[民国]《新纂南坪乡土志》,民国四年抄本。
[6] [清] 吴羹梅修,周祚峰纂:[同治]《直隶理番厅志》,清同治五年刻本。

书院也是我国古代重要的教育机构。明清时期,边疆民族地区建立的众多书院,是书院教育传播发展的标志。据笔者目前掌握的资料来看,岷江上游地区的书院教育始自清朝。民国《松潘县志》卷二《学校》:"清书院。有二:一岷山书院,在城东文庙侧;一锦屏书院,在漳腊城南大街。均清初建。"[1]清同治《直隶理番厅志》卷三《学校》载:"花岩书院,系嘉庆十八年徐(司马)廷钰创建。"[2]清道光《茂州志》卷二《学校》载:"道光七年,署州周銮劝捐,委吏目刘辅廷即义学之前添建讲堂并厢房十余间,墙垣俱备,改曰九峰书院。"[3]可知,自清初至清末,岷江上游地区都有书院的修建,其推动者多为官员,故多具"官学"性质。清朝,汶川县有一所"汶川书院",《汶志纪略》卷二记载如下:

> 乾隆二十五年,知县李成桂建。乾隆三十年,知县李天骏迁文昌官于书院中堂,捐修讲堂三楹,即以官之东西偏为生徒肄业所。嘉庆十年,于门楼上起奎星阁一座。乾隆十四年,知县王声銮并汶城绅士、瓦寺土司共捐资,在崇宁县置买水田六十三亩零,每岁收租银五十两。嘉庆三年,又加租银三十两。共银八十两,作师生膏火之资。田地坐落崇宁县后村三甲四支、名平乐向川主庙侧。共计田六十三亩零,载粮一两零八分二厘。其田东至覃文彬小堰沟为界,南至覃文彬田为界,西至文起凤小堰沟为界,北至邵卯田为界。每岁收租,着诚实绅士经管,岁以为常。[4]

据以上记载可知,清乾嘉时期,汶川书院得到了历任知县的修建并置香火田以供"师生膏火之资",其中乾隆十四年(1749)还得到瓦寺土司的捐资。此外,值得注意的是,清乾隆三十年(1765),知

---

[1] 张典修,徐湘纂:[民国]《松潘县志》,民国十三年刻本。
[2] [清]吴羹梅修,周祚峰纂:[同治]《直隶理番厅志》,清同治五年刻本。
[3] [清]杨迦怿修,刘辅廷纂:[道光]《茂州志》,清末刻本。
[4] [清]李锡书纂:[嘉庆]《汶志纪略》,清嘉庆十年刻本。

县李天骏迁文昌宫于书院中堂，捐修讲堂三楹，以文昌宫的东西偏为生徒肄业所；清嘉庆十年（1805），在门楼上建奎星阁一座。由此折射出书院教育与文昌信仰之紧密联系。

从以上的探讨可知，明清时期岷江上游地区文昌信仰与庙学、书院的互动，在边疆民族地区形成了推崇科举的社会风气。据地方志记载，明清时期岷江上游地区人才辈出，如松潘人周满为明嘉靖壬午科进士，韩鹏为明万历丙子科举人；[1] 汶川人董策为明万历乙卯科举人；[2] 直隶理番厅人申恒为明永乐十二年（1414）甲午科进士，李先达为清乾隆癸酉科进士。[3] 到了清朝末年，清政府推行"新政"，教育改革为其重要部分。创办新式学校以开展近代教育的国策在各地推行。民国《松潘县志》卷二《学校》载："清光绪二十九年，朝议变法，停科举，设学堂。"[4] 按清光绪三十年（1904）颁布的"癸卯学制"的规定，松潘县南坪镇文昌宫于清光绪三十一年（1905）开设初等学校。[5] 学校经费为"每年一百五十钏。"[6] 清末松潘南坪文昌宫内新式学校的创办，一定程度上促进了区域内近代教育的发展。

四、余论

岷江上游地区是川西民族走廊的重要通道，历史上就是汉文化、少数民族文化交汇之边地。明清时期汉人自东向西大量迁入藏彝走廊地区，这是中央政府加强西南边疆经营的结果。[7] 有研究者指出，在相对边缘的许多地区，王朝"教化"和"德化"的推行都是一个漫长的过程，这个过程中就包括根据"国家"的典章制度将具有正统性

---

[1] 张典修，徐湘纂：[民国]《松潘县志》，民国十三年刻本。
[2] [清] 李锡书纂：[嘉庆]《汶志纪略》，清嘉庆十年刻本。
[3] [清] 吴羹梅修，周祚峄纂：[同治]《直隶理番志》，清同治五年刻本。
[4] 张典修，徐湘纂：[民国]《松潘县志》，民国十三年（1924）刻本。
[5] 张典修，徐湘纂：[民国]《松潘县志》，民国十三年刻本。
[6] 张典修，徐湘纂：[民国]《松潘县志》，民国十三年刻本。
[7] 石硕：《藏彝走廊历史上的民族流动》，《民族研究》，2014年第1期，第86、88页。

的礼仪行为在地方社会逐步推行。[1] 明清大一统格局下，川西民族走廊深受汉文化的浸润，岷江上游地区文昌信仰的传播发展具有典型性。不论是文昌祠庙的修建、地方官举行的文昌祭祀仪式，还是地区文治教化与文昌崇祀的互动，皆体现出国家制度这一生境（habitat）[2]的深远影响。

文昌帝君又称为梓潼帝君、梓潼神君、梓潼真君，是道教吸收民间信仰而尊奉的科举之神。[3] 道教从东汉魏晋南北朝时，就传播发展于西南少数民族地区，历经唐宋元明清以来，继续渗透影响着西南少数民族。从某种意义上可以说，道教作为一种精神文化纽带，促进了中华民族多元一体格局的形成。[4] 羌人信奉文昌帝君是受汉族民间道教信仰影响的结果。[5] 明清以来，在国家力量的推动下，岷江上游地区各民族交往交流交融，呈现出"汉羌杂处，汉服诗书，羌遵王化"[6]的局面。随着国家祭祀制度的宣传以及道教的传播，文昌信仰与羌族传统文化相交融并影响至今，如羌族释比举行还大愿、小愿和太平保福等仪式请神时，文昌帝君就位列其中。[7] 羌民家中神龛供奉写有"天地国亲师""七曲文昌帝君""历代祖先"等内容的牌位。对岷江上游地区文昌信仰的深入研究有赖于文献与田野的结合，应对岷江上游地区的文昌祠庙、文昌信仰民俗、文昌信仰碑刻等开展深入的田野调查，系统地收集整理相关资料并作出诠释。本文仅为抛砖引玉之作，请学界同好指正。

---

〔1〕 陈春声：《信仰与秩序：明清粤东与台湾民间神明崇拜研究》，中华书局，2019年版，第12页。

〔2〕 被人类学采用的生物学术语，具体指个体或群落的社会环境、生存空间、工作条件。

〔3〕 张泽洪：《论道教的文昌帝君》，《中国文化研究》，2005年秋之卷，第1页。

〔4〕 张泽洪：《文化传播视野下的信仰与仪式——以中国西南少数民族与道教关系为例》，《宗教学研究》，2007年第4期，第157页。

〔5〕 邓宏烈：《羌族民间道教信仰浅析》，《贵州民族研究》，2007年第3期，第150页。

〔6〕 ［清］陈克绳纂修：［乾隆］《保县志》，民国四年抄本。

〔7〕 相关经文详见四川省少数民族古籍整理办公室主编：《羌族释比经典》（上卷），四川民族出版社，2008年版，第319、324、386、407、715、760页。

清代治藏视域下的藏北达木蒙古

◎ 何文华

达木蒙古位于以今当雄县为中心的方圆约二百五十公里的藏北地区,在清朝又记作达木、腾格里那尔、蒙古八旗或达木牛场等。早在古象雄时期,达木蒙古已居住有当地人。因适合牧业发展,自元代始,又有大量牧民从青海、甘肃等地迁入,至明代达木蒙古已逐渐发展为包括曲考、恩果、巴加尔等以蒙古族为主体的八个游牧部落。清康熙朝为扼准在藏用兵后,达木蒙古很快成为大量蒙古军、藏军和绿营汉军的驻防要地。珠尔默特那木札勒事件后,达木蒙古归驻藏大臣直辖,历时一百六十余年,在清朝治藏的军事、政治和社会等功能上发挥了重要作用。

目前学界对此的相关论述不多,相关研究主要涉及清代达木蒙古的历史概述[1],关于其历史地位、价值等问题都有待进一步深入研究。军事上,达木蒙古在清朝经营西藏前期表现出重要的驻防、巡防功能,中后期在征战、备战等军事活动中也发挥了重要作用;"西藏

---

[1] 相关研究有冯锡时:《清代达木蒙古述略》,《民族研究》,1992年第5期,第82—89页。曹培:《清代达木蒙古史事钩沉》,《西藏民族学院学报》,2010年第6期,第29—33页。阿音娜:《藏北达木蒙古再探》,《西藏研究》,2012年第1期,第10—18页;边巴琼达:《达木蒙古八旗综论》,《西藏大学学报》,2019年第3期,第105—112页。冯智:《驻藏大臣统辖西藏驻军研究》,《西藏研究》,2014年第4期,第5—12页。

夷情事务理藩院档案"又大量记载其监察三十九族、维护川青藏联系和藏北安稳的其他功能。清朝对达木蒙古的管理，有提升驻藏大臣权力的用意，达木蒙古在不同时期对清朝安藏的意义呈现阶段性特征，其变化可折射清朝治藏思维和在藏控制力的变化。

一、清朝治藏前期达木蒙古的军事驻防功能

清初通过和硕特蒙古获取间接治藏权，确立"兴黄教以安众蒙古"的蒙藏政策，至康熙年间才开始锐意经营西部边疆，达木蒙古自此进入清朝治藏视域。在清朝逐步推进的西部计划中，相继采取安设蒙古各旗、进讨准噶尔、安靖青海和进抚西藏的战略部署，其经营西北边疆最大的障碍是漠西准噶尔势力。准噶尔位于藏地西北，明崇祯年间渐兴，继噶尔丹由藏北归后进一步发展，有一统众蒙古之势。噶尔丹及其侄策妄阿拉布坦先后进兵西藏，破坏了清廷间接治藏局面，与计划锐意经营西部边疆的清朝矛盾激化，康熙五十七年（1718）、五十八年（1719），清廷两次命大军由青海、四川、云南进藏扼准。

达木蒙古位于藏北蒙古与唐古忒势力交界地带，是康熙年间准噶尔南下侵藏和清军由青海南下保藏的咽喉通道。准部侵藏时，策凌敦多布率大军先后经达木蒙古进藏和撤离；在两次扼准安藏的军事行动中，清军主力也由青海经达木蒙古入藏，吴廷伟和焦应旂分别在随军日记《定藏纪略》与《西藏纪程》中记有行军达木蒙古情形。同时，达木蒙古与拉萨直线距离仅八十公里，也是清军护卫拉萨的最后防线，其作为军事前沿阵地，在康熙朝是因地缘的必然选择，到雍正朝更有清廷主动经营之意。

雍正即位后指出：西藏、准噶尔在数千里之外，而实为肘腋之患。准噶尔一日不靖，西藏事一日不妥，西藏料理不能妥协，众蒙古心怀疑二。此二处实为国家隐忧，社稷生民休戚系焉。[1] 于是清廷在藏地构筑了防准安藏的西北防线。《西藏志考》"兵防甲胄"条载，"西藏设额马步兵六万四千余名，拉撒马兵三千名，阿里马兵五千

---

[1] 转引自马林：《雍正帝治藏思想初探》，《中国藏学》，1988年第3期，第51页。

名",在藏兵力分布以防准为要务。《清史稿》进一步说明:"盖通准夷之路有三……中路之腾格里海逼近卫地,故防守尤要。"达木蒙古是连接东北哈拉乌苏、西北阿里防准要道的中间纽带,地位更显重要。

在噶伦联合治藏期间,阿里接连阳八景、达木、腾革罗尔一带地方,防御准噶尔要隘,以扎萨克台吉颇罗鼐副之。卫藏战争后,颇罗鼐次子珠尔默特那木札勒获封头等台吉,常驻达木蒙古。雍正八年(1730),准噶尔侵犯巴尔库尔卡伦,颇罗鼐奏准每年春季增派大军至达木蒙古的春防制度,"夏初冰雪全消,青草萌时,派驻藏大臣一员,绿旗官兵一千五百名;其次子台吉朱米纳木查尔(珠尔默特纳木扎勒)带拉萨兵一千名,前赴打木腾格那尔地方驻防……约至九月,雪封山径撤回。"[1]。其间领兵出防达木蒙古的主将僧格、青保加都统衔,副将杨大立、张可才加总兵衔。以清朝治藏最主要人物或中央驻藏最高代表出防达木蒙古,足见其地位之重要。

雍正十年(1732),清廷在厄尔德尼剿灭准军主力,开始议撤驻藏绿营汉兵。"西藏驻扎弁兵,本为防护唐古忒,以防准噶尔夷侵犯……现今藏地无事,兵丁多集,则其米谷钱粮一切费用等项,虽给自内地,而唐古忒人等不免解送之劳。朕意量其足以防守藏地,留兵数百名,余者尽行撤回。"[2]雍正十三年(1735),准噶尔求和得允,驻达木蒙古的春防制度撤销。《卫藏通志》载:"前藏至腾格尔诺尔,计程四百十里。""以上自噶尔藏骨察、生根物角、奔卡立马尔,纳克产、玉树、腾格尔诺尔等处,皆设要卡分防。自准噶尔扫荡以后,此外俱系西疆,而驻藏大臣每岁出防之役遂罢。"[3]乾隆以后,遇准噶尔涉藏特殊状况,达木蒙古又偶驻大军。驻藏大臣索拜(乾隆六年至九年驻藏)指出,"准噶尔不惜重费,赴藏熬茶,或萌觊觎意",后于乾隆八年(1743)、十二年(1747)准噶尔"赴藏熬茶"时,颇罗鼐

---

[1] 《西藏研究》编辑部:《西藏志·边防》,西藏人民出版社,1982年版,第35页.
[2] 杨嘉铭:《清代西藏军事制度》,唐山出版社,1996年版,第33页。
[3] 《西藏研究》编辑部:《卫藏通志》,西藏人民出版社,1982年版,第254页。

又派遣数千藏军驻防达木蒙古。

清朝前期达木蒙古的军事驻防地位因扼准而起，随着准噶尔威胁解除，其逐渐演化为藏北驻防卡伦和定期巡防点，并有不断弱化之势。乾隆十五年（1750），驻藏大臣纳木扎勒奏请在阿里、那克桑、腾格里那尔、阿哈雅克四路各隘口设卡伦，驻兵防守；乾隆十七年（1752），驻藏大臣班第奏请在腾格里那尔、阿哈雅克等路设汛；乾隆二十三年（1758），驻藏大臣伍弥曾奏请撤销藏北卡伦但未获应准；乾隆二十五年（1760），驻藏大臣集福奏请"各处边界仍请稽查"。其间达木蒙古官员每年需领令牌巡查各卡点，现存西藏夷情事务档案多次记载达木蒙古官员巡防藏北卡伦事宜。道光二十年（1840），达木总固山达噶玛墩柱因未奏明派何员巡查卡伦，也未即时取回界石销差，还被记过一次。[1]

清朝中期以后西北边疆相对安靖，喜马拉雅山南面威胁不断增加。乾隆末年两次藏廓战争以后，清廷确立了驻藏大臣每年亲往后藏的巡边制度。鄂辉在《收复巴勒布侵占藏地设站定界事宜》折中，也明确拉孜、萨喀、齐噶尔一带驻唐古忒兵、绿营兵戍防，宗喀、济陇、聂拉木等处修战碉的军备要求，自此表明清廷安藏重心南移，以后藏为主。道光二十五年（1845），琦善奏请撤销藏北卡伦，自此达木蒙古在安藏之西北防线上的军事驻防功能消失。

二、清朝中后期达木蒙古的军备功能

达木蒙古在藏地的军事价值，除康雍乾时期的驻防功能外，还有持续至清末的兵力输出、日常操演等军备功能。准噶尔威胁解除后，清朝对西藏的经营进入到一个相对和平的时期，达木蒙古因蒙古族属性，获清廷的特别信任。从元代起，蒙古族开始进入达木蒙古，明朝时鄂尔多斯、喀尔喀、额鲁特[2]、土默特等部相继迁入[3]，至固始

---

[1] 西藏自治区档案馆：《清代西藏地方档案文献选编·四》，中国藏学出版社，2017年版，第387页。

[2] 又作"厄鲁特"。

[3] 阿音娜：《藏北达木蒙古再探》，《西藏研究》，2012年第1期，第11页。

汗引卫拉特和硕特部进入后，该地已成为以蒙古族为主体的卫藏军事基地。清廷认为，"达木向系游牧为主，与唐古忒情形迥异"，在达木蒙古实行军事化建制并严格管理，始终重视发挥达木蒙古的征战、备战和扬兵操演等军事价值。

乾隆十五年（1750）珠尔默特那木札勒事变后，达木蒙古收归驻藏大臣管辖。清朝在达木蒙古施行准军事化建制，全部军民被整编为八个佐领，自上而下依次设固山达、佐领、骁骑校统领，清后期又增设总（帮办）固山达。《酌定西藏善后章程十三条》专列一条规定："应酌定，现有之头目八人，均授为固山达名色，属下仍选择八人授为佐领，再选八人，授为骁骑校，俱照例给以顶戴，递相管束，俱归驻藏大臣统辖。""一切调拨，均依驻藏大臣印信文书遵行，噶伦、代本等不得私自差遣。一切官员之革除补授，俱由驻藏大臣商明达赖喇嘛施行。"[1] 达木蒙古作为盟旗制区域，被划为内属总管旗[2]，由驻藏大臣衙门夷情事务司直辖，理藩院特派司员（章京）进行管理，其民户平时游牧，战时征调前线。后《西藏善后事宜十九条》的相关规定，进一步加大了管理达木蒙古官员的权重：查西藏由理藩院派出司官一员承办达木额鲁特及三十九族番子事务，其游击统领弁兵五六百名，若无印篆，似不足以昭信守……应请旨敕部铸给办理西藏番务章京关防一颗、驻藏游击关防一颗。[3]

达木蒙古在清朝大致维持在八百多户、三千余人的人口规模[4]，其中兵弁额定数量在五百上下。与番兵相比，达木蒙古兵额虽不多，但在多次战争中都表现突出。《西藏志》载："至上阵厮杀，惟蒙古马兵八百名颇勇。"第一次藏廓战争（1788）中，乾隆谕令雅满泰带绿旗和达木额鲁特兵赴札什伦布对抗廓军。第二次藏廓战争（1791）

---

[1] 邓锐龄等：《元以来西藏地方与中央政府关系研究》（上），中国藏学出版社，2005年版，第513—514页。

[2] 总管旗为清廷的直辖领地，不设札萨克，不实行会盟，由清廷委派总管进行管理。

[3] 张羽新：《清朝治藏典章研究》，中国藏学出版社，2002年版，第84页。

[4] 四川省地方志编纂委员会：《刘赞廷康区36部图志点校·九族县志（附达木）》，四川民族出版社，2017年版，第991页。

中，驻藏大臣保泰奏报达木兵三百与廓尔喀兵战于萨迦附近，达木固山达第巴结阵亡，后保泰奏称：唐古忒兵见贼，施放一二枪即行退走，惟达木兵尚勇拒敌，无如抵有三百，众寡不敌，以致阵亡过多，贼乘势占萨迦庙居住。鉴于达木兵的奋勇，乾隆五十六年清廷有令："如尚须添兵，或就近于德尔格及屯练降番并达木蒙古兵添调一、二千名，于进剿既属得力，而后路声援亦较为壮盛。"[1]

道光二十一年（1841）森巴战争爆发，有研究认为达木蒙古兵未参与。[2] 然而，据"道光二十二年理藩院西藏夷情事务司饬达木总固山札"，内载驻藏大臣孟保奉旨给予森巴战争中出力者奖赏信息[3]，说明达木兵仍参与森巴战争并创造战绩。同治元年（1862），热振摄政与哲蚌寺冲突引发拉萨危机，清廷谕令："若因川省现在有事，且距藏路途稍远，即咨行景纹酌调达木蒙古官兵及伙尔三十九族番兵，交其统带赴藏弹压。"[4] 十四天后清廷再次重申该命令。至清末，在巩固川边和西藏新政背景下，达木蒙古依然是清廷特别信赖的对象。川督鹿传霖在拟收瞻对折中谈道："况藏中达木八旗以及三十九族皆属我而不属藏，若驻藏大臣召该族而善用之，更足以制达赖，使不敢逞。"[5] 驻藏大臣凤全认为："欲保前藏来路，当自经营达木三十九族始。"[6] 驻藏大臣联豫则在西藏新政中计划"用汉军六，达木和三十九族兵四成"练兵，后又拟用川鄂解藏的二十余万款项，先练达木兵一营，再渐次扩张。

除入伍征战外，达木蒙古兵还按制常驻拉萨备差和参与军事操

---

[1] 西藏研究编辑部：《清实录藏族史料》，西藏人民出版社，1982年版，第3324页。

[2] 阿音娜：《藏北达木蒙古再探》，《西藏研究》，2012年第1期，第11页。

[3] 西藏自治区档案馆：《清代西藏地方档案文献选编·四》，中国藏学出版社，2017年版，第454页。

[4] 西藏研究编辑部：《清实录藏族史料》，西藏人民出版社，1982年版，第4298页。

[5] 四川省民族研究所：《清末川滇边务档案史料》（上），中华书局，1989年版，第18页。

[6] 西藏研究编辑部：《清实录藏族史料》，西藏人民出版社，1982年版，第4643页。

演。在驻藏大臣衙门直辖下，达木蒙古每佐领需派员十名，共计八十名常驻拉萨备差。由于雍正以后常驻拉萨的绿营兵数量仅五百，可知达木蒙古之八十兵弁较为重要。鄂辉在藏廓战争后奏称："达木之兵向驻达木角地方，离藏较远，未便调来操演，又不可听其自便。查前藏本有轮派应差达木兵八十名，向系随时换班，今应改为一年两次更换，归入操演番兵数内一体教习。"因此要求达木官兵每年春秋两季赴藏操演。据档案记载，春操时唐古忒每年扬兵向例在达木拨派固山达二员、掌纛什家户二名、兵丁二十四名来藏；[1] 秋操时达木蒙古官兵经奏明每年轮派协领一员、佐领一员、骁骑校一员，带兵八十名来藏入伍。[2] 道光十九年（1839），孟保奏疏记："达木官兵每年秋季行调八十四员来藏入伍合操。"他认为该数应为官兵总数，清代达木蒙古赴前藏秋操兵丁数当长期维持在八十员，非增至八十四。[3]

对常驻拉萨的达木蒙古兵民，驻藏大臣衙门的管理较为严格，按制需全部登记造册。珠尔默特那木札勒事件后，清廷认为"（达木民户）惟无依之老弱数十名户口，若一旦令其归回达木，恐失养瞻"，因此令公班第达将老弱无依之人查明造册，准其驻藏留养。至道光二十四年（1844），西藏夷情事务理藩院再次重申："达木所属在藏之兵民若干之处，本院已无考查，兵丁八十名尚属可查……该达木总固山达噶玛墩柱速即将兵民若干，务于本月二十五传齐，已备本院当堂点过后，务为造具花名册，以入记册档，方成公事。"[4]

为保障达木蒙古兵丁在藏的国防作用，清政府给予其特殊待遇。其一，与番兵自筹差粮不同，达木蒙古兵丁享有固定薪饷，得到商上支给的田产租息和边地差税（主要是郭差，即绵羊税）保障。"达木兵丁钱粮，原有班大人奏定以抄产地亩归入商上，每年所收租息二万

---

［1］ 西藏自治区档案馆：《清代西藏地方档案文献选编·四》，中国藏学出版社，2017年版，第366页。

［2］ 西藏自治区档案馆：《清代西藏地方档案文献选编·四》，中国藏学出版社，2017年版，第415页。

［3］ 阿音娜《藏北达木蒙古再探》一文认为，后期增至八十四名。

［4］ 西藏自治区档案馆：《清代西藏地方档案文献选编·四》，中国藏学出版社，2017年版，第502页。

四千余两，酌量分给。本多盈余，后经前辈达赖喇嘛，因班第达公出力有年，遂将抄产地亩一半赏予班第达。率于边地萨喀、那克藏、哈喇乌苏游牧等处，派羊四千余只，分给达木。"[1] 其二，达木蒙古官兵享有固定赐赏。乾隆年间，"西藏赏需一项，向来止赏达木官兵"[2]，每年清廷会考核达木固山达、佐领等官兵，对于勤劳恭顺者，固定以林青侧一地的差赋，每年合银二千余两，归入达赖赏项中拨付。

有观点指出："达木蒙古在嘉庆以前藏地国防史上曾经占有相当重要地位，嘉庆以降，该族群仍活跃于藏地历史舞台，不过往日辉煌的表现已不可复见。"[3] 事实上，达木蒙古的军事价值及清廷对其的重视贯穿了整个清朝。若说往日辉煌不可复现，更多是因为清朝中后期安藏重心南移，以及清廷治藏思维由武力进取到保守维持的转变。嘉庆以后，清廷对达木蒙古兵力采用"平时切莫调用"原则，正因为对用其征战更加谨慎而非轻视，松筠才会在《达木观兵》中呼吁达木蒙古兵丁："游牧固安生，因何武备轻，健儿须奖率，法度赖持衡。"他还在军中添置军旗、海螺等。

三、达木蒙古在清朝治藏中的其他功能

清朝分制西藏的政策明显，在川青藏地区因循地方特色统治，后藏地区于顺治朝册封班禅分前藏之势，喀木（康区）的类乌齐、察木多、边坝等地首领于雍正九年（1732）获封诺门罕名。珠尔默特那木札勒事件后，乾隆意识到"如珠尔默特那木札勒一言而塘汛断绝，班第达一言而塘汛复通，信息往来，惟藏王之言是听，而驻藏大臣毫无把握，如此即驻兵万人，何济于事"？"西藏事必当众建而分其势""令自我出"[4]，于是此前颇罗鼐（后其子）管辖的达木蒙古被划归

---

[1]《西藏研究》编辑部：《卫藏通志》，西藏人民出版社，1982年版，第491页。
[2] 张羽新：《清朝治藏法规全编》，学苑出版社，2003年版，第1869页。
[3] 杨嘉铭：《清代西藏军事制度》，唐山出版社，1996年版，第122页。
[4] 西藏研究编辑部：《清实录藏族史料》，西藏人民出版社，1982年版，第1164页。

驻藏大臣直辖,清廷还凸显其在藏北的特殊地位,使之成为驻藏大臣衙门的特派力量,在处理藏北政治、经济、社会等事务上发挥作用。

清代达木蒙古的特殊地位,从与藏北藏属和同属驻藏大臣管辖的三十九族之差异,可见一斑。一是如上所述,达木兵丁有商上固定供款和藏北藏属地区的绵羊税(郭差)供给,相关薪饷还曾给藏北边地带来较重负担,以至萨喀、那克藏、哈拉乌苏等藏属牧民逃者较多。道光二十四年(1827),藏属那仓因雪灾向噶伦求免秋税一档案载:"绵羊按照惯例为达木地方蒙古人之薪饷,而今由大皇帝赐给达木地方蒙古人薪俸,后复蒙皇恩,达木地方蒙古人毋须出兵远去他处哨防。我等同属羌地,最好永远豁免上述牛和绵羊差税。"[1]可见,藏北边民对彼此差异深切可感。二是达木蒙古与同属驻藏大臣管辖的三十九族[2]相比,后者有帮朋边坝、察木多等大道脚价银的差税,达木蒙古均未见载。另,三十九族每年还需缴纳贡马银三百九十余两,该银钱由驻藏大臣衙门征收,用于买办缎茶等,奖赏达木官兵。三是遇特殊灾情,达木蒙古有驻藏大臣衙门的直接援助。据记载,道光九年七月十五日,理藩院主政奉命亲往达木蒙古抚恤被灾兵民,散给银两茶叶。又道光十年正月十九日军队处函饬,"今达木八族及三十九族均遭雪灾,念及达木官民生计,曾分别赏赐五百两银子"[3]。

另需提及的是,达木蒙古的赋税也较轻,主要是盐税。"赴盐池采取盐斤,每年交纳商上税盐一百驮"[4],该税率一直延续至光绪三十三年(1907)为练新军才修订,时达木蒙古与噶厦出现盐税纠纷,联豫则要求商上退还其已交旧盐驮,改由驻藏大臣衙门直接征收。[5]

---

[1] 西藏自治区历史档案馆等:《西藏地方历史档案丛书·灾异志——雪灾篇》,西藏人民出版社,1985年版,第4页。

[2] 三十九族位于川青藏交汇的藏北地区,清代又称伙尔三十九族,藏语称嘉代索古,意为汉管三十九族。早在雍正十年(1733)川陕共同勘界后,三十九族划归藏属,由驻藏大臣衙门管辖,其地纵三百余里、横七百余里,人口近万,居民以游牧为生。

[3] 西藏自治区历史档案馆等:《西藏地方历史档案丛书·灾异志——雪灾篇》,西藏人民出版社,1985年版,第16页。

[4] 《西藏研究》编辑部:《卫藏通志》,西藏人民出版社,1982年版,第505页。

[5] 西藏自治区档案馆:《清代西藏地方档案文献选编·八》,中国藏学出版社,2017年版,第2300页。

此外，达木蒙古还承担一定军岗差税[1]和宗教义务，但经常得到豁免和相应补偿。如乾隆三十七年（1772）噶厦政府一份文献载：达木地区索本之代理因顾及索本之面，减免部分二岗地之乌拉差税。然其曲解批文内容，将本来减免之两岗苛税，执意强加为五岗。[2] 18世纪初藏历土羊年拉萨传召大法会中，达木八旗按制需筹备法会驱鬼仪式中马队所需盔甲、武器、全副马鞍等物，会后清廷又都给予了赏赐。[3]

达木蒙古享有的特殊待遇，常吸引藏属牧区逃民，由此引来噶厦政府的干预："尚在驻藏大臣辖地之人丁牧户，凡与世俗相符的，又与买卖契约确无关系者，应一律按木兔年（1795）以来，汉藏所属文契内容，将所有人畜退回。不得借口在驻藏大臣管辖部落当兵等因，强辞耍赖，据为己有，必须切实退还。"[4] 噶厦政府也多次表现出对达木蒙古的觊觎，清末联豫在奏牍中有"唐古忒屡欲侵占其地，该达木官兵等皆不允从"的言辞。清政府始终重视维持达木蒙古的特殊地位，如光绪十八年（1892）清政府拒绝噶厦政府征调达木蒙古兵丁、军饷的要求，光绪二十五年（1899）十三世达赖喇嘛通过哲布尊丹巴上奏清廷希望管理达木八旗，也被清廷批判为"不识大体""妄议更张"。[5]

在驻藏大臣管辖下，达木蒙古经常在藏北执行特派任务。首先，达木蒙古官员常受委派，协助处理三十九族的内外纠纷。西藏夷情事务理藩院档案载，嘉庆二十四年（1819）三十九族内噶鲁族与色尔查族启衅，"未便据罗卜藏彭措（噶鲁族百户）一面之词，即为差官前

---

[1] 乾隆时期为保障西藏兵弁数，专门划拨三千军岗差地，其中安多、达木等共有三百七十个军差岗。
[2] 西藏自治区档案馆：《清代西藏地方档案文献选编·一》，中国藏学出版社，2017年版，第38页。
[3] 西藏自治区档案馆：《清代西藏地方档案文献选编·一》，中国藏学出版社，2017年版，第11页。
[4] 西藏自治区历史档案馆等：《西藏地方历史档案丛书·灾异志——雪灾篇》，西藏人民出版社，1985年版，第24页。
[5] 牙含章：《达赖喇嘛传》，人民出版社，1984年版，第152、155页。

往查办",驻藏大臣衙门夷情司即速派令大通事,会同总百户严查伊等启衅根由,札行总百户即赴色尔查族适中守候,并饬噶鲁族静候查办、毋得开衅[1],得札后达木总固山达会同总百户赴色尔查族严查启衅事件。三十九族与藏属牧区发生纠纷时,达木官员也常与噶厦政府官员一道监察,道光十四年(1834)西藏夷情事务司饬达木帮办总固山达噶玛墩柱札记载:三查族四户百姓雍中丹增等,与唐古特所属匦敢娃征占草场,诉讼不休……帮办会同诺门罕番目一同前往该处验明……该总固山达速速将启程日期先行拟定,以凭转报,毋违。[2] 三十九族虽更早划归驻藏大臣直辖,地域和人口规模也超过达木蒙古,但内外纠纷却受后者监察,可见达木蒙古对清朝治理藏北的特殊价值。

其次,为保障前藏至青海、四川的联系往来,达木蒙古官员常受令勘察藏北台站的乌拉供应。廓尔喀战争后,清朝自打箭炉到拉萨设有六处粮台,粮台之间又设若干站,其中察木多、拉里和拉萨三粮台划归藏属,由驻藏大臣管理。各台站沿用乌拉办法,由当地藏民提供人畜负责运输,给予一定运输脚价费用。按制,硕般多、洛隆宗、边坝等台站脚价分别由三十九族中的噶鲁、那鲁、色尔查等族帮朋,于是达木官员经常被派至各族,监察脚价帮朋情况。据夷情事务档案记载,嘉庆二十年五月(1815),总固山达策令班觉尔受命会同百户查办三十九族帮朋不清,争控等事务;[3] 道光九年(1829)帮办大臣广庆回京,夷情事务理藩院"派达木官赴各族守催,惟拉里一站马牛掣肘,令本院复又专差达木官员前往三六村族,会同百户百长等到拉雇佣马牛应付"[4]。道光十二年(1831),为保障廓尔喀使者赴京例

---

[1] 西藏自治区档案馆:《清代西藏地方档案文献选编·四》,中国藏学出版社,2017年版,第92页。

[2] 西藏自治区档案馆:《清代西藏地方档案文献选编·四》,中国藏学出版社,2017年版,第347页。

[3] 西藏自治区档案馆:《清代西藏地方档案文献选编·四》,中国藏学出版社,2017年版,第109页。

[4] 西藏自治区档案馆:《清代西藏地方档案文献选编·四》,中国藏学出版社,2017年版,第269页。

贡，达木总固山达四郎八柱和佐领工嘎扎喜受命查看三十九族是否按制帮朋、宽备乌拉，"此案即令该佐领等，顺便饬令三十九族百户长将应帮边坝当差，头人牛马脚价，循照旧章如数帮给，不准抗违，以免苦累……此札仰该达木佐领四郎八柱、工嘎扎喜并遵，即赴族转谕……该佐领等前往务须善为，问遵办理妥协，随时具报查考，毋违"[1]。达木蒙古在维系川青藏往来的乌拉保障、促进藏地与中央及与外界交流中都有较大贡献。

再次，达木蒙古官员还负责稽查夹坝和外来流民等事务，维护藏北稳定。道光七年（1826），夷情事务札饬达木总固山达噶玛墩柱，藏属哈拉乌苏东北一带系西宁赴藏通衢，其三十九族及达木蒙古等处地面，亦与西宁属境相通，今西宁野番滋扰，现派官兵捕追，自应酌派官兵周厉防堵，以免贼匪逃逸，同时防止三十九族达木属番私自出境。[2]道光八年（1827），往来青藏之番商遭果洛克夹坝抢劫，并引发报复纠纷，达木总固山达即受命一体严拿，"毋得漏网"[3]。该事件处理结果如下：由达木官员将查出赃物带来藏，以凭转发各失主承领。所有札玛尔等处番民由该固山达等，遵照本院前次札谕及二位大人告示内言语词意，明白开导，妥为办理。务令该番民等倾心感悦，豁然醒悟，共相劝勉，同为善良，不至再生妄念，为非滋事，是为切要。[4]光绪三十一年（1905），新疆哈萨克流民入藏聚于藏北捻充地区，因其头目病故，流民滋事，其间达木协领一直领命稽查哈萨克流民情况。光绪三十三年（1907），达木总固山达又奉命选派明白晓事佐领一名、精壮兵丁二十名，帮同护送流民至宁藏交界处。[5]达木

---

[1] 西藏自治区档案馆：《清代西藏地方档案文献选编·四》，中国藏学出版社，2017年版，第336页。

[2] 西藏自治区档案馆：《清代西藏地方档案文献选编·四》，中国藏学出版社，2017年版，第472页。

[3] 西藏自治区档案馆：《清代西藏地方档案文献选编·四》，中国藏学出版社，2017年版，第266页。

[4] 西藏自治区档案馆：《清代西藏地方档案文献选编·四》，中国藏学出版社，2017年版，第298页。

[5] 中央民族学院图书馆编，吴丰培主编：《联豫驻藏奏稿》，西藏人民出版社，1979年版，第39页。

蒙古地处藏北草原中部，对阻击流寇、晓谕藏民和遣送流民等事务，也发挥了较大作用。

经清廷特别经营，达木蒙古"二百余年来，极为安静"，对清中央政府在藏施政表现出坚定的认同。至清末西藏新政，联豫"饬令改换汉装、学习汉服"，达木官民"均各心悦诚服，一律遵从"，达木总固山达丹巴还捐款修建两所初级小学堂，其"力思振作，洵属可嘉"的精神获得清廷特赏二品顶戴。[1] 清朝覆灭后，噶厦政府授权色拉寺管辖达木蒙古，时达木蒙古西部一千户诺巴机巧拒不服从，并杀死前来接管的喇嘛，由此引发了与色拉寺之间的强烈武装冲突。

结语

达木蒙古是藏北蒙藏势力交汇的蒙古族聚居地，在清初防准安藏时期很快因地缘优势成为清军驻防要地。清中后期藏地西北相对安靖且安藏重心逐渐南移，达木蒙古的军事驻防功能渐有衰退，但又因民族特性和清朝"分而治藏"政策，长期得到了清政府的信任与重视，持续在卫藏战争、兵力输出和日常操演等军事活动，以及对维持藏北社会稳定的经济、政治等事务中发挥重要作用。作为区别于其他藏属地区的特殊地域，达木蒙古在驻藏大臣管辖的一百六十余年间，面对噶厦政府的多次觊觎，始终表现出对清中央朝廷的认同与顺从，这与清朝治藏的区域性政策密切相关。清廷通过经营达木蒙古，收获了边疆内部相互制衡与边疆稳定的良好效果，对其研究有利于深化了解边疆内部社会的复杂性与关系结构，也有利于更好把握边疆内部更小区域的认同与抉择。

---

〔1〕 中央民族学院图书馆编，吴丰培主编：《联豫驻藏奏稿》，西藏人民出版社，1979年版，第70页。

何以为界：雍正时期川、滇、藏行政界域划分与康藏治理

◎ 王丽娜

雍正年间川、滇、藏行政边界的划分，是清朝前期西藏治理的重要事件，对清朝治藏战略的形成与发展具有重要的战略意义，是清朝中央政府维护国家统一、管理地方的重要手段。作为罗卜藏丹津事件的善后举措，清朝通过划定川、滇、藏之间的界线和对康区[1]的实际控制强化了对康区的直接统治，使其作为一个相对独立的区域，成为治理西藏的前沿与依托，奠定了其后康藏治理的基本格局，对康区及相邻区域间的关系产生了深远影响。因此，对雍正年间川、滇、藏划界这一议题展开讨论，具有十分重要的历史价值与现实意义。

学界对雍正时期川、滇、藏界域划分已有不少论述，关于此次划

---

[1] 传统上，藏族将其居住地域分为三大区域，即藏语三大方言区："卫藏""安多"与"康区"。川西高原的大部分、滇西北及藏东一带即被称作"康区"，在行政区划上大致包括今西藏昌都市、四川甘孜藏族自治州、云南迪庆藏族自治州的全部和四川阿坝藏族羌族自治州以及青海玉树、果洛藏族自治州的部分操藏语康方言的广大地区。参见石硕：《藏族三大传统地理区域形成过程探讨》，《中国藏学》，2014年第3期，第51页。

界的原因、实施过程、划界的特点等均有所涉及。[1]但是,这些研究主要关注划界过程本身,较少将之置于清朝及其之后的整体历史中来考察,对其所蕴含的理念及重要意义也考察不足。我们注意到,从清中期到民国的 200 余年间,康藏局势屡次发生重要变化,对界线的争议也持续不断,但是雍正年间所划定的川、滇、藏的界线却基本未变,这说明了清朝前期划界的战略前瞻性与界线划定的合理性。事实上,在清朝前期提出川、滇、藏划界这一设想之初,"以何为界"就成为一个显性问题。为此,清朝进行了考察与探索,并最终划定了界线。但是,与"以何为界"相伴随的另一议题是"何以为界",这就指向了划界具体实践背后的治理理念。那么,雍正年间的川、滇、藏划界是如何在多方关系格局中权衡利弊并确定具体界线,其中又体现了清朝治藏的何种理念与战略?这成为理解雍正时期川、滇、藏划界的关键。因此,本文在清朝治藏战略的理念与视野内,讨论川、滇、藏划界中"以何为界"的具体情形,追问"何以为界"背后的地理与人文、局势与战略,从而为理解清朝前期康藏治理提供新的视角。

一、清初康区政治格局变迁与川、滇、藏划界的提出

1639 年,蒙古和硕特部首领固始汗率部南下康区,击败此时康区势力最大的白利土司。1641 年,固始汗又率领军队向西藏进兵。翌年,藏巴汗战败。从此,和硕特蒙古开始了在西藏长达 75 年的统

---

[1] 民国时期,因康藏界务纠纷频繁,时人对于川、滇、藏划界关注较多,主要参见任乃强:《西藏自治与康藏划界》,《边政公论》,1946 年第 5 卷第 2 期,第 7—13 页;冷亮:《康藏划界问题之研究》,《东方杂志》,1935 年第 32 卷第 9 期,第 43—55 页;周馥昌:《康藏界务问题之研究》,《边事研究》,1934 年第 1 卷第 1 期,第 32—37 页;成郡:《西康沿革及康藏界务之纠纷》,《康藏前锋》,1935 年第 3 卷第 1 期,第 23—26 页等。近年来学界的研究成果,主要参见邓锐龄:《年羹尧在雍正朝初期治藏政策孕育过程中的作用》,《中国藏学》,2002 年第 2 期,第 78—89 页;赵心愚:《清康雍时期川、滇、藏行政分界的两个问题》,《四川师范大学学报》(社会科学版),2019 年第 6 期,第 143—149 页;李凤珍:《清朝对西藏与四川、青海、云南行政分界的勘定》,《西藏研究》,2001 年第 1 期,第 66—73 页;黄辛建:《卫藏与康区的界线形成演变过程探讨》,《西南边疆民族研究》,2018 年第 3 期,第 9—17 页;黄辛建:《雍正时期藏区行政划界研究》,《中国藏学》,2018 年第 3 期,第 92—101 页。

治。固始汗离开康区后,其孙罕都台吉在康区继续大规模征战。至17世纪末,和硕特蒙古已经控制了包括云南中甸(今迪庆香格里拉)、康区打箭炉(今康定)在内的整个康区。[1] 随着和硕特蒙古势力在康区的推进,藏传佛教格鲁派也在康区不断扩张。据统计,这一时期格鲁派在康区所建的寺庙达到80多座。[2] 因此,这一时期康区实际上处在蒙藏联盟的控制之下。而清朝除了采取对东部一些归顺的土司进行敕封等政治手段加以保护外,对康区并无直接有效的治理举措。[3]

在吴三桂叛乱初期,康熙皇帝已经注意到康区打箭炉一带战略地位的重要性。[4] 康熙有心对康区展开经营,但由于西南吴三桂叛乱及西北准噶尔蒙古势力的威胁,直到"西炉之役"之前,清朝在康区都未能进行有效的管控。随着康熙三十九年(1700)"西炉之役"的爆发,清朝开始直接控制包括打箭炉在内的雅砻江以东大片地域,并以此为基础拉开了向康区西进的序幕。康熙五十六年(1717),准噶尔蒙古首领策妄阿拉布坦派军攻入拉萨,西藏陷入混乱。清朝为恢复西藏秩序,两次派大军入藏,展开"驱准保藏"行动。清朝通过此次行动取代和硕特蒙古开始推进对西藏的直接统治,变"汗王制"为"噶伦制",并首次实现在西藏驻军。同时,为保障此次行动的成功,清朝还开通了由打箭炉进藏的道路。这条道路与内地以往进藏所走的西宁路相比优势明显,所以此后川藏道被辟为内地往来西藏之官道。[5] 自此,清朝实现了对西藏的直接统治,而康区作为西藏与内

---

〔1〕 赵心愚:《清初康区的政治军事格局与世纪之交的"西炉之役"》,《中国藏学》,2017年第1期,第61—62页。

〔2〕 第悉·桑结嘉措:《格鲁派教法史——黄琉璃宝鉴》,许德存译,陈庆英校,西藏人民出版社,2009年版,第248—265页。

〔3〕 赵心愚:《清初康区的政治军事格局与世纪之交的"西炉之役"》,《中国藏学》,2017年第1期,第62页。

〔4〕 张闶在其《从满文〈喀木地方一统志〉看清廷对康区的地理认知》(《中国藏学》2019年第3期,第165—179页)一文中指出康熙早期即已经注意到康区打箭炉、中甸一带的重要意义,满文文书对这些地名已多有提及。

〔5〕 石硕、王丽娜:《清朝"驱准保藏"行动中对打箭炉入藏道路的开拓》,《中山大学学报》,2018年第3期,第136—146页。

地之间的中间地带，因其重要的通道作用，战略地位开始凸显，逐渐成为清朝治藏战略的前沿与依托。鉴于康区的重要战略地位，"驱准保藏"行动成功之后，康熙皇帝即有划定川、滇、藏界线的想法。邓锐龄先生指出，西藏地方与内地川、滇二省边界的划定，是在康熙五十七年（1718）初次派兵进藏时即着手策划之大事。[1] 赵心愚通过对大量史料的梳理证明了这一观点。[2] 雍正三年（1725）十一月，雍正皇帝的一番话对此亦有印证："皇考遣兵征剿完毕后，原拟详查地情，封赐尔喇嘛。然因防守卫藏之将士凯归，未及详查。继而青海罗卜藏丹津叛乱，故悬宕至今。"[3] 文献所说的赏赐达赖喇嘛封地，实际上就是要在西藏与内地之间划定较为明确的界线，但由于此时康区很大一片区域还在和硕特蒙古的控制之下，划界条件还不成熟，所以未能施行。

雍正元年（1723），青海罗卜藏丹津发动反清战争，清朝借此机会顺势将康区全面纳入直接管辖，结束了和硕特蒙古统治康区80余年的历史。在此基础上，清朝开始展开川、滇、藏的划界行动。可以说，川、滇、藏行政界域的划分是清朝前期西藏治理中的重要举措，其目标在于实现对康区的直接统治，使其发挥治藏前沿与依托的重要作用。

雍正二年（1724）五月十一日，年羹尧提出了川、滇、藏行政界域划分的建议：

> 而洛笼宗以东，凡喀木之地，皆纳添巴于西海诸王、台吉者也；其洛笼宗以西，藏、卫两处，昔日布施于达赖喇嘛与班禅喇嘛，以为香火之地，是知洛笼宗以东巴尔喀木一路，皆为西海蒙

---

[1] 邓锐龄：《年羹尧在雍正朝初期治藏政策孕育过程中的作用》，《中国藏学》，2002年第2期，第87页。

[2] 赵心愚：《清康雍时期川、滇、藏行政分界的两个问题》，《四川师范大学学报》，2019年第6期，第143—149页。该文认为，清代川、滇、藏行政分界开始于康熙末年，后延续至雍正初年。

[3]《谕达赖喇嘛赏赐土地及委任噶伦》，中国藏学研究中心等编：《元以来西藏地方与中央政府关系档案史料汇编》第2册，中国藏学出版社，1994年版，第365页。

古所有。今因西海悖逆而取之，当分属于四川、云南无疑矣。救十数万之番民，使出水火之中而登之衽席，其词正，其义严，并非取达赖喇嘛香火田地，未可因此而借口也。[1]（雍正皇帝朱批：若此，妙不可言[2]）

年羹尧的这份奏折是目前所见最早关于川、滇、藏划界具体措施的记载材料。根据年羹尧的想法，只有洛隆宗（今西藏昌都洛隆县，文献中又写为"洛笼宗""洛龙宗""罗隆宗"等）以西才是早年和硕特蒙古布施于达赖喇嘛及班禅喇嘛之地，而从怒江以东开始，包括里塘（今四川理塘）、巴塘、察木多（今西藏昌都）等地原为和硕特蒙古管辖之地，如今罗卜藏丹津被清朝打败，那么其原辖地毋庸置疑应收归清廷直接管辖，这事实上就在历史溯源上确立了此次划界的基本原则。因此，上述地区收归清廷直接管辖，分属川、滇两省，是合情合理的安排。对年羹尧的奏请，雍正皇帝认为"若此，妙不可言"，表示高度认同。

年羹尧被贬职，后又被处死，岳钟琪继任川陕总督。与年羹尧的设想相比，岳钟琪主张"其罗隆宗等部落，请赏给达赖喇嘛管理"[3]，其所提出的内属范围实际上缩减至金沙江西岸地区。岳钟琪举荐四川提督周瑛与云南提督郝玉麟负责勘界一事。雍正三年（1725）七月二十九日，周瑛同员外郎常保自西藏启程，至察木多与郝玉麟会面，共同沿途勘查地界。据雍正《四川通志》载：

> 至雍正四年十月，云南提督郝玉麟、四川提督周瑛俱在西藏旋师至巴塘地方会勘归川归滇疆界。次年三月，副都统鄂齐、内

---

[1]《年羹尧奏陈平定罗卜藏丹津善后事宜十三条折》，中国藏学研究中心等编：《元以来西藏地方与中央政府关系档案史料汇编》第2册，中国藏学出版社，1994年版，第351页。

[2]《川陕总督年羹尧奏陈料理西海蒙古与陕西四川云南沿边地方诸项事宜折》，张书才主编：《雍正朝汉文朱批奏折汇编》第31册，江苏古籍出版社，1989年版，第763页。

[3]《清实录》第7册《世宗实录》卷38，雍正三年乙巳十一月乙未朔条，中华书局1985年版，第555页。

阁学士班第、四川提督周瑛前往巴塘、叉木多一带指授赏给达赖喇嘛地方疆界，五月抵巴塘会勘，巴塘邦木与赏给西藏之南登中有山名宁静，拟于山顶立界碑，又喜松工山与达拉两界山顶亦立界石，山以内均为内地巴塘所属，山以外悉隶西藏达赖喇嘛所管。[1]

此记载即是此次划界的最终结果。可以看出，此次川、藏界线主要有两处地标：其一为巴塘以西之宁静山，是金沙江与澜沧江分水岭，因邦水塘而得名，藏人称为"邦拉"，据任乃强《西康图经》所载，"此界碑高二尺余，在山顶平坦处"[2]。界线之二位于喜松工山与达拉之间，喜松工山在巴塘之西，是巴塘与江卡旧界，达拉在盐井西南，据任乃强考察，"此地原无界碑，官商过此者，约略知此带为川藏界山，又轻其间之无人户，遂漫然谓喜松工山为界"[3]。总的来看，此次划界的实际范围大抵是以金沙江一线为界，金沙江以东归四川管辖。与之前年羹尧的建议相比，划界范围由怒江以东移到金沙江以东。需要指出的是，其中位于澜沧江两岸的察木多、乍丫、类乌齐以及八宿为四大呼图克图属地[4]，此次划入西藏。但实际上，四大呼图克图因其恭顺，都持有清朝颁发的印信号纸，受内地节制。[5]

---

[1] 雍正《四川通志》卷21《巴塘》，《景印文渊阁四库全书》第560册，台湾商务印书馆，1985年版，第174—175页。

[2] 任乃强：《西康图经·境域篇》，拉巴平措编：《任乃强藏学文集》上册，中国藏学出版社，2009年版，第87页。

[3] 任乃强：《西康图经·境域篇》，拉巴平措编：《任乃强藏学文集》上册，中国藏学出版社，2009年版，第88页。

[4] 其中，察木多由绛巴林寺的帕巴拉呼图克图管辖，类乌齐由类乌齐曲呼图克图管辖，乍丫地区由乍丫切仓罗登西饶呼图克图管辖，八宿一带由达察济隆呼图克图管辖。

[5] 康熙五十八年，康熙皇帝册封察木多帕巴拉呼图克图，并令"尔等管辖的寺庙和百姓仍归尔管理。任何人不得侵犯"；康熙五十八年（1719），康熙皇帝赐封乍丫切仓罗登西饶呼图克图"讲习黄教那门汗之印"；雍正三年（1725），雍正皇帝赏赐帕巴拉名号和印信；雍正元年（1723），对类乌齐的帕曲呼图克图"赏给诺门汗名号，印信，敕书及寺庙匾额"；而八宿的济隆呼图克图是康区四大呼图克图最早被册封的。参见西藏自治区档案馆藏文档案。该档案由巴夏加译出。转引自土呷：《昌都清代的四大呼图克图》，《中国藏学》，2001年第4期，第39—51页。另参见李亦人：《西康综览》，正中书局，1946年版，第134—138页；张柏桢：《西藏大呼毕勒罕考》，中州古籍出版社，1986年版，第29页。

所以，把这些地区赏给达赖喇嘛管理，主要是指在宗教上的联系。

雍正五年（1727），四川与云南之间的界线最终划定。据《滇云历年传》记载："云南、四川委员会勘疆界，以红石崖为分址。凡江外中甸，江内其宗、喇普、阿墩子等地方，俱还滇辖。而里塘、巴塘直至查木道，俱归四川。"[1]

川、青、藏的界线，直到雍正十年（1732）才正式划定。其中，川、青、藏交界处的大片区域，雍正时期称为"七十九族"[2]。雍正九年（1731），清朝派四川、西宁、西藏三地大员会同勘查地界，对七十九族地界进行划分。其中，以唐古拉山为界，界北之青海玉树四十族划归青海[3]，由钦差总理蒙古番子事务大臣（即乾隆元年以后所称的西宁办事大臣）管辖；界南至当拉岭东南、怒江上游直抵类乌齐之三十九族则划归西藏，由驻藏大臣直接管辖，清朝设"理藩院司员一员，管理达木蒙古八旗官兵三十九旗番民事务，承办驻藏大臣衙门清文稿案，三年更换"[4]。至此，清朝自康熙时期即开始实施的划界行动基本宣告完成。

二、以界为屏：划界之地理与文化考量

从1639年和硕特固始汗南下康区至雍正二年（1724）罗卜藏丹津事件结束，和硕特蒙古统治康区长达80余年。正如年羹尧所说的那样，这一带民众"止知有蒙古，而不知有厅卫，不知有镇营"[5]，

---

[1] 倪蜕：《滇云历年传》卷12，李埏校点，云南大学出版社，1992年版，第589页。

[2] 对于藏北这一大片区域，雍正时期称为"七十九族"，乾隆时期称为"三十九族"。任乃强曾指出，雍正时期称七十九族，"盖就招抚投诚之数言也"；后经过划界，其中三十九族归西藏后由驻藏大臣直接管辖，所以乾隆时期称"三十九族"。参见任乃强：《西康图经·境域篇》，拉巴平措编：《任乃强藏学文集》上册，中国藏学出版社，2009年版，第95页。

[3]《西藏研究》编辑部：《卫藏通志》，西藏人民出版社，1982年版，第505—506页。

[4]《西藏研究》编辑部：《卫藏通志》，西藏人民出版社，1982年版，第335页。

[5] [清]年羹尧撰：《年羹尧满汉奏折译编》，季永海、李盘盛、谢志宁翻译点校，天津古籍出版社，1995年版，第285页。

和硕特蒙古对康区的影响可见一斑。和硕特蒙古不但"以青海地广，令其子孙游牧，而喀木（即康区）输其赋"[1]，以养青海蒙古，还常裹挟周边部落进犯内地。例如在罗卜藏丹津反清时，"西番蜂起，一呼百应，俨然与官兵为敌……贼来而番为之导，贼去而番之劫掠久久不息"[2]，清朝屡受青海蒙古之苦。而对于如何治理和硕特蒙古，清朝上下更是颇费心思。川、滇、藏界线的确定则是进一步加强对和硕特蒙古部落管辖的制度化举措。

历史地看，行政界线的划定往往遵循山川形便与犬牙交错两个基本原则，清朝在川、滇、藏划界中，既关注到山川所形成的自然地理界线，也考虑到社会文化的分野，特别是注意到当地民众的内属程度。这样，在地理与人文两个方面进行了充分考察后施行的边界划分，更加符合整体的战略与当地的情形，从而通过行政区域的划分达成其治藏的目标。

1. 山川形便：以宁静山为天然之地理界线

罗卜藏丹津事件结束后，清朝开始全面控制康区，其依托康区治理西藏的治藏策略也基本形成，故而在行政上划定川、滇与西藏之间的界线就尤为重要。清朝所划定之川、藏界线为喜松工山与宁静山。自巴塘至察木多又有大、小两路，"其一为宁静大路，其一为贡觉小路"[3]，贡觉小路即经巴塘西渡牛古渡分路，渡金沙江，经喜松工至江卡、贡觉至察木多。由于小路不宜安设台站，所以宁静大路成为内地往来西藏之间的官道，宁静山是川藏官道的必经之地，并且在地形上宁静山也能够起到隔绝与防御的功能。

从地形上看，宁静山出自唐古拉山脉，山体庞大、支脉繁多，山

---

[1] 魏源：《圣武记》卷5《外藩·国朝绥抚西藏记》，中华书局，1984年版，第202页。

[2] [清]年羹尧撰：《年羹尧满汉奏折译编》，季永海、李盘盛、谢志宁翻译点校，天津古籍出版社，1995年版，第285页。

[3] 任乃强：《西康图经·境域篇》，拉巴平措编：《任乃强藏学文集》上册，中国藏学出版社，2009年版，第88页。

脊海拔均在5000米雪线之上，最高峰海拔达6324米[1]，是由打箭炉向西至藏第一大山脉。清人姚莹在其所著《康輶纪行》中曾对宁静山加以专门的描述：

> 数里跻其巅，复宽衍，峰峦秀复，即所谓宁静山也。迤逦久之，见雍正五年所立界碑。山以东为川辖，山以西为藏辖。碑裁二尺，字已漫灭。巴塘有巡兵数名于此。山大而长，东向一山，如屏。南北各起一峰翼之，势如龙虎，朝拱内地。自打箭炉至此，未有若此山者，宜以宁静得名也。[2]

从姚莹的记载可见，宁静山山势险峻，可以形成地势上的隔绝，所以选择宁静山作为川、藏界线是合理的，可以使其成为天然的自然界线。

《西藏志》记载过宁静山一路向西至洛隆宗沿途之状况。[3]从这一记载可以发现由宁静山向西一路走来，每过几十里就要翻过一座大山，道路更是陡峭狭窄、崎岖难走。不仅如此，在很多地方常年积雪，烟瘴，汉人至此死亡颇多。这些都与宁静山以东地区的地理状况差异颇大。细数宁静山以东较大的城镇，打曲（雅拉河）、折曲（折多河）交汇处的打箭炉，是一处宽敞的平地，为汉藏贸易总会；里塘"山岭虽多而少崭岩之势，平坡蔓衍，道途四达"[4]；巴塘更是地势平坦，气候和煦，俨如内地。[5]所以从当时的情形来看，宁静山以西复杂的地理状况是周瑛等选择将其划入西藏的一个重要因素。而

---

[1] 芒康县地方志编纂委员会编：《芒康县志》，巴蜀书社，2008年版，第26页。

[2] [清] 姚莹撰：《康輶纪行校笺》卷5《邦木宁静山》，刘建丽校笺，上海古籍出版社，2017年版，第185页。

[3] 详见《西藏研究》编辑部：《西藏志》，西藏人民出版社，1982年版，第50—51页。

[4] [清]《中国方志丛书·西部地方》第29册，台北成文出版社有限公司，2007年版，第12页。

[5] 冷亮：《康藏划界问题之研究》，《东方杂志》，1935年第32卷第9—12号，第46页。

且,从地貌上看,由于地质上的造山运动,过了金沙江,自宁静山开始出现红色地貌,从视觉来说,自打箭炉一路向西,宁静山应该是一处天然分界。《中国国家地理》杂志载文指出:"车过竹巴龙,便进入西藏境内,318国道在一个拐弯之后,混浊的金沙江迅速在视线内消失,群山也开始呈现出历经两亿年才形成的红色。"[1]虽然在划界过程中并无此种描述,但是这样截然差异的地貌也呈现出"异域"之感。所以,以宁静山为界也有着景观上的意义。

2."生番""熟番":番民内属与社会文化界线

虽然从年羹尧的主张到最终周瑛所划定的实际界线,划归川、滇管辖的区域由怒江流域东移到金沙江以东,但是在妥善处理蒙藏事务、巩固康区以加强对西藏的统治与治理上,岳钟琪、周瑛等人与年羹尧并无二致。

雍正二年(1724)五月,年羹尧在《条陈西海善后事宜折》中指出:

> 查古什罕之子孙占居西海未及百年,而西番之在陕者,东北自甘、凉、庄、浪,西南至西宁、河州以及四川之松潘、打箭炉、里塘、巴塘与云南之中甸等处,沿边数千里,自古及今,皆为西番住牧。其中有黑番、有黄番、有生番、有熟番,种类虽殊,世为土著,并无迁徙,原非西海蒙古所属,实足为我藩篱。[2]

从年羹尧的奏疏中可见,康区面积广大,区内各人群在多方面差异甚迥,有"生番""熟番"之分。何谓生熟?鲁之裕在研究台湾高山族时曾云:"生者何?不与汉群,不达吾言语者也;熟者何?汉番

---

[1] 孙吉等:《芒康山垭口》,《中国国家地理》,2008年第3期,第54页。
[2] [清]年羹尧:《年羹尧满汉奏折译编》,李永海、李盘盛、谢志宁翻译点校,天津古籍出版社,1995年版,第285页。

杂处，亦言吾言、语吾语者也。"[1] 这实际上指出了与汉人的接触，在语言、文化、习俗等方面受汉人影响的程度，决定了其内属程度，某种程度上也是指向与中央王朝联系的密切程度。近内地、习汉语风俗并朝贡者，为熟番；边远区域习俗各异且不服王化者，为生番。这些西番在人群种类上更是有"黑番""黄番"之属，在外貌、生计方式、习性上也与内地汉人存有差异。所以，年羹尧提出如下建议："其非附近我边，或住帐房就水草住牧者，听仍旧俗。"[2] "其洛笼宗、叉木多等处相距甚远，不便设立营汛，止令其每年贡马贡粮以为羁縻之法而已。"[3] 这意味着年羹尧已经认识到要依据康区内部族群的内属程度来划分界线。岳钟琪、周瑛等人在划界过程中亦秉持着这一理念，二人都曾深入藏人聚居区，深知当地民风、民情，对当地部族与中央王朝的关系等情况把握得更为准确。岳钟琪曾言："罗布藏丹津逆谋既实，必致骚扰里塘（今理塘）一带熟番。""倘西海征取的革（即德格）扰及熟番，该镇即一面调遣沿途驻防官兵相机堵杀。"[4] 由于岳钟琪等对康区了解非常深入，所以对于何处为"生番""熟番"也非常清楚。关于周瑛最终将川、藏界线划于宁静山一线，任乃强曾言："周瑛出入康藏，具知其地难治之状；时方受任四川提督，职在征剿，故乐于随势划出川外，以轻职责。"[5] 任先生受当时领土观念的影响，认为周瑛为轻职责，将大片区域划入西藏，但同时他也指出了关键的一点："乍丫民风犷悍，迭次大军西征时，皆只羁縻，未施惩创……附近之江卡、贡觉诸部，又皆连附乍丫，与之

---

[1] 鲁之裕：《台湾始末偶纪》，《魏源全集》第17册《皇朝经世文编》卷84《兵政十五·海防中》，岳麓书社，2004年版，第563页。

[2] [清] 年羹尧：《年羹尧满汉奏折译编》，季永海、李盘盛、谢志宁翻译点校，天津古籍出版社，1995年版，第286页。

[3] [清] 年羹尧：《年羹尧满汉奏折译编》，季永海、李盘盛、谢志宁翻译点校，天津古籍出版社，1995年版，第290页。

[4] 《四川提督岳钟琪奏调遣官兵驻防泸定桥里塘及屯驻黄胜关情由折》，《雍正朝汉文朱批奏折汇编》第1册，江苏古籍出版社，1988年版，第364页。

[5] 任乃强：《西康图经·境域篇》，拉巴平措编：《任乃强藏学文集》（上册），中国藏学出版社，2009年版，第91页。

同恶。"周瑛"具知其地难治之状"[1]。这些实际上都说明了当时此地民众的内属程度不够，属"生番"之列。

另外，从当时出入西藏人士所著的游记中，我们也可以大致了解怒江流域至金沙江以西的地理、风俗等情况。《西藏志》记载了由巴塘至察木多沿途之状况：

> 自巴塘至此一带番性狼狈好盗，又有桑昂邦官角上下瞻对等族，夹坝出期间，抢劫行路人物。[2]

《藏程纪略》记载洛隆宗以东之情况：

> 洛龙宗之怪石巉岩，到处左盘右折，昌都多胜概，形连二水环龙，瞻对有奇观，势若千军驻马。曰阿布喇，曰黎树，村村盗薮，曰夹坝，曰江噶，处处贼窝。凡属行役征夫，罔不惊心丧胆。[3]

清人王世睿于雍正十年（1732）进藏，其所撰《进藏纪程》记载：

> 江卡营官，系乌斯藏所辖也，图域褊小，番蛮悍野，以剽窃为事，与邻番合谋截劫，名曰夹坝，其性殊不易驯。……乍丫系正副营官管辖，番蛮悍野，惟事剽窃，较江卡尤甚。且路多支沟，易于藏匿，过者宜倍加慎焉。[4]

---

[1] 任乃强：《西康图经·境域篇》，拉巴平措编：《任乃强藏学文集》（上册），中国藏学出版社，2009年版，第91页。
[2] 《西藏研究》编辑部：《西藏志》，西藏人民出版社，1982年版，第51页。
[3] [清] 焦应旂：《藏程纪略》，吴丰培辑：《川藏游踪汇编》，四川民族出版社，1985年版，第14页。
[4] [清] 王世睿：《进藏纪程》，吴丰培辑：《川藏游踪汇编》，四川民族出版社，1985年版，第64—65页。

姚莹《康輶纪行》则以"乍丫夷情刁悍"概述乍丫一带总体情形。[1]

以上均为清人对这一带的真实感受与记载。任乃强先生在描述川、藏、青划界经过时曾言："西宁附近之熟番八大族，甲龙地方之熟番二十九族，固属青海。"[2] 可以看出任乃强先生亦认为当地民众的归化程度是清朝划界的重要考量。

综上所述，从年羹尧到岳钟琪，再到周瑛，他们都意识到划界过程中当地族群的归属问题，"生番""熟番"的差异及倾向是他们权衡界线划定区域的重要考量。自宁静山向西，夹坝众多，部众性野剽悍，"其性殊不易驯"。周瑛驻藏将近两年，对划界的地域都有详细勘查，对当地的实际状况应该最为了解。最终他将洛隆宗以东的大片地域划入西藏管辖。这体现了清朝划定川、滇、藏三省区界线背后的理念，也就是要保障清朝对康区的有效控制，使其成为治理西藏的坚实依托。

三、界而不分：控制关键节点，保障入藏道路通畅

清朝以天然屏障及少数民族的内属程度来划定川、滇、藏之界线，这的确是一种隔绝之举。但是，从更大范围的战略层面来看，划界绝非是绝对界线，它既要隔绝，但更是指向沟通，即保障内地与西藏之间交通的顺畅。清朝对此也有清醒的认识。因此，在界线划定时，清朝中央政府的一个基本目标就是要通过控制重要节点来保障康区进藏道路的通畅。[3]

早在雍正二年（1724）五月十一日，年羹尧就对划界一事表达了其看法：

---

[1] [清] 姚莹：《康輶纪行校笺》卷6《乍雅夷情刁悍》，刘建丽校笺，上海古籍出版社，2017年版，第219页。

[2] 任乃强：《西康图经·境域篇》，拉巴平措编：《任乃强藏学文集》上册，中国藏学出版社，2009年版，第95页。

[3] 黄辛建：《雍正时期藏区行政划界研究》，《中国藏学》，2018年第3期，第98—99页；王丽娜：《"内地边疆"的形成：清朝在康区的权力推进与治藏重心南移（1644—1748）》，四川大学2018年博士学位论文，第129—130页。

里塘乃四卫之要路，当设副将一员、马兵二百名、步兵一千名，分隶两营都司。鸦笼江之西，里塘之东，地名鄂洛，更为各处咽喉，应设参将一员、兵六百名。巴塘则喀木适中之处也，应设游击一员、兵五百名。巴塘所属之宗俄，系通滇省之冲衢，应设参将一员、兵一千名，俱听新设之总兵统辖，使滇省之声势可以相联。惟是巴塘所属各处，与云南之中甸结党，彼此交错，当俟议定之后，四川、云南两省各委文武大员查勘界址，分定管辖。倘有兵马行走之事，挽运兵粮，互相接济，此为第一要务。[1]

年羹尧指出，应该将里塘、巴塘两地划入四川而非云南，这样各道路之间可以相互策应，保障粮草运送，此为第一要务。粮草保障是决定军事行动成败的关键要素，尤其是深入青藏高原腹地作战，路途遥远，崎岖难走，加之气候恶劣，运送粮草就更加困难。所以，保障粮草的顺利运送，确保入藏通道的畅通是清朝此次划界最优先之原则。划界的实际操作者岳钟琪、周瑛与郝玉麟，也是本着这一原则开展划界行动的。这一点从雍正三年（1725）十二月初二日云南提督郝玉麟所奏川、滇划界详细过程折可以窥见。兹摘录如下：

窃臣遵奉谕旨会同四川松潘总兵官今升四川提督周瑛踏勘地界，臣与提臣周瑛会勘得察木多又归四川。自康熙伍拾玖年用兵西藏以来，川省驻防官兵一切挽运夫马番民甚是驯熟，且程途离云南陆拾余站，离四川伍拾余站，若归入云南分兵防守，不特供运购买较川省所费较多，且附近察木多如擦哇岗、洛隆宗、类五齐、硕板多等处地方亦又属四川征收钱粮，云南势难越界，遥为控制，即番民亦复呼应不灵，臣与四川提臣周瑛会议察木多自应仍归四川方为妥便……今南称巴卡肆处奋威将军现议归川，而杂

---

[1] ［清］年羹尧：《年羹尧满汉奏折译编》，季永海、李盘盛、谢志宁翻译点校，天津古籍出版社，1995年版，第290页。

处卡各处虽非大道，然与南称巴卡肆处均属相通，卑职等会查各地方俱在察木多至东北西北，与察木多相通，似应归并四川，应为画一等情……再乍丫离察木多柒站，为巴塘、里塘之要路，而巴塘、里塘系打箭炉之门户，又入四川版图，用兵以来四川皆有官兵防汛，仍归四川，不特番民土俗素所熟悉，即地方易于照看，臣与提臣周瑛各处亲至其地会勘，确实并无异议……今查云南鹤丽镇所属之阿喜汛过金沙江至中甸、奔子栏抵阿墩子计拾伍站路，在金沙江之内，一由云南剑川协所属之拖枝汛走为西出浪沧江捌站至阿墩子，一由云南鹤丽镇所属之塔城汛出其宗喇普拾叁站至阿墩子路在金沙江之外，以上三路程途不相上下，而为西、其宗、喇普、奔子栏等处，皆交错于中甸之腹里，紧接于滇省之汛防，而总通于阿墩子，则阿墩子实中甸之门户，自用兵以来滇省官兵驻防直至今日，虽其地近于云南而番民系昔年四川招抚，臣奉旨会勘地方，部议原有近川归川，近滇归滇之语，臣与川提臣周瑛确查其宗、喇普、为西、奔子栏至阿墩子近于云南，应归云南。则在川鞭长莫及，在滇实为近便，易于管辖。[1]

此奏折虽以郝玉麟名义上报，实际上应该是郝玉麟与周瑛会同商议后对于川、滇划界的主要想法，可以代表双方之意见。奏疏对何处归川、何处归滇以及为何如此划分等都进行了梳理。其中，察木多是川、滇两省会兵的重要地点，但是距离四川较近且粮草运送方便，因此，他们主张察木多及其附近的擦哇岗、洛隆宗、类乌齐、硕板多等地都入四川管辖；乍丫为巴塘、里塘之要路，而巴塘、里塘系打箭炉之门户，三地都是由打箭炉入藏通道的关键节点，应该划入四川管辖，以保障道路畅通；中甸是云南入藏通衢，"其宗、喇普、奔子栏等处，皆交错于中甸之腹里"，而"阿墩子实中甸之门户"，虽然上述地方原被四川招抚，但是因其在云南入藏通道上的重要地位，所以应

---

[1]《云南提督郝玉麟奏遵旨会勘川滇地界折》，张书才主编：《雍正朝汉文朱批奏折汇编》第6册，江苏古籍出版社，1989年版，第543—545页。

划入云南管理；而"杂处卡各处虽非大道，然与南称巴卡肆处均属相通"，对保障打箭炉入藏通道的畅通有重要意义，因此杂处卡各处应划入四川管辖。从以上这些地点归属的讨论中可以发现，川、滇两省界线的划分，最主要考量的是保障两条入藏道路的畅通。虽然最终的划界没有完全依照这些意见，但是此奏中所体现的保障入藏通道的理念应该是贯穿划界始终的。

周瑛与郝玉麟关于川、滇划界的主张得到了岳钟琪的赞同。在上奏朝廷的奏章中，岳钟琪指出：

> 巴塘系打箭炉之门户，久入川省版图，至中甸贴近滇省，久入滇省版图。附近中甸之奔杂拉、祁宗、喇普、维西等处，虽系巴塘所属之地，向归四川，而其界紧接滇省汛防，总通于阿墩子，阿墩子乃中甸之门户。请改归滇省管辖，设官防汛，与川省之里塘、打箭炉彼此犄角，足以各收臂指，控制番民矣。[1]

此处岳钟琪对奔杂拉（奔子栏）、祁宗（其宗）、喇普、维西（为西）等处的归属提出了自己看法，认为这些地方对云南阿墩子、中甸的汛防意义重大，因此应该改归滇省管辖。这样中甸与里塘、打箭炉互为犄角，从而可保障这一地区的稳定。而这一地区事实上也分别是川滇入藏通道的关键节点，合理划分归属，有助于军事协调与相互支援。

此外，四川与青海、西藏的省界于雍正十年（1732）正式划定。其中，对康区西北部的纳克树、余树、霍耳、锁戎等处，四川提督周瑛曾上奏清朝要将上述地方划入西藏"赏给达赖喇嘛为香火之地"，并交由噶伦隆布鼐管辖。[2] 但清廷的回复是："查此数部落地方，俱

---

[1]《清实录》第7册《世宗实录》卷43，"雍正四年丙午夏四月癸亥朔"条，中华书局1985年版，第627页。

[2]《周瑛奏请升赏管理西藏官员并恳随钦差入藏料理事宜折》，中国藏学研究中心等编：《元以来西藏地方与中央政府关系档案史料汇编》第2册，中国藏学出版社，1994年版，第367—368页。

系自西宁进藏必由之路，不可视为寻常。"[1]令周瑛与鄂齐等前往查勘。可见，清廷在这些地方的归属上，所着眼的依然是保障入藏道路之畅通。

梳理划界的过程，可以发现清朝在此的一个明确指向：要根据实际合理划分各处归属，以保障入藏道路的畅通。经过细致考察、审慎考虑与最终的划界实践，清朝达成了这一目标。

四、川、滇、藏行政界域划分在清朝康藏治理中的重要意义

从雍正二年（1724）正式操作划界事宜起，至雍正十年（1732）川、青、藏界线的最终确定，清朝上下对于这一行动都予以了密切的关注。就界线划定的地点、范围以及可能的后果，都进行了反复细致的讨论，最终确定了四川、云南、青海、西藏之间的界线。[2]

从历史事件的发展逻辑来看，川、滇、藏划界有其必然性。经过"驱准保藏"与平定罗卜藏丹津事件，清朝基本上取代了和硕特蒙古在康区的统治，在行政建制上进一步保障战果就成为其必然的选择。此次划界正是在这样的背景下展开的。通过划界过程中的勘界等行动，清朝对康区的地形、族群、民风等有了进一步的了解，从而为全面控制康区准备了条件。川、滇、藏划界虽然是一个旨在在行政管理上进行地域划分的行动，但是这一行动却产生了十分深远的影响，特别是对清朝对西藏的治理而言，可以说是一个重要的转折点。从此，清朝实现了对康区的全面控制，并且使之逐步成为治藏的前沿与依托。总体而言，雍正时期的川、滇、藏划界对清朝治藏战略及其后的康藏政治乃至今天的治藏方略都有十分重要的意义。

第一，川、滇、藏的行政界域划分是康区由和硕特蒙古管辖转变为由清朝直接统治的标志，是清朝加强对西藏治理，推进国家统一的

---

[1]《周瑛奏报与钦差鄂齐赴藏宣旨指授疆界折》，中国藏学研究中心等编：《元以来西藏地方与中央政府关系档案史料汇编》第2册，中国藏学出版社，1994年版，第371页。

[2] 黄辛建：《雍正时期藏区行政划界研究》，《中国藏学》，2018年第3期，第94—97页。

重要举措。自明末清初以来,西藏就不断受到蒙古部落的控制,清朝前期对西藏政策的一个重要指向就是驱逐蒙古在西藏的影响,直接控制西藏。在对西藏的经营中,经过"驱准保藏"与平定罗卜藏丹津事件等行动,清朝实现了对康区的有效统治。为进一步保障对康区的控制,发挥康区中间地带的作用,则需要行政区划与制度上的举措,这就是川、滇、藏划界所被赋予的主要使命。从后来的历史来看,这一行动有着十分深远的影响。时隔近160年后的1880年,当在康区发生瞻对藏官纵容所辖查录头人肆行纠掳里塘时,四川总督丁宝桢高度评价了此次划界:"惟臣等以为欲杜侵凌之渐,必严疆界之分。溯查雍正年间前川陕总督臣岳钟琪等会勘界址,奏明以邦木、南墩适中之宁静山为界,并于喜松工、达拉两山各立界牌,且有邦木系通宗鄂城大道,不可使藏界包入川界之议。昔人深思远虑,具有先见。"[1]

第二,川、滇、藏划界后清朝实现了对康区的全面控制,进一步强化了康区在治理西藏中的地位,为在行政上发挥川、滇治藏依托作用奠定了基础。川、滇、藏的划界最终确定了康区的归属,之后清朝进一步加强了对康区的控制与统治,推进了康区的内地化程度。这使得康区在清朝治藏战略中的地位得以凸显,并最终成为治藏前沿与依托。从"西炉之役"开始,清朝开始了对康区打箭炉一带的控制与直接统治,"驱准保藏"过程中清朝开通了由康入藏的通道,平定罗卜藏丹津事件则使得清朝进一步全面控制康区。清朝对康区的控制在很大程度上是围绕着对西藏的治理而逐步推进的。在这一过程中,康区地位不断凸显,在清朝治藏战略中的作用也越来越大。因此,清朝要采取各种举措以实现与保障对康区的直接控制,而划界则是这一战略中的重要一环。这一行动意味着清朝的划界是以空间区域区分的形式,以实现对西藏的治理。

那么,"以何为界",既能保障康区不再受到蒙古部落的扰乱与影

---

[1]《丁宝桢等奏请勘明内地与瞻对界址以杜侵凌之渐片》,中国藏学研究中心等编:《元以来西藏地方与中央政府关系档案史料汇编》第4册,中国藏学出版社,1994年版,第1270页。

响，又能保障康区的依托作用。清朝一方面以地理情形与少数民族的内属程度来划定川、滇、藏的界线，加强对已瓦解的和硕特蒙古的管辖，同时防止准噶尔蒙古部落袭扰西藏；另一方面通过将重要的地理节点划归清廷直接管辖，来保障入藏通道的通畅，以发挥康区治藏的前沿与依托作用，也就圆满回到了"何以为界"的理念问题。在清朝对康区的控制过程中，川、滇、藏划界有着关键性的作用。因为行政界线的划定，使得清朝可以在康区进行有针对性的施政，从而使得康区的内属程度加快，之后的设立土司以及"改土归流"，都是以康、藏界线为空间范围。从其后的历史来看，川、滇、藏划界的历史意义更加长远，清朝前期治藏重心南移至康区，晚清及民国时期的"固川保藏"以及"治藏必先安康"等策略，都是以此次划界为基本前提的。

如果从更长时段和更广的视野来看，川、滇、藏行政界域划分是清朝推行边疆内地一体化的一个重要步骤。为了达成一体化，在当时的情形下就只有采取分隔的形式。而历史发展也指明了这一实践的重要意义。在清末民国时期，在英国的谋划下所发生的康藏纠纷，在很大程度上就是围绕康藏界线展开的，但直至今天，这一界线依然是稳定的。这也从一个侧面证明了此次界线划定的合理性，同时也揭示了清朝治藏策略的延续性。

1645—1928年间山陕商人与甘青涉藏地区民族交融

◎马 磊 李佳婷

山陕商人或分称"晋商""陕商",或合称"山陕商帮""秦晋商帮""西商",执明清商界之牛耳。其足迹遍及大江南北,对沟通中国南北、东西以及族际经贸往还,起到了不可估量的促进作用,并以其商业文化、经营模式、会馆建筑与历史贡献,颇受学术界之青睐。[1]明清时期,山陕商人作为中央政府"开中"与实行茶马贸易的主要依

---

[1] 山陕商人的研究成果甚多,难以一一列举。兹略举如下:卢明辉、刘衍坤:《旅蒙商》,中国商业出版社,1995年版;李刚:《陕西商帮史》,西北大学出版社,1997年版;田培栋:《明清时代陕西社会经济史》,首都师范大学出版社,2000年版;张正明:《晋商兴衰史》,山西古籍出版社,1995年版;寺田隆信:《山西商人研究》,张正明等译,山西人民出版社,1986年版;黄鉴晖:《明清山西商人研究》,山西经济出版社,2002年版;刘建生、刘鹏生等:《晋商研究》,山西人民出版社,2005年版;刘建生、刘鹏生、燕红忠等:《明清晋商制度变迁研究》,山西人民出版社,2005年版;王俊霞:《明清时期山陕商人相互关系研究》,中国财政经济出版社,2014年版;王帅:《晋商兴衰与中国传统政商关系研究》,中国社会科学出版社,2019年版;贾福义:《陕西会馆》,三秦出版社,2017年版;宋伦:《论明清山陕会馆的创立及其特点——以工商会馆为例》,《晋阳学刊》,2004年第1期,第86—89页;许檀:《清乾隆至道光年间的聊城商业——以山陕会馆碑刻资料为中心的考察》,《史学月刊》,2015年第3期,第109—120页。

靠力量[1]，更是在其自身的地域依托之外，增强了一分与西北边疆地区的联系。甘青涉藏地区及其沿边农牧交错地带作为中国传统族际贸易、农牧贸易的重地，更是山陕商人活跃的地区。[2] 对于山陕商人在甘青涉藏地区的活动，学术界已从会馆分布、经贸活动及其对区域经济发展、区域经济互动等角度进行了探讨，亦涉及其与地方社会经济角色的互动等研究。山陕商人固然起着甘青涉藏地区与国内市场乃至国际市场往来的主要桥梁的作用，但其带给甘青涉藏地区的远不止于此，譬如区域市场的发展、经济组织的孕育、多族群文化的交流、多族群通婚及其"在地化"等带来的民族交融等，亦应该有全面的梳理。有鉴于此，本文乃期以通过对1645—1928年间山陕商人在甘青涉藏地区活动的长时段梳理，以觇见山陕商人对甘青涉藏地区民族交融之影响，揭示社会系统内各领域间的相互作用。

一、山陕商人在甘青涉藏地区的发展

商业与商人的产生，是人们满足需求多元化与区域产业差异化的自然结果。正如司马迁所言：

> 故待农而食之，虞而出之，工而成之，商而通之。此宁有政教发征期会哉？人各任其能，竭其力，以得所欲。故物贱之征

---

[1] 刘清阳：《明代开中制度下商人的社会作用》，《明史研究论丛》，1985年版，第87—111页；郭孟良：《明代茶叶开中制度试探》，《河南师范大学学报》，1989年第4期，第30—33页；闫娜轲：《明清时期茶叶开中制度考论》，《农业考古》，2013年第2期，第184—187页。

[2] 陶德臣：《晋商与西北茶叶贸易》，《安徽史学》，1997年第3期，第40—44页；马静：《明代山陕商人在西北边镇的商业活动及影响》，《延安大学学报》，2011年第3期，第107—112页；乔南：《商路、城市与产业——晋商对近代西北经济带形成的作用浅析》，《经济问题》，2015年第5期，第18—22页；李刚、卫红丽：《明清时期山陕商人与青海歇家关系探微》，《青海民族研究》，2004年第2期，第66—69页；何威：《明清时期河州商人与山西商人比较研究》，《青海民族研究》，2008年第2期，第100—106页；任斌：《略论青海"山陕会馆"和山陕商帮的性质及历史作用》，《青海师范大学学报》，1984年第3期，第100—104页；宋伦、李刚：《明清时期青海山陕会馆的创立及其市场化因素》，《西安电子科技大学学报》，2007年第1期，第137—141页；曾永丰：《西宁山陕会馆及其建筑特征》，《文史月刊》，2016年第10期，第76—80页。

贵，贵之征贱，各劝其业，乐其事，若水之趋下，日夜无休时，不召而自来，不求而民出之。[1]

中国幅员辽阔，环境各异，物产有别，"山西""山东""江南"与"龙门－碣石"以北四大经济区之间自古以来贸易往来频繁。尤其是，以关中为中心的"山西"，长期作为中国的基本经济区，更是为商业的繁盛与商人的兴起提供了极为优越的条件。"山西"经济区既是汉唐之际中国的政治中心，又有在农业时代极为优越的经济区位，自古以来商业发达，多富商大贾，至明清时期发展为执中国商业之牛耳的山陕商帮。故明代张瀚称：

> 河以西为古雍地，今为陕西。山河四塞，昔称天府，西安为会城。地多驴马牛羊游裘筋骨。自昔多贾，西入陇、蜀，东走齐、鲁，往来交易，莫不得其所欲。至今西北贾多秦人。然皆聚于沂、雍以东，至河、华沃野千里间，而三原为最。……闾阎贫窭，甚于他省，而生理殷繁，则贾人所聚也。[2]

明代山陕商人足迹已经遍及大江南北、长城内外，成为沟通各地经济往来的重要力量，关中成为西北通向更为广阔的国内市场的枢纽。在山陕商人建立的庞大贸易网络中，甘青涉藏地区为其中重要的组成部分。

明代后期，随着西北地区天灾人祸接踵而至，山陕商人的商业活动受到抑制。自清初复控河湟，国内政局进入一个相对稳定的阶段，山陕商人在甘青涉藏地区的活动开始走上一个新的阶段。然而，纵观自清迄至1928年青海建省之前，可以清晰地看到，山陕商人在甘青涉藏地区的商业经营，不仅与政府的政策密切相关，亦颇受时局之鼓荡。

---

[1] 司马迁：《史记》，中华书局，1982年版，第3254页。
[2] [明]张瀚：《松窗梦语》卷4，盛冬铃点校，中华书局，1985年版，第82页。

清朝定鼎，为甘青涉藏地区商业贸易的发展提供了较好的社会条件。首先，清朝招抚西宁地方，使之免受兵燹之祸，避免了社会动荡。其次，明清之际统治整个涉藏地区的固始汗和硕特汗廷与清朝保持着良好的藩属关系："国初，有厄鲁特顾实汗者，自西北侵有其地。于崇德二年即遣使修贡，嗣是朝贡不绝。顺治十年诏封为遵文行义敏慧顾实汗。"[1] 复次，清朝不仅恢复了明朝的茶马互市政策，还增开互市之地，与青海蒙古进行贸易。据《钦定大清会典事例》载，顺治初年定"青海蒙古贸易，在西宁、洪水二处"，康熙十一年准"青海蒙古在镇海堡、北川二门，各委头目贸易，每次不得过二百人。"[2] 又据雍正三年四月奋威将军岳钟琪奏称："亲王察罕丹津、公拉查卜等诸台吉部落……向来原在河州松潘两处贸易。"[3] 可知，清朝与青海蒙古互市之地并不仅限于上述之地。最后，清初虽然对蒙藏互市限定了人数与交易日期，但在实践上则有较多的自由。如位于西宁、镇海堡之间的多巴，梁份在《秦边纪略》中记载："多巴，今之夷厂也。在湟河之西，其地名不著于昔，盖新创也。居然大市，土屋比连，其廛居逐末，则黑番也。出而贸易，则西宁习番语之人也。驮载往来，则极西之回与夷也。居货而贾，则大通河、西海之部落也。司市持平则宰僧也，至于那颜独无之。多巴岂非内地，而顾为夷之垄断哉。北至北川七十里。"[4] 由政府掌握的互市，实际上掌控在青海蒙古手中，可见当时的族际贸易是相当宽松的。

稳定的社会秩序和自由交往、居住的条件，不仅促进了地方社会市场的繁荣，也为山陕商人在甘青涉藏地区商业贸易的发展提供了新的契机。如西宁，梁份在《秦边纪略》中记载：

---

[1] [清]高宗·弘历敕：《皇朝文献通考》卷292，"舆地考"卷24，上海鸿宝书局，1902年版，第5页。

[2] [清]昆冈等纂：[光绪]《钦定大清会典事例》卷628，"兵部·绿营处分例·边禁"，商务印书馆，1908年版，第107页。

[3] 《清实录·世宗宪皇帝实录》卷31，"雍正三年四月丙申"，中华书局，1985年版，第482页。

[4] [清]梁份：《秦边纪略》，赵盛世等校注，青海人民出版社，1987年版，第68—69页。

> 卫之辐辏殷繁，不但河西莫及，虽秦塞犹多让焉。自汉人、土人而外，有黑番、有回回、有西夷、有黄衣僧，而番回特众，岂非互市之故哉？城中之牝牡骊黄，伏枥常以万计，四方之至，四境之牧不与焉。羽毛齿革，珠玉布帛，茗烟麦豆之属，负提辇载，交错于道路。[1]

梁份描述互市对商业繁荣的促进作用以及种类繁多的商品。虽然他并未提及在这些市场中存在山陕商人，但由市场中布帛、粮食、茶叶等的存在，不难推测必然有极富商业头脑且相当于垄断了官茶的山陕商人参与其中。据龚景瀚《循化志》载，河州茶马司"茶库建于明季，山陕商民所公捐也"[2]。这一时期山陕商人应遍及各茶马司所在与汉藏交界的市场之上，如碾伯境内的瞿昙寺，明清之际已发展成为小型集镇，开始有当地人开办酒坊、醋坊，渐有山陕等地商人赶来开字号。[3] 丹噶尔"原为东科旧寺，自明末商贾渐集，与蒙番贸易，有因而世居者"[4]。

自雍正朝平定罗卜藏丹津之乱，实施蒙藏分治，对甘青涉藏地区的社会治理进入新的阶段，带动山陕商人在甘青涉藏地区的发展。雍正朝放弃中马后，商业政策有所宽松，商人可以更加深入甘青涉藏地区进行贸易。如雍正三年（1725），岳钟琪奏准："蒙古贸易全藉牲畜，每在六月以后，请每年不定限期，听其不时贸易。"[5] 乾隆二十六年（1761），清廷允许内地商人"各随所愿，裹带茶叶、布匹等项"，前往青海蒙古诸部贸易，"使柴达木等远处贫困蒙古得以牲只售

---

[1]〔清〕梁份：《秦边纪略》，赵盛世等校注，青海人民出版社，1987年版，第63页。
[2]〔清〕龚景瀚：《循化志》，李本源校，青海人民出版社，1981年版，第122页。
[3] 谢佐：《瞿昙寺》，青海人民出版社，1998年版，第42页。
[4] 青海省民委少数民族古籍整理规划办公室：《青海地方旧志五种》，青海人民出版社，1989年版，第161页。
[5]《清实录·世宗宪皇帝实录》卷31，"雍正三年四月丙申"，中华书局，1985年版，第482—483页。

换"。自此,"向有商民携带赀财货物"[1],前往"蒙古游牧地方、河南番族易买羊只货物"[2]。这些"内地商人"中除茶商以山陕商人为主外,亦多有山陕商人的身影。如早年来山丹县的陕西合阳县人康大定父子:"嘉庆五年间(康大定)雇卢麻子在家佣工,即置买梭布、口粮等物,每年与卢麻子出口在各蒙古处贸易。""至嘉庆十六年间,康大定年老不复出口,令子康凤济、康凤卿跟随卢麻子出口学做生意。"[3]

稳定的社会秩序与频繁的族际贸易以及治所增辟,甘青地区特别是藏边地区堡寨型、寺院型市场等兴起,为山陕商人提供了更为广阔的舞台。[4] 山陕商人遍及各地市场。乾隆年间,西宁最繁盛的"东门连关厢""商贾市肆皆集"[5],而商贾"多山、陕人"[6];至嘉道年间"山陕商家多达五六十户,垄断了西宁民间贸易市场"[7]。大通于乾隆二十六年裁卫改县后,"从山西、陕西来大通经商的逐渐增多"[8]。丹噶尔一地同治三年(1864)汉族2116户中,"半系山、陕、川、湖,或本省东南各府,因工商业到丹"[9]。

同治年间,因陕甘战乱,各地"商务之腐败不堪言矣"[10]。如丹噶尔"番货委积,顾问无人,丹地商业之衰,未有甚于当时者

---

[1] [清]那彦成:《平番奏议》卷3,文海出版社,1974年版,第281页。
[2] [清]那彦成:《平番奏议》卷3,文海出版社,1974年版,第281、286页。
[3] [清]那彦成:《平番奏议》卷3,文海出版社,1974年版,第197—198页。
[4] 杨红伟:《近代甘青藏区市场空间分布研究》,《青海民族研究》,2014年第1期,第117—118页。
[5] [清]杨应琚:《西宁府新志(清)》卷9,青海人民出版社,1988年版,第260页。
[6] 杨建新:《古西行记选注》,宁夏人民出版社,1987年版,第328页。
[7] 汤锦程:《会馆与办事处文化专辑》,《驻京资讯》报社,2010年版,第110—111页。
[8] 汤伯铭:《白塔城——城关镇》,《大通文史资料》(第一辑),1985年版,第129页。
[9] 青海省民委少数民族古籍整理规划办公室:《青海地方旧志五种》,青海人民出版社,1989年版,第316页。
[10] [清]彭英甲:《陇右纪实录》卷8,甘肃官报书局,1911年版,第15页。

也"[1]。这一时期山陕商人也遭到重创。如河州的山陕商人"同治变乱时期，遭受兵燹，损失净尽"[2]，"山西各商逃散避匿，焚掠之后，资本荡然"[3]。

光绪年间，随着甘青地区社会秩序的恢复和羊毛国际贸易的影响，山陕商人在甘青涉藏地区复兴。如山陕商人又陆续回到河州，开始经销土布，"获利优厚，所以他们很快在河州附近百里内外遍设行庄，大量的运销土布，渐渐掌握了河州地区商业经济的命脉"[4]。其中著名商号如渊发明、敬信义、协成干等数十家，"雇用的人员，完全是山陕两省的家乡子弟……组织庞大，规模大的有一百五六十人，小的也有一百人左右"[5]。西固城"清末民初有四川、陕西、河南、湖北等地外商在县城设立商号"[6]。光绪年间山陕商人进入贵德后[7]，至1914年贵德县城商户182家，山陕及临夏商人居多。[8] 据周希武1914年的实地调查，玉树结古"市民约二百余户……结古无铺面，多就家中贸易，所居皆土屋"[9]，"商贾多川边客番，及川、陕、甘汉人，土人经商者甚少"[10]。至1925年商人有甘肃13家，陕西9家，四川5家，山西仅汾阳德盛魁一家，河南1家。[11] 1920年

---

[1] 青海省民委少数民族古籍整理规划办公室：《青海地方旧志五种》，青海人民出版社，1989年版，第284页。

[2] 刘圃田、秦宪周：《山陕商人在河州经营土布始末》，《临夏文史资料选辑》（第二辑），1986年版，第34页。

[3] [清] 左宗棠：《左宗棠全集·奏稿六》，岳麓书社，2014年版，第8页。

[4] 刘圃田、秦宪周：《山陕商人在河州经营土布始末》，《临夏文史资料选辑》（第二辑），1986年版，第34页。

[5] 刘圃田、秦宪周：《山陕商人在河州经营土布始末》，《临夏文史资料选辑》（第二辑），1986年版，第35页。

[6] 甘肃省舟曲县地方史志编纂委员会：《舟曲县志》，生活·读书·新知三联书店，1996年版，第226页。

[7] 李士发：《贵德风情》，远方出版社，2010年版，第244页。

[8] 《青海省贵德县风土调查大纲》，《青海风土概况调查集》，青海人民出版社，1985年版，第204页。

[9] 周希武：《玉树调查记》，吴均校释，青海人民出版社，1986年版，第177—178页。

[10] 周希武：《玉树调查记》，吴均校释，青海人民出版社，1986年版，第92、95页。

[11] 马鹤天：《甘青藏边区考察记》（第三编），商务印书馆，1947年版，第668页。

前后，西宁经营商业的大中小户，共有四百七八十家，以资本多少分为七班，其中头班4家、二班29家，资金十万至八十万元不等，三班40多家、四班80多家，资金最多的六七千至二十万不等，其余三班约300家，资金千余至二万元。还有百余家小商贩和手工业者，以资金无几，未列入班次[1]，前四班中间大多数为山陕商人。[2]

山陕商人向为沟通西北与内地商贸往来的支撑性力量，明代借助茶马贸易，得以大量活动于藏边地区。清代以后，随着清朝设治的扩大与区域社会秩序的平稳，山陕商人以西宁、河州、岷州、甘州等为重要据点，在藏边地区广泛分布，甚至深入涉藏地区内部，形成了一个辐射整个甘青涉藏地区的市场网络。

二、山陕商人与甘青涉藏地区族际经济交融

清代山陕商人在甘青涉藏地区的发展，由河湟、河西等地的城镇逐渐向甘青涉藏地区腹地推进，进而将甘青涉藏地区纳入其商贸网络体系之中。借由其商贸网络，将甘青涉藏地区与国内市场，乃至国际市场连接起来。山陕商人扮演着族际间经济交融越来越重要的角色，成为甘青涉藏地区经济领域中不可或缺的一支力量，与甘青涉藏地区多民族间的生活联系越来越密切。在此过程中，他们不仅仅是甘青涉藏地区对外经济交流的桥梁，甚至其本身的经济活动也越来越与甘青涉藏地区结合在一起，呈现出日益浓厚的甘青涉藏地区特性。

现代涉藏地区在文化上，可以分为卫藏、康藏与安多三大地区。安多地区，即以安多方言为主的地区，因畜牧业发达，又被称为马区。甘青涉藏地区除玉树在文化上属康藏外，其余均属安多地区。甘青涉藏地区地处青藏高原东北部，地势高耸，山峦起伏，气候严寒，因而除河湟谷地、莽拉川、捏工川外，其余多为草原，即所谓"青海

---

[1] 廖霭庭：《解放前西宁一带商业和金融业概况》，《青海文史资料选辑》（第一辑），1963年版，第117页。

[2] 任斌：《略论青海"山陕会馆"和山陕商帮的性质及历史作用》，《青海师范大学学报》，1984年第3期，第103页。

是一片广大肥美的草原,当然是牲畜最好的场所"[1],"藏民大都以畜牧为生,住黑色帐房,营游牧族之生活"[2]。这就造成了甘青涉藏地区以游牧为主的生产形态,即"安多区藏民社会大部分是游牧的,小部分是半农耕的"[3]。游牧经济造成的对农耕经济的天然依赖性,及其与农耕经济的互补性,使两者之间的贸易往来呈现出自然之势,诚若司马迁所言"若水之趋下,日夜无休时,不召而自来"。

甘青涉藏地区的贸易结构的主要特点,表现为多族群性与农牧产品交换。如"蒙藏两族,时来东部回汉民族聚处之城市,挟其特有之羊毛等特产,以交换茶粮布匹之类","求得其生活之必需品而已"[4]。又如青海多产皮毛、鹿茸、牛黄、麝香,萃于西宁,每秋冬间,兰州商贾分往收买,以行销于东南。蒙番多运青盐、马匹,以易官茶、青稞、杂货。甘青涉藏地区游牧经济对农耕经济的依赖性,实则非自清代始,而是自古以来自然分工的结果。如明代李汶、田乐曾言:"虽迫各蕃之来,窘约为甚,每每告讨买卖。所谓买卖者,不过氆毡、皮毛、牛羊之类,易我之米面以度日糊口。汉人反得其利,似亦不可厉禁。为之定期定物,各于就近城堡,令其易换资生。"[5]清道光之际,陕甘总督那彦成称:"蒙、番口食,粮茶并重。"[6]同光年间,西宁办事大臣豫师亦称:"粮茶二物,为蒙番仰给内地要需。"[7]这就决定了甘青涉藏地区贸易商品结构的基本特点与目标市场的取向。

甘青涉藏地区游牧经济对农耕经济的依赖,主要体现在两个方面:一是对以粮食、茶叶为代表的农产品与手工业制品的进口需求;

---

〔1〕 北雁:《青海适宜牧畜之自然因素》,《西北通讯》(南京),1947年第4期,第11页。

〔2〕 张其昀:《甘肃省夏河县志略》,《地理杂志》,1936年第3—4期,第141页。

〔3〕 于式玉:《漫谈"番例番规"——直接行动》,《于式玉藏区考察文集》,中国藏学出版社,1990年版,第17页。

〔4〕《青海羊毛事业之现在及将来(续前)》,《新青海》,1933年第5期,第70页。

〔5〕《顺治西镇志》,《中国地方志集成·青海府县志辑(第一辑)》,凤凰出版社,2008年版,第60页。

〔6〕[清]那彦成:《平番奏议》卷1,文海出版社,1974年版,第72页。

〔7〕 吴丰培:《豫师青海奏稿》,青海人民出版社,1981年版,第161页。

二是对以皮毛为代表的畜牧产品的出口需求。从贸易的商品结构而言，除粮食等少数商品可以由甘青涉藏地区内部及其沿边地区，通过地方出产与地方市场加以调节外，如茶叶、布匹、杂货等均需从内地采运；而甘青涉藏地区所产，除少量牲畜以地方市场为目标取向外，多以内地、东南，甚至海外市场为目标。这就需要远距离贸易打破地方市场与封闭环境的限制。而这一点恰恰正是山陕商人长期发挥着关键性的作用。

茶叶向为内地商品输入甘青涉藏地区之大宗。茶叶贸易明清相沿，由商承引赴产茶之地采买，以半交官，为官茶，或易马，或变价出售；以半商卖，作为商人采买官茶之酬价。明初，以陕西、四川作为采买茶叶之地，后改为湖南。清朝同光之前，山陕商人向为官茶采运的垄断者。故左宗棠称："湖茶行销西北，向惟山陕商人及回商专其利。"[1] 在贩运茶叶的过程中，山陕商人借助于建立起来的庞大的商业网络，还源源不断地将其他商品运送到甘青涉藏地区。

山陕商人作为甘青涉藏地区远距离贸易的承担者，既是茶叶、布匹、杂货等大宗农耕经济产品输入甘青涉藏地区的载体，同时也是将甘青涉藏地区以皮毛为代表的畜产品向外输出的主要承担者。皮毛贸易向为甘青涉藏地区对外输出的主要商品。至少自明代起，随着关中官营毛纺织业与民营纺织业的兴起，山陕商人不仅是甘青涉藏地区对外皮毛输出的主要承担者，同时也是其毛纺织品向江南地区销售的商业主体。[2] 这种情形在清代由于官营手工业的发展，使关中地区对皮毛的需求量有所降低，但山陕商人仍是甘青涉藏地区皮毛对外销售的主要载体。其中以兰州为中心的绒褐制造业的商品销售，也主要以山陕商人为主，如道光年间客商来兰州收绒褐者岁数万金，同治以前"营业（兰州绒褐）者犹如故也"[3]。光绪初年，羊毛成为我国对外

---

[1] 左宗棠：《左宗棠全集·书信二》，岳麓书社，1996年版，第441页。

[2] 杨红伟：《近代西北羊毛贸易研究的几个问题》，《兰州大学学报》，2019年第5期，第108—109页。

[3] 慕寿祺：《甘宁青史略正编》卷14，兰州俊华印书馆，1936年版，第45页。

贸易的重要产品,"在全国物产出口贸易中,亦占重要地位"[1]。仅青海每年羊毛出口量,就"占全国羊毛出口百分之五十"[2]。面临国外市场对羊毛需求日渐增加,"外人遂远赴青海羊毛集散地"[3],就近收购羊毛。如光绪二十八年(1902)起,天津洋行开始伸入西宁地区,以湟源为据点,大量收购羊毛,每百市斤由白银三两涨到三四十两。西宁毛在国际市场负有盛名,转手之间,获利很大。这刺激了甘青涉藏地区市场与山陕商人"大变乱、大破坏"后的复兴,正如有人所述:于是山陕商人,也跟着从事收购羊毛皮张。[4] 正是由于山陕商人的内引外联,甘青涉藏地区与内地甚至海外市场,连接成为一张巨大的市场网络:"青海茶叶贸易与皮毛、药材交易有绝不可分之势,盖茶叶为番民所必需,而皮毛等物为番区所生产者,以有易无,于是交易以成。"[5]

山陕商人作为甘青涉藏地区远距离贸易的主要承担者,还与地方市场势力紧密联系在一起,发挥着商业贸易组织者与领导者的作用。甘青涉藏地区的市场体系,即其经贸往来的空间层次,可划分为三个层级:第一,汉藏交界地带的城镇,如河州、甘州、肃州等地;第二,甘青涉藏地区农牧交错地带的城镇与寺院,如西宁、临潭、庄浪、丹噶尔、大通、拉卜楞寺、塔尔寺等;第三,甘青涉藏地区的临时市场与无市场的流动交换。[6] 在这些市场或交换活动中,山陕商人不仅与蒙藏少数民族直接进行交换,还居于"总商"之地位,或汇聚甘青涉藏地区的特产,或批发外来之商品。此种情形,正如1930年代蔡元本所描述:

---

[1] 陈骅声:《西北羊毛之研究》,《甘肃科学教育馆学报》,1939年创刊号,第49页。
[2] 《青海羊毛业概况》,《实业部天津商品检验局检验月刊》,1933年第9—10期,第9页。
[3] 顾执中、陆诒:《到青海去》,商务印书馆,1933年版,第186页。
[4] 廖霭庭:《解放前西宁一带商业和金融业概况》,《青海文史资料选辑》(第一辑),1963年版,第116—117页。
[5] 叶知水:《青海茶市(续)》,《经济汇报》,1944年第5期,第91—92页。
[6] 杨红伟:《近代甘青藏区市场空间分布研究》,《青海民族研究》,2014年第1期,第115—119页。

青海商业，以西宁为总枢，汉藏商贸，无不汇集于此。业商者秦晋人居多，本地人数极少。东通陕甘，曰东路；北走草地，通宁夏、甘州，曰北路；南达四川，曰南路；西南至西藏，曰西路。洋广杂货，多由东北两路而来。药材、砖茶、川绸等物，来自四川。藏香、红花、氆氇等货，由西路而来。三原之大布，湖北之蓝布，以及陕西之棉花、纸张，均由东路而来，湖南的官茶，输入尤多，年计四千余石。统计以上各项输入，约六百一十九万七千余元。以羊毛为大宗，年约四百三十二万斤，价值一千四百七十六万余元；皮张、牲畜、药材等次之。总之，总计输出价额计一千五百四十九万七千余元。鲁沙尔地接塔尔寺，蒙藏人来寺膜拜者，络绎于途，故鲁沙尔地虽偏狭，商业颇形繁华。[1]

此虽为1930年代之记载，实乃甘青涉藏地区一贯之情形，甘肃省亦不例外。据清末兰州道彭英甲所记："甘肃省会及各属，凡商业稍有可观者，仍以山陕人居多。"[2] 其中，兰州府"本地居民并无富商大贾，亦无巨室世家。本处人经商者，多业烟行。外省人除山西票商四家外，钱业、布庄、杂货、木行，陕人居多。京货，直隶、陕人各居其半。绸缎，河南人居多。茶商分东西南三柜，南柜为湖南帮，东西柜为陕帮。当商三十余家，本处及山陕人相等……输入品为大布、茶叶、洋货、海菜、杂货，皆由此脱卸分销各处"；西宁府"为西藏青海入甘之门户，距省九站。各属半系番民，土产沙金、皮毛、马匹、木料、狐狸、牛黄、鹿茸、麝香之类，多为洋行及山西商人收买。输入品为大布、茶叶、京洋杂货"；凉州府"城内商人，山陕居多，输出品以羊毛土药为大宗，输入品为大布、京洋杂货、绸缎、海菜，皆由省城转运分销"。[3] 由此可见，在山陕商人的主导下，甘青涉藏地区被纳入以兰州为中心的区域市场体系之中。

---

[1] 蔡元本：《青海乡土志（续）》，《新青海》，1934年第11期，第21—22页。
[2] ［清］彭英甲：《陇右纪实录》，甘肃官报书局，1911年版，第21页。
[3] ［清］彭英甲：《陇右纪实录》，甘肃官报书局，1911年版，第18—19页。

山陕商人除在兰州、西宁、河州等区域中心市场或次中心市场发挥着总商的作用外，还是重要城镇与寺院市场的活跃力量。他们的力量之大，不仅"控制了西宁市场"[1]，操纵着河州经济[2]，扎根于湟源、西宁、乐都、大通等地，"每年夏季各商号派人到牧区流动经商，深入到玉树结古、海西都兰、乌兰、海北门源、刚察一带"，从光绪年间到民国初年，总商业额50%为山陕（籍）商人占据。[3] 在这里，山陕商人既与其作为"总商"的下线商业组织合作，也存在竞争的关系："交易之情形，多由临夏、临潭、贵德各地之汉回商人，运输茶布杂货面粉等物，到达各地交换皮毛等畜产品。蒙藏人即按其需给，以其剩余之皮毛与商人交易。"[4] 通过交换，山陕商人赢得了商业利润，蒙藏人民则获得了得以资生的生活必需品。

由山陕商人发展起来的商业网络，在带动地方市场发展的同时，也对地方经济组织起着孵化与推动的作用。如丹噶尔市场在山陕商人的开拓下，发展成为仅次于西宁的重要地方市场，不仅附近的游牧民定期前往贸易，即使远处柴达木境内的蒙古族人民，也"每年秋冬二季，定期至湟源门源大通一带集市，春夏二季则定期在本境内集市。数百里间，皆来赶集，就旷野……每次凡二十余日乃散"[5]。由于语言不通和蒙藏人民认熟不认生的交易习惯，导致由内地传播而来的歇家制度在甘青涉藏地区更具商业经纪人的色彩，并较内地延续了更长的时间。此种情形正如叶知水所言："至较大商号之交易，通常由'歇家'为之介绍。'歇家'犹类康定之'窝壮'，多由回民及土民开设，通达番语，番人出售番货即歇于'歇家'，此为'歇家'名称之由来。'歇家'领取牙帖，撮合交易，收取佣金，犹如经纪商。但有

---

[1] 张志珪：《西宁的山陕会馆》，《西宁城中文史资料》（第十二辑），2000年版，第171页。

[2] 刘圃田、秦宪周：《山陕商人在河州经营土布始末》，《临夏文史资料选辑》（第二辑），1986年版，第34页。

[3] 任斌：《略论青海"山陕会馆"和山陕商帮的性质及历史作用》，《青海师范大学学报》，1984年第3期，第103页。

[4] 张元彬：《拉卜楞之畜牧》，《方志》，1934年第3—4期，第215页。

[5] 马鹤天：《西北考察记（青海篇）》，国民印务局，1936年版，第209—210页。

时亦取购羊毛,转售于商人。"[1]

由此可见,山陕商人作为甘青涉藏地区对外贸易的桥梁,不仅密切了甘青涉藏地区与内地的经济往来,使其形成了密不可分的联系,而其本身在促成此种联系并被结合进此种联系的一部分的同时,也带动了甘青涉藏地区各族群间的交融。此种情形正如1908年俄国探险家柯兹洛夫一行在日记中对丹噶尔城市场情形的记述:"丹噶尔在贸易上具有重要的意义:从甘肃去藏南的道路经过这里,商队往来都走这条路,朝拜者也取这条路前往拉萨。在城里仅有的一条贸易大街上,可以见到来交换商品的各个民族的人,都是附近地区的游牧民——唐古特人、蒙古人、藏族人(甚至有来自拉萨的商人)、达尔德人。拿来交换的是各种原料——毛、皮、油、盐,而且还有火药,换来的是茶叶、金属制品、布匹、油性革和主要是妇女化妆用的饰物的奢侈品。"[2]

三、山陕商人与甘青涉藏地区社会文化交融

正如著名经济人类学家卡尔·波朗尼所述:在非市场经济社会中,"经济被嵌合在社会之中",即人类社会生活中的各种要素错综复杂地交织于一体,在由血缘关系、宗教、赠予礼仪等社会习尚所决定的人类行为中,实际上潜伏着财物的生产、分配等经济功能。[3] 山陕商人对甘青涉藏地区民族交融的影响,也并不止于经济领域,而是犹如一颗投入水中的石子,所激起的涟漪震荡在区域社会的方方面面。

首先,山陕商人并不仅仅是松散的商业个体,他们还在商业运营的过程中,基于乡土之谊,结成了带有自身乡土文化特征的商帮组织和社会组织。山陕商人在各地经商的过程中,为对外有效协调官府和

---

[1] 叶知水:《青海茶市(续)》,《经济汇报》,1944年第5期,第93—94页。
[2] [俄]彼·库·柯兹洛夫:《蒙古、安多和死城哈喇浩特》,王希隆、丁淑琴译,兰州大学出版社,2002年版,第201页。
[3] [日]栗本慎一郎:《经济人类学》,王名等译,商务印书馆,1997年版,第8页。

商帮间的关系，对内有效保护帮内的利益，平息和调解内部商务纠纷，于各地成立大量的山陕会馆。如西宁"（光绪）二十六年山、陕商人在后街茶店地址，创修山陕会馆"[1]。河州山陕商号营业逐年发展，获利颇巨，山陕商人认为这是财神赐福，于是筹集资金，在城内下驴市街购占大片土地，修建山陕会馆一处。[2] 19世纪中叶后，大通县城商铺有百余家，为商贾云集的贸易中心，专门设有山陕会馆。[3] 1917年，山陕商人在贵德城内中心街西侧修建了山陕会馆。[4] 随着各地山陕会馆的建设，这种具有"庙、馆、市"合一属性[5]的商人自治团体和活动空间，作为一种外来的文化与社会组织，开始嵌入到甘青涉藏地区的社会生活中。特别是其作为"庙"的特征，使山陕会馆成为关公信仰的民间传播空间载体[6]，对甘青涉藏地区产生了重要影响。如西宁山陕会馆由于祭祀关公，又被称为"关帝庙"[7]。即便一些地方难以修建会馆，山陕商人也会建立关帝庙或类似的形式。如清光绪十二年（1886）以陕西、北京两地商人为首在拉卜楞倡建关帝庙，修建土木结构平房三间，内供文圣、武神排位，每年六月二十三日祭拜。又如民国十四年（1925），结古有一奉祀公所，系商界（商号中山陕10家、甘肃13家、四川5家、河南1家）所建，犹如各地之关帝庙，供奉关帝、孔子、财神、火神、马王等。[8] 此外，湟源、贵德、河州、大通等地的山陕会馆也是奉祀关

---

[1] [清]邓承伟修，来维礼纂：《西宁府续志》卷10，青海人民出版社，1985年版，第500页。

[2] 刘圃田、秦宪周：《山陕商人在河州经营土布始末》，《临夏文史资料选辑》（第2辑），1986年版，第37页。

[3] 汤伯铭：《白塔城——城关镇》，《大通文史资料》（第1辑），1985年版，第129页。

[4] 李士发：《贵德风情》，远方出版社，2010年版，第244页。

[5] 赵鹏、李刚：《明清时期工商会馆"庙、馆、市"合一新探——以山陕会馆为例》，《陕西师范大学学报》，2014年第2期，第137—141页。

[6] 闫涛：《山陕会馆与关公信仰文化研究》，《天津大学学报》，2017年第5期，第438、442页。

[7] 潘亚鹏：《晚清至民国时期西宁区域市场中的客商组织——以山陕会馆为例》，《天水师范学院学报》，2014年第1期，第84—85页。

[8] 马鹤天：《甘青藏边区考察记（第三编）》，商务印书馆，1947年版，第668页。

帝信仰的重要场所。甘青涉藏地区及邻近汉穆文化区中的关帝信仰的传播，关帝庙宇的兴建，就是由政治统御的文化输出为长时段主导，明清逐渐崛起的商人群体（尤其作为关帝同乡、且资本雄厚的山陕商人）逐渐介入，成为继官方之外的重要民间力量。

其次，学习蒙藏语言、认主家增进交流，也是山陕商人对甘青涉藏地区民族融合的重要贡献。山陕商人与甘青涉藏地区民族的社会文化交融直接服务于经济交往这一根本与主体。为保障经济交往的实现，"同时性"的语言与社会人际关系媒介就显得尤为重要。作为交流工具与获利手段，通蒙藏语言为商人熟悉蒙藏民众，深入涉藏地区，沟通涉藏地区内外联系提供了可能与便利。史载"与蒙人作贸易，向唯赖能说蒙、藏话之汉、回商人……曾闻其谚曰：'知藏话，值银子；知蒙话，值金子。'"[1] 在通晓蒙藏语言的汉回商人中，自然有山陕籍商人，如嘉庆年间的陕西商人康大定父子。除语言媒介，社会人际关系媒介同样必要。因为在商品经济尚未完全成熟的条件下，为了防止交易遭到欺骗，人们的经济利益往往要依赖一定的社会人际关系来建立与维持。在边外大部"无市街商场之可言"，决定了商人多采负贩贸易的形式，与沿途住歇各部落进行交易，而"藏民忠厚重感情，对汉回商民人情交往上，往往养成'认熟不认生'与'认话不认人'之习惯"，故"汉人赴草地经商……恒投止于土官或百姓之家，称为自己之主人"[2]，"致送相当礼物曰'按茶'。主家既经结认，以后即可自来，卖买均由主家介绍，极为方便，惟不可相欺，违则见绝于主家，而他家亦即不再受其认矣"[3]。在流传于海北州的民间故事中，存在着"藏民与客娃"的故事：一个藏民认了个客娃，客娃有一次到藏民家，藏民热情地招待了他。在一个尕碗里放上饼饼、

---

[1] 顾颉刚：《西北考察日记》，《甘肃文史资料选辑》（第二十八辑），甘肃人民出版社，1988年版，第84页。

[2] 松潘县志编纂委员会：《松潘县志》，民族出版社，1999年版，第1010页。

[3] 王树民：《洮州日记》，《甘肃文史资料选辑》（第二十八辑），甘肃人民出版社，1988年版，第183页。

酥油、曲拉和糖让他吃。[1] 这则故事生动再现了"认主人家"后双方关系的变化，及带给前往涉藏地区经商客娃（主要指山陕商人）的潜在利益。由此可知，"认主人家"这一类姻亲关系，一定程度上可化除由族群身份带来的交往障碍，拉近族际关系，与语言媒介一样，共同保障商业行为顺畅。

再次，山陕商人与甘青涉藏地区多族群通婚，直接促进了民族人口的融合。如在互助民间文学中存在"娶亲泼凉水、'道拉'"的习俗，就讲述了客娃向土族姑娘求亲的过程："一个大客娃走来，他眼看着黑铁，手拍钱袋，拉长嗓子唱道：一块黑铁黑黝黝哟，好打秤砣和秤钩，买卖做的真兴隆哟，赚的钱来造高楼。他没唱完，一块石头和一盆凉水从门顶滚泼下来。大客娃也被吓得赶紧溜走了。"[2] 虽然此次求亲没有成功，却透露了历史上普遍存在的客娃族际通婚情况。由于客娃不专指山陕商人，还包括其他外省商人，所以客娃族际通婚并不等同于山陕商人族际通婚。不过，客娃族际通婚偏重于山陕商人族际通婚，这一点应该是毋庸置疑，也符合山陕商人人数众多的史实。在贵德流传的赵、乜亲兄弟的佳话中，提到山西商人与藏族通婚的情况：山西客娃赵巧合，清末来贵德经商时招赘于乜氏家族（藏族），子女按所生顺序一三六用乜姓，二四五用赵姓，儿女辈都以"绍"字起名，孙子辈都用"德"字起名。延续至今其后裔已发展到7代，139口人。[3] 再如1930年代马鹤天在玉树考察时发现，结古商会袁会长，陕西三原人，"至此已二十余年，娶藏妇，生二子一女"[4]。

复次，山陕商人"在地化"，表现为客居或落籍甘青，世称山西客娃、陕西客娃，丰富了甘青涉藏地区民族构成的来源。这是山陕商人在甘青涉藏地区民族交融中的一个重要作用。据《青海百科大辞

---

[1]《藏民和客娃》，《海北州民间故事全集·海晏卷》，青海民族出版社，2015年版，第329—330页。

[2]《中国民间故事集成（青海卷）》，中国ISBN中心，2007年版，第238—239页。

[3] 李士发：《贵德风情》，远方出版社，2010年版，第354页。

[4] 马鹤天：《甘青藏边区考察记》，甘肃人民出版社，2003年版，第278页。

典》记录:"(客娃)清代、民国时期对内地商人的泛称。明清以后,山西、陕西、河南等地的商人,沿着茶马互市古道,接踵到青海河湟地区以至玉树结古等地经商。其中,不少地方的商业活动,为山陕客商所左右。……久而久之,当地人对客商有此称,如山西客娃、陕西客娃等。"[1]如同治三年(1864)丹噶尔厅的人口调查中,汉族2116户,"半系山、陕、川、湖,或本省东南各府,因工商业到丹"[2]。时至今日,在民间文化中仍保留有"客娃"称谓的现象,足见其影响范围之广深,如西宁山陕会馆楹联中有"论桃园义气商道原来诚道,结山陕谊盟异乡犹是故乡""半城客娃尊三义,一家秦晋绪春秋"[3],这揭示了山陕客商把西宁当故乡,以诚经商之道,从商人员之多,以及其推动商业兴盛的史实。又如乐都地区流传的"上梁歌"中,有"北里来,北里来。北里来的什么人?北里来的是客娃(商人),客娃来了没空来,金银财宝带着来"[4]。

最后,山陕商人还将民间文艺与生产技艺带到甘青涉藏地区,促进了各民族在文化与生产技术上的交流。如在青海民间文艺中,竹马子、亭子等相传就是清末由山西客娃传来的。竹马子现在分布于乐都碾伯镇北门一带,"竹马子有老虎、狮子、孔雀、仙鹤、鹿等8种禽兽,后来发展到16种。演出时,演员分别装扮《封神演义》中姜子牙伐商故事,然后骑在禽兽上进行表演"[5];亭子又叫铁蕊子,分布于乐都县高庙镇东、西村和碾伯镇西门、城中及老鸦一带,"每年春节时由各村制作亭子,然后到各村演出。装扮的演员是5—12岁的儿童。届时将演员固定在铁制的树形上,进行比赛。每次演出,妆扮一

---

[1] 严正德、王毅武:《青海百科大辞典》,中国财政经济出版社,1994年版,第532页。

[2] 青海省民委少数民族古籍整理规划办公室:《青海地方旧志五种》,青海人民出版社,1989年版,第316页。

[3] 骆平安、李芳菊、王洪瑞:《商业会馆建筑装饰艺术研究》,河南大学出版社,2011年版,第168页。

[4]《中国歌谣集成(青海卷)》,中国ISBN中心,2008年版,第76页。

[5] 严正德、王毅武:《青海百科大辞典》,中国财政经济出版社,1994年版,第707页。

出戏,绝不重复"[1]。山西商人还将酿酒技术带到青海。明末清初由山西客娃将杏花村酿酒技术带到青海,用当地黑青稞作主料,配以豌豆、黑燕麦等酿造出别具风味的"威远烧酒"——青稞酒。后历经各家烧房不断实践,形成一套完整的酿造技艺,并自成体系,如今青稞酒早已流传于涉藏地区的藏族、蒙古族及周邻裕固族、土族等民族聚居区。

总之,自清朝开始经营河湟到青海建省前夕,山陕商人经历了发展、壮大、重创、复兴的曲折演进。雍正初青海强化设治以降逐步"内地化"的趋向,为山陕商人突破甘青农牧界线、深入甘青涉藏地区定居与流动经商提供了便利。而山陕商人长时段的经商活动,则沟通了甘青涉藏地区内外民族经济交往,活跃了甘青涉藏地区市场与商品关系,密切了其与内地、沿海的经济联系,为构建多族群的多元交融发挥了重要的积极作用。

---

[1] 严正德、王毅武:《青海百科大辞典》,中国财政经济出版社,1994年版,第707页。

从"康藏有别"到"川康有别"
——丁宝桢至赵尔丰督川时期对外国人进入康藏游历的应对与管理

◎ 向玉成 肖 萍

一、引言

西方人对藏地的最初了解,可追溯到有关约翰长老(John the Presbyter)及其宗教国的传说,"西藏的诱惑力首先是由在亚洲发现一片基督教飞地的希望而受到鼓动的"[1]。自中世纪以来,西方关于藏地"黄金国"的各种记载史不绝书[2],进入藏地的外国人也时常有之。迄今能查到的较早游历藏地的西方人,为元代意大利方济各会士鄂多立克。[3] 14世纪中叶以后,由于元帝国崩溃,东西陆上交通受阻,外国人入藏甚为困难。随着地理大发现所引发的全球殖民探险狂潮,藏地逐渐成为探险的"圣地"和"禁地"。中世纪至近代早期(the early modern era),藏地中心城市拉萨逐渐成为西方人文献和心

---

[1] 米歇尔·泰勒:《发现西藏》,耿昇译,中国藏学出版社,2005年版,第57页。

[2] 具体可详见:布尔努瓦:《西藏的黄金和银币——历史、传说与演变》,耿昇译,中国藏学出版社,1999年版。另,该书第一章又被译为《西藏的金矿》,载《国外藏学研究译文集》第四辑,西藏人民出版社,1988年版,第329—390页。

[3] 鄂多立克(Odoric da Pordenone,1265—1331),又译和德里,约1329年(元文宗天历二年)路经玉树曲麻莱、治多和杂多三县,再从拉萨西部返回欧洲,当时的玉树是萨迦派法王的统治区域。参见房建昌:《外国人入玉树州考及有关玉树的外文史料》,《西北民族研究》,1997年第2期,第92页。

目中的"圣城"(Holy City)和"禁城"(Forbidden City)。

17世纪,首先踏入这片神秘之地的外国人,主要是来自欧洲的传教士。1624—1642年间,基督教罗马总会先后派出葡萄牙修士安东尼奥·安德拉德(Antonio de Andrade,1580—1634)等22人入藏到古格王国扎布兰、后藏日喀则等地传教,但几无成效。1658年,奥地利耶稣会士白乃心[1]和比利时传教士吴尔铎[2]从澳门到北京,待了三年,1661年从北京走陆路返回印度。他们于10月到拉萨,并停留了两个月,白乃心的记述再次引起欧洲人对藏地的强烈兴趣。18世纪上半期,嘉布遣会先后派出18名法国、意大利会士到拉萨活动,其中重要人物有图尔斯[3]、阿斯科利[4]、佩纳等,但由于喇嘛的激烈反对,1740年,佩纳关闭了拉萨传教区,回到尼泊尔后数月病死;1741年,嘉布遣会士们返回西藏,1745年尽数被驱逐。[5] 同期,在拉萨活动且影响甚大者,还有在藏六年的意大利传教士伊波利托·德西德里[6],以及到拉萨学经、游历的俄国人、荷兰人。[7] 柳陞祺先生认为,这些西方传教士纷至沓来之日,也正是格鲁派寺庙集团与和硕特蒙古始汗后裔争夺卫藏地方权力斗争剧烈之时;到18世纪中期,经过清政府几度用兵、平息纷争而稳定藏地政局之后,这些外国传教士才无隙可乘,终于1745年全部撤离。欧洲传教士的初期试探到此告一段落,此乃西方基督教进入青藏高原与藏传佛教的第一次交锋。[8] 对于藏地,强盛期的清王朝尚可保其不被列强染指。1745—1746年,清廷在此禁教,西方在拉萨的传教站点关闭并撤出人员,此后入卫藏的传教士甚少。

---

[1] Johannes Gruber,字蔡阳,1680年逝于匈牙利,又译约翰·格鲁贝尔、约翰·格鲁巴、约翰·格鲁伯。

[2] Albert Dorville,字绍伯,又译道维尔、德·奥维尔、多尔威尔。

[3] Francois Marie de Tiurs,又译弗朗索瓦·玛丽神父。

[4] Giueppe da Ascoli,又译古瑟普神父。

[5] 图齐:《西藏宗教之旅》,耿昇译,中国藏学出版社,2012年版,第279页。

[6] Ippolito Desideri,1684—1733,又译德西迪利、德斯德利。

[7] 王远大:《近代俄国与中国西藏》,生活·读书·新知三联书店,1993年版,第323页。

[8] 柳陞祺:《拉萨旧事(1944—1949)》,中国藏学出版社,2010年版,第124页。

尚处于资本主义发展上升时期的西方列强，与尚处于传统封建社会乃至于农奴制社会形态的清王朝和藏地地方社会之间，在18世纪逐渐形成了"错位对视"（视自我为中心、相互之间不了解、定位不准确，等等）。随着列强对中亚展开争夺，藏地成了各方都绕不开的"制高点"。前期强盛的清王朝，其势力及于葱岭，与英俄在世界屋脊地区形成"顶牛"之势，但清王朝并无向西之战略考虑（也无此实力），与英俄得寸进尺的扩张态势形成明显对比。18世纪末，英国通过其统治下的印度当局，唆使尼泊尔的廓尔喀部落多次袭扰藏地。1791年6月，廓尔喀部落以藏方未按约付足银圆为由，出兵侵犯我国藏地，其目的是企图通过支持这个部落入侵藏地以便扩大英国对藏地的影响。但英国的如意算盘落空，清廷派福康安率军入藏，击败了廓尔喀部落并使其成为清廷藩属。[1] 1793年，"天朝军队穿过喜马拉雅山区并使加德满都恢复了和平"[2]之后，大清政府对藏地的边防和对外往来采取了一系列措施，颁布了具有基本法性质的《钦定藏内善后章程二十九条》，令英国企图渗透乃至直接染指藏地的图谋及行动受阻。此后，外国人欲进入藏地，难度甚大，即便能够进入，也只能偷偷摸摸潜入。

19世纪初，英国加紧了对喜马拉雅山区的尼泊尔、锡金（现哲孟雄）、不丹三国的侵略，企图借以打开侵入藏地的大门，通过1815年英尼签订的《塞哥里条约》，控制了尼泊尔。此后，这一地区逐渐向探险者敞开了大门，英国也加大了谋求进入卫藏的力度。进入19世纪中期以后，西方人对卫藏的争夺，实际上已经演变成了"谁当老大"这样一个全球性的问题，进而出现了以大英帝国为"带头大哥"、俄国为"二哥"，以探险考察为主的入藏运动。他们进入藏地的方向，1840年前主要有南（印度、尼泊尔）、西（拉达克）两个方向，即从大吉岭－亚东北上和从拉达克进入藏西阿里地区，矛头直指卫藏腹

---

[1] 黄万伦：《英俄对西藏经济侵略的历史考察》，《西藏研究》，1982年第3期，第43页。
[2] 图齐：《西藏宗教之旅》，耿昇译，中国藏学出版社，2012年版，第279页。

地，但都很难成功穿越到达拉萨。1840—1851年则再增加了从北（青海、新疆）、东（川滇和康区）两个方向。

鸦片战争以后，英俄两国在藏地周边步步紧逼，国势日蹙的清王朝只能费尽九牛二虎之力勉力保住该地区。[1] 1858年签订的《天津条约》，虽然规定外国人可到"内地"传教、游历，但并未载明包括藏地。[2] 1862年，同治帝下旨："严饬沿边各属认真查察。如有内地传教之人潜赴藏地者，概行截回，毋令乘间偷越。"[3] 故1876年《烟台条约》签订之前，外国人进入藏地，虽然没有明确被视为非法活动，但均遭到当地僧俗人士的强烈抵制，外国人深入藏地以至于梦想到达拉萨的企图多以失败告终。1876年《烟台条约》"另议专条"的签订，使外国人取得了入藏"探路"的合约权利。此后，外国入康区和卫藏人数猛增。[4] 迫于条约和各方压力，势处"两难"的清廷和四川当局对外国人入康、入藏采取了"康藏有别"乃至"川康有别"等对策措施。对此问题，目前学界尚未见专论。下面笔者仅对丁宝桢至赵尔丰督川时期晚清政府尤其是四川地方当局对外国人入康藏游历的应对和管理加以探讨，力图揭示当时在外国人入康藏问题上的复杂局势。

---

[1] 对此，吕思勉先生分析得十分透彻："历史上的匈奴、蒙古，都是从亚洲西北部侵入欧洲的。却从俄罗斯兴起，而亚洲西北部，反受其侵略。历史上的印度，是常受西亚高原侵略的。却从英吉利侵入印度，而西亚高原，亦反受其侵略。而且英人的东侵从海，俄人的东侵从陆，本来各不相谋的。乃英人从印度西北出，俄人从两海之间东南下，而印度固斯山一带，就做了两国势力的交点。这也可谓极历史上的奇观了。当英人侵入印度，俄人侵入两海之间的时候，也正是清朝平定天山南北路和征服西藏之时。三国的势力，恰成一三角式的样子，乃英俄两国的势力步步扩充。而清朝的实力，则实在不能越葱岭一步，就弄成后来日蹙百里的局面了。"详见吕思勉：《中国的历史》，新世界出版社，2016年版，第332页。

[2] 相似论断，可参见郭永虎：《近代清政府对外国人入藏活动的管制政策》，《东北师大学报》，2012年第4期，第92页。

[3] 宝鋆等编：《筹办夷务始末（同治朝）》卷二十一，上海古籍出版社，2008年影印本，第25页。

[4] 据笔者统计，1840、1875年入康区和卫藏的外国人数量分别为30人、49人，1876、1911年则分别达306人、400人。

二、历史留下的难题：晚清对外国人实行"入康不入藏"之策略

1845年，潜入藏地的法国传教士古伯察（Huc, Evariste-Regis）和秦噶哗（Gabet Joseph），于次年被人从拉萨经康区押解出川至粤，此后逐渐形成惯例，即凡违背清朝规定企图从康区潜入藏地者，均押解回出发地，甚或押解出康区。1858年《天津条约》和1860年《北京条约》签订后，外国传教士取得了入"内地"传教的合约权利。此后，英、法等国的军官、医生和传教士纷纷提出入藏要求。据苏松太道吴煦禀称，1860年底就陆续收到英、法、美诸国领事馆要求到内地（包括藏地）游历的申请40余件。[1] 对于大量外国人要求入藏游历这一难题，清廷迫于条约压力，实际上采取了"入康不入藏"的对策。1875年以前，外国人入康藏，以巴塘、察木多（昌都）一带为限，严禁越过宁静山。以法国传教士为主的外国人入康藏传教、游历，均遭到了当地各方的强烈抵制，外国人企图通过康区深入藏地的企图，更是均以失败告终。例如，1868年，英国探险家古柏由打箭炉（康定）穿越康区至巴塘后，入藏受阻，只好折而南下入滇，但在维西亦被拘押，最后被迫原路返回打箭炉。[2] 由于当时进入康藏地区的外国人数量尚不多，且主要系法国传教士，所以在管理方面，矛盾还不像后来那样突出。

1876年签订的《烟台条约》"另议专条"，使外国人取得了入藏"探路"的合约权利。清廷不能直接违约，明里只好下令各地允许外国人"持照"游历。由于清廷是因为战败而被迫允许外国人入中国内地游历，所以在近代中国，外国人入境游历首先是一个重大的政治问题，因其涉及国家主权。清政府对入境游历者的态度和管理措施，直

---

[1] 文庆等编：《筹办夷务始末（咸丰朝）》卷七十五，上海古籍出版社，2008年影印本，第9页。

[2] 古柏（Thomas Thornville Cooper）入康事，详参：T. T. Cooper, Travels of a Pioneer of Commerce in Pigtail and Petticoats (or: An Overland Journey from China towards India) (London: John Murray, 1871), Chapter XIII: Imprisonment at Weisee, 355—385.

接关系外国人进入中国内地游历的范围和规模控制问题,同时也直接涉及地方官员们的政绩和仕途。由于条约规定要严加保护入内地游历之外国人,为尽可能避免外交纠纷,对外国人入内地游历,清政府一直当作一项重要的政治任务来对待。除严格审查游历执照、设置游历禁区之外,清政府还在接待及保护方面投入了大量的人力、财力、物力。在入境游历者的旅行全程中,清政府几乎是一县一查、全力接送、专人保护。同时,地方官员还必须向上级主管部门乃至总理衙门定时汇报护送情况、外国人的游历情况、出入境日期等。自1878年10月起,入境游历人数最多的四川省,开始按季上报游历者的情况。[1]

1876年后,对数量猛增的入康外国人之管理,亦成为当时四川地方政府的一大难题。根据《天津条约》,外国人在华居留,仅限通商口岸之"口岸界址"之内。[2] 若前往非通商口岸地区,须持执(护)照,并指明前往省份、地区,以备查验。执(护)照由各国领事官发给,经过地方应随时呈验,由地方官盖印放行,沿途派兵护送交接。此内地游历护照(或内地游历签证)乃清代护照管理的一大特征。由于当时的康区大部分地方归四川管辖,鉴于康区在清朝控御藏地战略中的特殊地位,晚清四川地方大员们对外国人入康管理问题,可谓绞尽了脑汁。

光绪初年,四川设立了专门机构"四川洋务局",管理外国人游历护照事宜。晚清外国人前往川边涉藏地区(康区)游历传教,尚须履行特别手续。即除须持有该国领事官发给的护照外,还须前往四川总督衙门及后来的川滇边务大臣官署请领准许前往的"执照"(照内注明游历地域)和"马牌",沿途派兵勇护送,凭马牌由土官支派乌

---

[1] 柴松霞:《晚清政府关于外国人内地游历政策的特点与评价》,《大庆师范学院学报》,2007年第6期,第74页。
[2] 向玉成:《鸦片战争后"口岸界址"的议定及其原因》,《清史研究》,2010年第4期,第141—146页。

拉、驮畜。[1] 但由于地方接送、派兵派人护送、游历地域等之规定，在具体操作和实行中遇到的问题及管理漏洞甚多，常常为外国人所利用，由此造成的相关交涉可谓层出不穷。此外，各地官员、土司和头人一般都会主动给外国人送去食物和礼物，以示友好之意，但这也刺激了某些外国人的贪索之欲。史书对于此类相关事实记载甚多，此不赘述。

在游历地域限制问题上，四川地方政府在具体管理和操作中，力图以巴塘地区为限，尽力防范外国人越过宁静山一线。即便如此，涉外纠纷仍不断发生，事端迭起。先后发生五次重大教案的四川巴塘地区，可谓晚清外国人由康入藏的"到此须回头"之地。这种局面的形成，主要是由于此前逐渐形成的对外国人"入康不入藏"的惯例，在《烟台条约》签订后并未改变。例如，1877年入康的威廉·吉尔（William John Gill）和麦士尼（William Mesny）一行，像十年前的古柏一样，本拟经巴塘西入藏地，但受到藏人武装阻拦，只好南下云南。只不过，他们与古柏的不同在于并未被迫原路返回，而是顺利走出了康区。

三、丁宝桢督川时期："借藏阻洋"与"康藏有别"

（一）苦无良策

丁宝桢督川时期（1877—1886年在任），恰逢外国入康人数猛增之际。丁抵任两个月后，即有英国人威廉·吉尔、贝得禄（Edward Colborne Baber）先后由成都起身，准备由康入藏"游历"。[2] 对于外国人入康藏游历的意图和可能的后果，丁宝桢曾于1877在关于吉

---

[1] 四川省地方志编纂委员会：《四川省志·外事志》，巴蜀书社，2001年版，第497页。

[2] 威廉·吉尔、贝得禄入康史实，分别参见 William John Gill, The River of Golden Sand: being the narrative of a journey through China And Eastern Tibet to Burmah (London: John Murray, Albemar, 1880; The Second Edition, Condensed by Edward Colborne Baber and Henry Yule, 1883); Edward Colborne Baber, Report on A Journey toTa-Chien-Lu (London: Houses of Parliament, 1879).

尔、贝得禄入藏游历的奏折中分析认为,英人之意在于窥伺后藏,强调:"臣窃揣英人之意……欲以向之致力于海疆者,转而用之于西南各省,然必择其与该国最近之省,先为入手,徐图推广;而与该国最近者莫近于蜀,滇次之。……查川省门户在前后藏,而后藏外接披楞,即英孟加拉之属部。……英既占东南中三印度之半,窥伺后藏久矣。……自川省打箭炉以致前后藏,中间八、九千里,尽属番夷部落。夷性反复,日后该洋人来往彼地,无论自彼至藏或自川至藏,拦阻之处必多。臣惟先行严饬塘务各委员,遇有洋人由川赴藏,必婉词劝阻,阻之不听,则设法随时保护,并知照驻藏大臣妥为办理。"[1]由此可见,此时丁宝桢想到的办法,不外"婉词劝阻""随时保护"之类。

威廉·吉尔和贝得禄等人"入藏探路",也引起了总理衙门疑虑。从1878年1月总署《议复丁宝桢奏英人西藏探路用意狡谲情形折》内容来看,虽然清廷对当时英、法等国人游历、传教之图谋及其后果很清楚,但迫于条约压力和地方的反对而处于"两难"的境地,还没有想到更为妥善的对策。[2] 1879年4月,清廷谕令川督丁宝桢与新任驻藏帮办大臣色楞额(此前为成都副都统,1879年10月到拉萨上任)对"甚关紧要"的"藏中事务"会商奏报。丁宝桢、色楞额会商后,对于洋人入藏游历问题,提出了如下应对措施:(1)先婉言阻止,绝不令其轻入;(2)于藏中与各路交界之处,择要增设文报委员二人,归驻藏大臣统属,专司稽查护送游历洋人各事。如此可先为防范,即便出事,也可不留借口。5月,清廷谕令同意丁宝桢等增设文报委员二名,并强调:"遇有入藏游历洋人,设法阻止;倘不能阻,则加意防护,勿稍疏玩,以免滋生事端。"[3] 由此可见,丁宝桢此时

---

〔1〕《丁宝桢奏牍》,吴丰培辑:《清季筹藏奏牍》第一册,上海商务印书馆,1938年版,第3—7页。

〔2〕相似论断,可参见马汝珩、马大正主编:《清代的边疆政策》,中国社会科学出版社,1994年版,第432页。

〔3〕《清实录》第五十三册,中华书局,2008年影印本,光绪朝卷九十二,第381页。

还没有想到更好的办法"阻洋",只能是增派专职人员,加强监察,做好保护,避免涉外纠纷,而清廷也认同了丁宝桢的这些措施。

(二)"借藏阻洋"与"康藏有别"

1877年发生的吉尔一行在巴塘受到藏人武装阻拦以防其入藏一事,对于欲利用藏人阻挡外国人入藏的川督丁宝桢来说,可谓正中下怀。此后,丁氏长期采取这一策略,以阻止外国人进入巴塘以西的藏地。而丁宝桢公开采取"借藏阻洋"的策略,始于处理奥匈帝国摄政义探险队谋求入藏游历一事。

丁宝桢督川不久,就遇上了惊动朝野的奥匈帝国摄政义伯爵(Grof. Szechenyi Bela)率探险队谋求入藏这一重大涉外事件。1879年夏,摄政义请准总理衙门护照,以"游历"之名,企图入藏。清廷鉴于条约规定,令沿途加以保护。

经过鸦片战争后历次失败和挫折,地方大员们对于涉外事件畏如猛虎,避之唯恐不及。沿途各省大员如陕甘总督左宗棠、西宁办事大臣喜昌、驻藏大臣松溎、四川总督丁宝桢等,遇涉外事件均如临大敌,能推则推,实在推不掉,则加派官兵、严密护送,唯恐出事,真是战战兢兢、如履薄冰。他们严令沿途迎送官兵,所有"经费口粮,均准其作正开销,以资迎护。如敢虚应故事,并不认真派护者,查出即行严参"。之所以如此,是因为有前车之鉴:代理维西通判、云南候补府经历田昌稼因1868年古柏在维西被阻回一事而被"交部严加议处,以示惩戒"[1]。因此,对于洋人入藏地游历考察之事,地方大员无不视为"烫手的山芋"!

陕甘总督左宗棠、西宁办事大臣喜昌等唯恐摄政义探险队这路"祸水"到来,多次上奏,请总理衙门照会阻止摄政义等往藏地游历。1879年8月底,西宁办事大臣喜昌奏:"请饬总理各国事务衙门照会

---

[1]《云贵总督刘岳昭、云南巡抚岑毓英奏》,宝鋆等编:《筹办夷务始末(同治朝)》卷八十五,上海古籍出版社,2008年影印本,第3—4页。

阻止。"[1] 摄政义探险队至青海后，本拟从柴达木入藏，左宗棠等以道路难行为由，多方劝阻，于是摄政义探险队改由川藏大道入藏，1879年9月25日到成都。时值四川乡试期间，丁宝桢即以自己"在闱监临"为由，采用"拖"字诀，但摄政义态度坚决，答应只等待五天即起程。丁宝桢于是多方劝阻，希望其"入康不入藏"，由巴塘"改道前赴印度"。据丁宝桢自述，10月5日，丁宝桢"出闱"后，前去会晤摄政义，采取"借藏阻洋"的策略，多方夸大藏人对洋人的"敌意"，说此前欲进藏游历之洋人甚至他自己所派之入藏委员均"被阻改道"，并且"川省保护，亦只能至交界之巴塘为止"，其之所以大肆强调"康藏有别"，在当时所考虑的主要是若"此次能阻其不得进藏，则以后游历之员，亦不至接踵而来，可获数年之安。此乃欲收先纵之法"[2]。摄政义探险队于10月10日起身入康，到巴塘后，鉴于藏中力阻，只好折而南下云南。

此后，丁宝桢多次沿用其"借藏阻洋"的策略。1885年，英国人马科蕾（Colman Macaulay）"来京专议印度西藏通商一事"，取得总理衙门允许其赴藏地的护照，欲于次年率"商务代表团"到藏地游历。此事曾大费周折。藏地通商，英人蓄志已久，英国印度事务部曾连续致函总署，要求藏地通商。清廷鉴于"西藏番众，仗喇嘛为长城，视洋人为深仇"，而"游历载在条约，目前即不遽许通商，须先与藏番定议，准其游历"，命令川督丁宝桢、驻藏大臣色楞额、帮办大臣崇刚等派人"切实开导"藏人，并迅速复奏。[3] 丁宝桢本人是极力反对此事的，认为英人的目的不仅在于藏地，还在于图川。面对这一难题，他连上数折，一面称应"慎之于始"，一面又只得回复说尽力"开导"，但须请英人等待，即采用"拖"字诀。他还举例说摄

---

[1] 西藏自治区社会科学院、四川省社会科学院编：《近代康藏重大事件史料选编》第二编下，西藏古籍出版社，2004年版，第620页。
[2] 《川督丁宝桢奏设法阻止洋员入藏游历片》，王彦威辑，王亮编：《清季外交史料》卷十七，书目文献出版社，1987年影印本，第13—15页。
[3] 《谕丁宝桢等英使来议印藏通商，着派员开导藏番电》，王彦威辑，王亮编：《清季外交史料》卷六十一，书目文献出版社，1987年影印本，第2—3页。

政义欲入藏被阻于巴塘，中国官员丁士彬等欲入藏均被阻，加之几年前俄国人就要求入藏，如果贸然答应英国，列强得寸进尺，局面将难以收拾。[1] 驻藏大臣色楞额、帮办大臣崇刚也上奏附和丁宝桢的意见。[2] 同时，丁宝桢在康区巴塘、理塘等地增加兵力，预为布置。英国则态度坚决，声称马科蕾必须入藏。直隶总督李鸿章为免事态扩大，上奏总署，一面要求"请知照川藏勿任拦阻"，一面会晤英使，要求马科蕾暂缓入藏。[3] 英国人以"另议专条"之实行已经被迁延20年，态度强硬，称若再被拦阻，即"带兵三千，自行保护前进"。[4] 1886年，丁宝桢去世后，护理川督游智开亦解决不了这个难题，也只好采用"拖"字诀，说开导之员虽"络绎于途，焦敝其口"，藏人"非特毫无领悟，转至目为洋党，强行阻遏，每事防闲。一切布置，密不预闻。一切消息，不以实告"。[5] 其后，刘秉璋任川督，文硕代替色楞额任驻藏大臣。总署在英国的压力下，只好答应其"通缅之请，杜其入藏之谋"，"英使乃允停止入藏，只在藏印边界通商"，并要求"订立新约"，从而为英人进一步行动埋下了伏笔。[6] 后来，英国威胁出兵锡金，1889年初又在门巴一带修路，进窥康藏。[7]

丁宝桢强调"康藏有别"并"借藏阻洋"的上述举措，源于他对

---

[1]《川督丁宝桢奏西藏与英人通商请慎之于始折》《川督丁宝桢奏藏人傲狠强横，通商一事拟先派员开导片》《川督丁宝桢奏英人因俄官赴藏游历，欲与西藏先行通商片》，王彦威辑，王亮编：《清季外交史料》卷六十二，书目文献出版社，1987年影印本，第17—25页。

[2]《驻藏大臣色楞额等奏派员开导藏番折》，王彦威辑，王亮编：《清季外交史料》卷六十三，书目文献出版社，1987年影印本，第15—16页。

[3]《直督李鸿章致总署，英人游历西藏，请知照川藏勿任拦阻电》，王彦威辑，王亮编：《清季外交史料》卷六十六，书目文献出版社，1987年影印本，第22—23页。

[4]《驻藏大臣色楞额等奏英人游历西藏，派员开导藏番折》，王彦威辑，王亮编：《清季外交史料》卷六十七，书目文献出版社，1987年影印本，第17页。

[5]《护川督游智开等奏藏番阻英人入藏，派喇嘛劝导片》，王彦威辑，王亮编：《清季外交史料》卷六十八，书目文献出版社，1987年影印本，第12—14页。

[6]《总署奏议复印藏通商事宜折》，王彦威辑，王亮编：《清季外交史料》卷六十九，书目文献出版社，1987年影印本，第27—28页。

[7]《驻藏大臣升泰奏英人窥藏筑路，请饬妥商英使片》，王商威辑，王亮编：《清季外交史料》卷七十九，中国文献出版社，1987年影印本，第8—9页。

以英国为首的列强觊觎藏地和川康的极度忧虑。在其去世前一年的1885年，他还上奏清廷强调此事。考虑到当时的情况，作为首先要处理此事的地方大员，丁宝桢实属"两难"：条约＋朝廷压力＋当地人反对，稍一不慎，后果不堪设想。丁宝桢虽极力反对洋人入藏，但又得上对朝廷，下安地方，外抚洋人。万般无奈之下，身为川督的他，只好采取"借藏阻洋""康藏有别"的策略，不能"全阻"，那就"半阻"，力求洋人"入康不入藏"。

"借藏阻洋"之策，在当时起到了一定作用。此后直至清末，大量外国游历者由川康方向入藏，无论单独行动，还是组成考察队，都未能超越巴塘（宁静山）这一界限，除非其采用非法手段潜入。1899年，日本僧人能海宽与寺本婉雅试图经打箭炉、理塘、巴塘入藏被阻，被土司武装"护送"原路返回打箭炉。寺本婉雅循来路归国，后于1905年4月经青海玉树州、那曲入拉萨；能海宽则留康，1900年5月欲改道北路经德格抄小道入藏，但仍受阻折回。1904年，英国驻重庆领事谢立山（Hosie Alexander）游历康区，最远也只不过到了巴塘以西的宁静山界碑处。但是，此举也有明显的负效应，一方面给了外国人一种清廷"难以管辖"藏地的印象，[1]另一方面，藏中人士"阻洋"成功，亦造成多重后果。

（三）多重后果

藏中人士阻止摄政义探险队时，规模甚大，且事态有扩大升级的趋势。"藏中番众一闻洋人入境，哗然聚兵拦阻，情势汹汹"，其所聚兵马，多达数千人，并"拦入川境百里有余，直逼牛古渡口"。藏人部伍之盛，摄政义探险队在"茶树山顶目所亲睹"，不得不改道入滇。

---

〔1〕关于丁宝桢对藏策略及其评价，学术界一直存在争论。冯明珠先生认为，丁宝桢的相关策略"无意中损伤了清廷治藏主权"（冯明珠《近代中英西藏交涉与川藏边情——从廓尔喀之役到华盛顿会议》，台北"故宫博物院"，1996年版，第125页），而学者张秋雯则以为如此评价"不免失之于苛求"〔详见：张秋雯《丁宝桢川督任内对藏局的因应》，《"中央研究院"近代史研究所集刊》(25)，台北"中央研究院"近代史研究所，1996年版，第144—145、166页〕。笔者以为，处在当时的具体情况下，丁宝桢"借藏阻洋"，收到明显效果，但此举亦确有负效应（详后文）。

尽管如此，藏族军民并不罢休，他们在"撤兵退回江卡之时，道经莽里教堂，即用刀剑破坏门窗，抛掷器物"，还"搬出桌椅木器及马草园根"，并派人前赴巴塘，勒令巴塘文武土司，将各处洋人逐去，并具结永不许洋人由此进藏，如有洋人来巴塘，也"不许土司支应乌拉"，否则"必至巴塘驱逐洋人，焚毁教堂及土司房屋"，甚至"遍札巴塘、理塘、霍尔、章谷、叠盖（德格）各土司，及云南所属阿墩子（德钦）、中甸、维西等处寺院僧俗人等，以后一律不许洋人过境，亦不准各处迎护接送"。[1]

清廷对藏中人士此次兴兵截阻洋人和暴力毁坏教堂财产之举十分震惊，严令川藏迅速平复：一面命驻藏大臣飞檄劝谕，迅速退留阻截之兵；一面又通过四川总督丁宝桢令副将祝文榜带兵300名，火速驰赴巴塘，会同该地粮员嵇志文、都司李万春等，强迫藏兵解散，并扼防要隘，保护教堂；同时还下令土司赔修教堂门窗，清还木器等教会财产。为了确保莽里教堂的安全，由粮员嵇志文等提出，经成都将军恒训、川督丁宝桢批准，征得法国驻打箭炉教会主教毕天荣同意，将该教堂迁至较为偏僻的盐井，照原样重建。迁建工程于1880年秋后完成，次年3月经法国公使海宝正式复函认可，此事方才了结。[2] 但此后，巴塘地区逐渐成为近代康区的焦点，教案频发。

对于办理此事不力的官员，清廷进行了惩处。清廷一再要求驻藏大臣松溎做好对藏地各阶层人士和僧俗的"开导"，即解释说明工作，但是，藏地各阶层人士及僧俗并没有"遵旨执行"，且还调兵赴巴塘，立意驱逐洋人。[3] 总之，清廷认为松溎开导不力，"未能剀切晓谕，着交部议处"，随后被免职。[4] 色楞额于年底正式上任后，立即上奏

---

[1] "中央研究院"近代史研究所编：《教务教案档》第四辑（二），台北"中央研究院"近代史研究所，1974年版，第801—804页。

[2] "中央研究院"近代史研究所编：《教务教案档》第四辑（二），台北"中央研究院"近代史研究所，1974年版，第831—834页。

[3] 周伟洲：《唐代吐蕃与近代西藏史论稿》，中国藏学出版社，2006年版，第186页。

[4] 《旨寄驻藏大臣松溎等晓谕藏番照约许洋人入藏游历》，王彦威辑，王亮编：《清季外交史料》卷十六，书目文献出版社，1987年影印本，第24—25页。

清廷，说摄政义一行虽已"劝回"，但此次动静闹得如此之大，实在可怕，因此"请饬总理各国事务衙门知会他国使臣洋人暂缓入藏游历，以免疏虞生事"[1]。

川督丁宝桢处理此事的做法，清廷虽未有何异议，但对于藏中此次"阻洋"显示出的坚强决心和势头，却甚为不安，专门用五百里加急谕示丁宝桢、色楞额、维庆等"随时设法维持，相机防范，不可稍有疏虞，致贻后患"[2]。言下之意，丁宝桢此举，虽可用于一时，但须防其"后遗症"。这说明清廷并没有预计到，虽多次明令各地依照条约行事，不得肆意阻拦洋人，但藏地非但坚拒洋人，且此事的后果会如此严重。此后，藏中的排外势头，开始引起清廷的高度重视。有论者谈到近代藏地的"激进民族主义"时，认为清廷大员在此事过程中压制藏人的排外情绪。[3] 笔者以为，对此还可进一步加以分析。实质上，处于两难境地的清廷和地方大员当然想排外，但又受条约束缚。其实，在对待外国人的问题上，清廷上下与康藏各方目的是一致的，只不过清廷还得考虑条约问题。有论者认为，当时"清政府仅是'劝阻'"，清季各国的"探险家"来藏地的很多，但能到达拉萨的却很少，这是藏地坚决抗拒的结果。[4] 此论尚欠深入分析！清廷上下在防范外国人入藏问题上，可谓绞尽了脑汁，力图"入康不入藏"，甚至采用了上述"借藏阻洋"的策略。故丁宝桢的策略实质是"借藏阻洋"，只不过因为藏人"阻洋"过程中显示出来的决心和势头令清廷上下感到不安，因而又想防范，这才出现了所谓的"压制"。

对于阻洋入藏，当时清廷内部亦有不同看法。1890年，驻藏大臣升泰就俄人游历藏北遭到藏人阻拦之事奏陈："现今地球各国无不许别国之人游历，独西藏为中国所属，中国既有护照，该藏番反为劝

---

[1] 西藏自治区社会科学院、四川省社会科学院编：《近代康藏重大事件史料选编》第二编下，西藏古籍出版社，2004年版，第622页。

[2] 西藏自治区社会科学院、四川省社会科学院编：《近代康藏重大事件史料选编》第二编下，西藏古籍出版社，2004年版，第622—623页。

[3] 张双智：《近代民族主义视野下的西藏问题》，《青海民族研究》，2011年第1期，第98页。

[4] 陈庆英、高淑芬主编：《西藏通史》，中州古籍出版社，2003年版，第468页。

阻……以一小邦而屡结怨于欧洲大国，实非西藏之福。"[1] 此外，藏中少数人士从此次阻洋成功中看到了外国人和清廷的软弱。1884年10月19日，清廷旨寄丁宝桢、色楞额、崇刚称："据丁宝桢奏，道员丁士彬赴藏被阻，请饬查办等语。前据色楞额禀称，丁士彬被番众拦阻，当经谕令该大臣等查办，与该督所奏情形相同。即着该大臣等查明洋人、俄官拟由西宁入藏者，督饬沿途文武员弁，设法保护。"[2] 这反映了当时在康藏问题上的复杂局势。由于势处"两难"，清廷一再要求各地"遵守条约"，表面上令藏人允许外国人入康藏，一面又采取"借藏阻洋"的策略，造成洋人欲入康藏，尚需借助清廷上下和地方大力保护的现象，从而给藏人的阻挠提供了由头，由此出现了本来受列强侵略的清廷（与汉人）是要阻洋的，表面上又不得不出面保护洋人入康藏；康藏本来是希望中央和地方上下合力阻洋，此时又连汉人一并加以阻止，甚至视汉人为"洋党"；洋人本欲利用康藏反对清廷（与汉人），图谋康藏，此时反而不得不与清廷（与汉人）合力谋求入康藏等，局势可谓错综复杂。[3] 此种乱象的根源，一言以蔽之，都在于外来势力的试图进入，加剧了康藏地区本就复杂的局势。

---

[1] 转引自柴松霞：《晚清政府关于外国人内地游历政策的特点与评价》，《大庆师范学院学报》，2007年第6期，第73页。

[2]《旨寄丁宝桢等中俄人士赴藏被阻，着督饬保护电》，王彦威辑，王亮编：《清季外交史料》卷四十八，书目文献出版社，1987年影印本，第1页。

[3] 当时部分外国人亦注意到了"洋人借汉人入康藏，藏人视汉洋为一路人"这点，并在相关著述中有所论述，如英国人台克满所著《一个领事官的藏东行》一书。

四、赵尔丰督川康时期:"川康有别"

(一)背景与措施

赵尔丰调督川康[1]时期,康区局势十分复杂,涉外事件频发。1905年,巴塘教案震惊中外。同年,法国传教士魏雅丰(Andre-Alphont Vignal)在阿墩子与赵树芳合谋残杀纳姑村民茨称,此事上报云贵总督锡良后,清政府迅速将魏雅丰拘押在案,然而却在与法国公使的交涉中,同意将魏雅丰从丽江府押往蒙自,交与法驻蒙自领事审理。法方用教民做翻译,不顾纳姑村证人的供词,将魏氏指使一节略去,在要犯赵树芳在逃的情况下,草草结案,无罪释放魏雅丰,并将其护送出境。此后,法方以种种借口拒绝清政府追回已躲到香港的魏雅丰,并对其进行重审的要求。对此,云贵总督锡良(赵尔丰之多年上司)亦无可奈何。此事成为"维西教案"的诱因之一,影响甚大。1909年,法国司铎裴师古在巴塘"不听劝告,轻出漫游,以致四月二十七日在巴河溺死",法国总领事借机生事,照会川督称:此事系地方派兵派人护送不力所致,要求川督严令地方切实负起保护外国人之责。赵尔丰立即严令四川通省洋务总局,发文令各县务必"选派精强兵勇"护送,严禁找人替代,"藉免疏虞而杜口实"。[2]

赵尔丰主政川边不久,就遇上了影响甚大的"德门内事件"。1907年,美国人德门内在云南阿墩子枪杀喇嘛补更弄事件,是近代外国人游历康区历史上影响很大的一次中美交涉案件。德门内入康,"游历至巴塘,复欲赴滇",巴塘粮务以其护照未载云南省,且阿墩子一带尽蛮地,川省不能越境保护,请赵尔丰定夺。5月6日,赵尔丰致电川东道,要求转达外务部的意见,嘱美驻渝领事劝止德门内前进,原路返回。5月19日,赵又电令巴塘,说美驻渝领事回复亦称:

---

[1] 赵尔丰于1906年任川滇边务大臣,1908年任驻藏大臣,1911年4月接替其兄赵尔巽任四川总督。
[2] 四川省档案馆编:《巴蜀撷影:四川省档案馆藏清史图片集》,中国人民大学出版社,2008年版,第75页。

"德门内不应到处游历,嘱即勒令回渝。"要求若德氏"已至盐井,即饬盐井后营派人勒送回巴回理。不准其再赴云南"。6月11日,德氏在阿墩子开枪打死喇嘛补更弄。对此,赵尔丰一面致电驻重庆美领事,告知德门内开枪打死藏民事;一面令程凤翔:"迅派妥弁将德门内押解来省,沿途不得为难。"此事后来在美国强力干涉下,将德氏经重庆解至上海。根据领事裁判权,由美国驻上海领事组织审判,中方仅派员"观审"。最后,美方以德门内系开枪"误伤"为由,将德氏释放。对此,赵尔丰等虽多次力争,但最后仍不了了之。[1] 强势如赵尔丰,亦徒呼奈何。所谓弱国无外交,此其一例也。此次事件,对于我们理解近代入康外国人管理的难处及赵尔丰的苦心,应有裨益。

经过此事后,赵尔丰加强了对外国人入康游历考察的全过程监控与管理,尤其是强化了日常报告盘查制。对于外国人前往游历护照注明之外的康区地域,一概严查并送(押)回,在此基础上逐步形成了以"川康有别"为特征的管理制度。

总体来看,赵尔丰督川康时期,康区各地对游历外国人的管理,在此前的管理制度基础上,进一步实行了"川康有别""入川不入康"的政策措施,其重点为强化日常报告盘查制和以护照管理为核心的管理措施。在具体管理上,主要采取了下述举措:(1)地方严密报告;(2)严查护照,强调"川康有别";(3)已在康区之外国人(包括传教士)非经批准且有专人防护,不得擅自外出游历;(4)外国人游历严限护照所填地域,否则必须立字具结,保证责任自负;(5)对违规游历者,不予支应乌拉;(6)对突发事件迅速处理;(7)对办理不善的官员严加处分;(8)对与外国人勾结者加重惩处。

(二)护照管理中的"川康有别"

对于护照管理,赵尔丰督川康时期,除继续严格实行"康藏有

---

[1] 本段引文参见西藏自治区社会科学院、四川省社会科学院编:《近代康藏重大事件史料选编》第二编下,西藏古籍出版社,2004年版,第675—689页。

别"并严禁入藏的做法,还实行了"川康有别"的管理措施。对持游川护照而出炉城关(打箭炉)者,一概追查,如花蒙生、徐丽生(Theodore Sorenson)、罗佛(Dr. Zenas Sanford Loftis)、穆宗文之例。

1907年夏,针对英国牧师花蒙生入康游历一事,赵尔丰曾多次电询地方官详情,并要求迅速劝其进关:"速电询巴理,教士花蒙生现在何处,如有护照,即予撤回,劝其进关。"[1]此后,打箭炉关(炉城关)成为外国人出川入康的首要关口,有无"出关公文",成为外国人能否入康的关键手续。

1909年7月14日,挪威传教士徐丽生、美国博士罗佛,并带随从七人,从德格到达察木多。二人既无上站公文,复无护送兵丁。徐丽生持有打箭炉王丞护照一张,系填写游历道坞、章谷、德格一带,并未言及察木多;罗佛则只有游历四川护照,更无出关公文,引起当地骚动。经察木多粮台刘廷灏"再三争执",外国人"始允折回",刘廷灏"既已阻其入藏,只好多派弁兵小心护送"。[2]对于罗佛、徐丽生擅至康区一事所反映出的清廷涉外护照管理中存在的问题,赵尔丰于当年8月8日专门致电外务部,要求在签发护照时,除继续实行"康藏有别"的政策,还明确提出了实行"川康有别"的措施:"凡外人欲向炉边以外游历者,必须在四川总督及边务大臣处领照,并将游历之地名如巴[塘]、里[塘]等处,明白填注照内。不能仅填四川省份而[到]关外各地游历。向在该处之外国人,如向各蛮地,亦非告知就近文武,允许派护,不能自往,以昭慎重。倘无护照,或有护照非填明关外各口,私自往来者,遇有危险,无论已否设官之处,不任保护之责。"[3]一周后,赵尔丰再次致电外务部,表示对此前签发

---

[1] 西藏自治区社会科学院、四川省社会科学院编:《近代康藏重大事件史料选编》第二编下,西藏古籍出版社,2004年版,第641页。
[2] 西藏自治区社会科学院、四川省社会科学院编:《近代康藏重大事件史料选编》第二编下,西藏古籍出版社,2004年版,第641—642页。
[3] 《川滇边务大臣赵尔丰致外部,闻英美人突入藏地,蛮民惊骇,拟请商各使须领详明护照电》,王彦威辑,王亮编:《清宣统朝外交史料》卷六,书目文献出版社,1987年影印本,第44—45页。

护照问题的不满，并重申了上述主张。[1]

对于上述措施，赵尔丰执行得十分严格，对查验入康外国人护照不严、不细的官员，纷纷予以申斥或处分。1910年3月16日，察木多官员报告说，调防乍丫汛守备李文忠报称，英国牧师穆宗文由巴塘游历赴江卡、乍丫、察木多等处，于三天前抵乍，李文忠照章办事，妥为保护，两天后穆已经启程赴察木多游历，一切正常。次日，赵尔丰作出批示表示认可。但细心的赵尔丰很快发现了外国人游历地域与护照所填地域不符的问题，故3月19日的批示，口气极为严厉："该牧师系赴盐井，何竟私赴江卡？其到江卡，是谁保护？有何人执照？该守备均不查明，又不劝阻返回巴塘，且护送来察，殊属荒谬。"当地官员见此，人人自危，这才切实开始查验。李文忠派出人马追赶，但为时已晚。3月19日，穆宗文到达盐井，没有关文，只好说是李守备许可："巴塘并未给予马牌，彼之前来乍、察，并非冒险，乃系江卡守备许可等语。"如此一来，李文忠难辞其咎。穆宗文本来还想到德格，但此时谁还敢放行？察木多粮台刘廷灏坚决令其原路返回，并派兵严密护送。3月24日，赵尔丰批示对李文忠记大过一次。[2]

1910年8月10日，盐井委员王会同汇报说，英国牧师叶葱郁于8月6日从巴塘抵盐井，关文内所填注亦为从巴塘至盐井游历。随后，叶氏由盐井启程赴阿墩子游历，已派兵护送。8月16日，赵尔丰批示，对王擅自允许叶葱郁赴云南游历，严加申斥。

有了上述教训后，康区地方官员再也不敢掉以轻心，对于游历外国人，一律严加查验，并向赵尔丰详细报告其出入辖地的时间和路线。1910年8月，法国司铎吕思伯（Nussbaun）由巴塘到盐井，然后返巴塘；10月底，法国副主教常保禄由巴塘前赴盐井游历，在亚海贡教堂暂住两月，然后回巴塘。对此，沿途官员皆如临大敌，事无巨细，均详细呈报，赵尔丰对此作法均表示认可和赞许。对于外国人

---

[1] 西藏自治区社会科学院、四川省社会科学院编：《近代康藏重大事件史料选编》第二编下，西藏古籍出版社，2004年版，第643页。

[2] 西藏自治区社会科学院、四川省社会科学院编：《近代康藏重大事件史料选编》第二编下，西藏古籍出版社，2004年版，第644—669页。

要求改道游历护照所填线路以外之地，康区官员们鉴于李文忠和王会同的教训，再也不敢应允。1911年3月，穆宗文由巴塘到盐井游历，并"意欲取道阿墩子，游历云南"，盐井委员阎恩培以关文仅有"由巴到井游历、勿任冒险改道他行"而严词拒绝。对于康区人士与外国人合谋违法行事，赵尔丰更是绝不姑息，加重惩处力度。1910年前，法国驻渝白领事曾多次委托康定喇嘛安荣华为其购买"古铜物件"，适值安氏被赵尔丰缉拿，白领事竟然要求赵释放之。对于安氏1907年在成都借德国领事魏司之信私自将"省城看管已革巴塘土司眷属引出城外"之事，赵尔丰大怒，下令炉霍屯吴庆熙，安氏不准保释并"押交炉厅监禁十年"。

1911年4月后，赵尔丰升任四川总督，代理川滇边务大臣傅嵩炑仍秉持赵氏既定政策，对入康游历之外国人严加管理。如1911年6月法国传教士常保禄再次由巴塘前赴盐井游历，8月法国司铎吕思伯、彭茂美（Emile-Cyprien-Mondeig）由巴塘到盐井卡龙教堂，10月美传教士浩格登（James Ogden）、医生哈德（William Moore Hardy，又译王哈德、哈德维），英教士叶葱郁、顾福华（即苏格兰传教士坎宁安）、成忠宣由巴塘起程，携眷赴盐井、阿墩子游历，盐井委员张世杰均进行详报。而办事不力之官员，亦多受到申斥。1911年6至8月，因英国军官贝尔立（F. M. Bailey）潜入康区游历考察并测绘地图，盐井委员张世杰、察木多粮台刘廷灏等人因办理不善，多次受到傅嵩炑申斥；7至8月，美国传教士浩格登、医士哈德游历巴塘、德格、同普、察木多、乍丫和江卡等地，乍丫审判委员林阳和也受到傅嵩炑申斥。

对于赵尔丰所制定的关于外国人若坚持要求到护照所填地域之外地方游历，中方概不负责并要求外国人立下字据的办法，康区官员一直遵守。1911年8月，英国商人花德金（即金敦·沃德）"由江卡来盐井，即要行赴阿墩子"，盐井委员张世杰即要求其亲笔写下字据，保证："不要保护，设有他虞，自与中国国家并地方委员无相干涉。"9月2日，傅嵩炑批示，对此处理表示认可："详悉英商花德金不听劝阻，任意赴滇，既经该委员取不受保护字据存案。该商业已前往，

应无庸议。"

对于不加报告而擅自游历的外国人，傅嵩炑主政川边时，仍采用赵尔丰的做法，即令外国人原路返回。1911年11月，吕思伯"不报衙门，私赴盐井"，盐井委员张世杰即前去质问，并令其"仍返巴塘"。

总之，赵尔丰调督川康后，对入康外国人游历实行"川康有别"的措施，从多方面强化了管理。这一时期，可谓近代历史上对入康外国人管理最为严格的时期。辛亥剧变，川边强人赵尔丰被杀，中国政府对外国人入康及入藏的管理与限制有所放松，但因1911—1918年康区动荡，外国人（尤其是传教士）大多撤出，故民初入康外国人数量并未激增。

五、余论

在外国人入藏问题上，晚清政府始终面临着履行不平等条约与维护其在藏地的主权及领土安全之间的矛盾。[1] 论者认为，1876年"中英烟台条约"的"另议专条"（要求中国同意英国派员入藏探路等）绝不是英公使威妥玛（Thomas F. Wade）的神来之笔，而是随着印度茶业的蓬勃发展，在谋取印茶销藏利益的推波助澜下产生的策谋。[2] 由于晚清政府是因为战败被迫允许外国人入中国内地游历，所以近代中国的入境游历问题首先是一个重大的政治问题，因其涉及国家主权。在半殖民地半封建社会的大背景下，大部分入境游历者是以"洋大人"的面目出现的，他们的游历考察活动，事涉中外关系，

---

[1] 郭永虎：《近代清政府对外国人入藏活动的管制政策》，《东北师大学报》，2012年第4期，第98页。

[2] 吕昭义：《英属印度与中国西南边疆（1774—1911）》，中国社会科学出版社，1996年版，第123页。不过，1876年《烟台条约》之"另议专条"订立后，外国人入卫藏在一段时间里仍然未能如其所愿，导致英国等大为不满，并因此成为其多次借机生事的理由。例如，1903年7月中旬，荣赫鹏进至西藏干坝，向参加谈判的西藏地方代表发表声明，称1876年《烟台条约》之"另议专条"所列英国可派员入藏探路及在中印边界开展贸易通商等事，由于西藏方面的阻挠而未能实现，此次系入藏交涉解决此类遗留问题，从而将责任完全推给了西藏地方政府。详参中国第二历史档案馆、中国藏学研究中心编：《西藏亚东关档案选编》下册，中国藏学出版社，2000年版，第870、875—878页。

牵连多重因素,许多带有侵略性质,绝非单纯的旅游或旅行那么简单。

18世纪以后的资本主义扩张时代,英国在涉藏地区周围("藏边")不断试图向卫藏腹地推进,而且也派出过几批人入卫藏打主意,但处于强盛阶段的清康雍乾朝执政者,没有给英国人得手的机会。这种状况一直持续到19世纪上半叶。1840年鸦片战争后,英国在中国东南沿海的胜利,以及随后的20年间英国在中国东部(包括长江流域)和印度、克什米尔、中亚的得寸进尺,使得英国在与清王朝的战略博弈中全面占得了先机和上风,采取从卫藏的西面(18-19世纪上半叶,但效果欠佳)、南面(19世纪后半期,乃英国图藏的主攻方向)、东面(阻力甚大)三个方向进入卫藏以突破"禁地"、进入"圣城"的战略,则具备了现实可能性。然而,英国的这一战略又与俄国南下中亚、控制中国西部和藏地、进一步压制英国在印度半岛势力的战略迎头相撞。俄国南下印度洋的捷径,莫过于通过中亚和帕米尔,因此波斯、阿富汗和印度便成了俄国南下战略的前进目标。俄国的统治者认为:"必须尽力向君士坦丁堡和印度推进,谁能占有这些地方,谁就将成为世界真正的主宰。"所以,历代沙皇一直妄图"直叩印度的大门"[1]。因此,近代围绕卫藏,以英、俄为主,其他国家趁火打劫,众列强图谋中国西藏的大戏愈演愈烈,此段历史的复杂性、戏剧性,可谓超乎想象。

最后,需要特别强调的是,文中所谓"康藏有别""川康有别",仅仅是用于描述晚清尤其是四川地方政府对入康藏游历外国人所采取的管理措施之特点,与民初英国抛出的"内、外藏"等谬论完全是两回事。

---

[1] 恩格斯:《俄国在中亚细亚的进展》,马克思、恩格斯:《马克思恩格斯全集》第12卷,中共中央马克思恩格斯列宁斯大林著作编译局编译,人民出版社,1962年版,第642页。